AF154530

Hermann Ulrici

Kompendium der Logik

Hermann Ulrici

Kompendium der Logik

ISBN/EAN: 9783742899903

Hergestellt in Europa, USA, Kanada, Australien, Japan

Cover: Foto ©Thomas Meinert / pixelio.de

Manufactured and distributed by brebook publishing software
(www.brebook.com)

Hermann Ulrici

Kompendium der Logik

Compendium der Logik.

Zum Selbstunterricht und zur Benutzung für Vorträge

auf Universitäten und Gymnasien

von

Dr. H. Ulrici.

Leipzig,

T. O. Weigel.

1860.

Vorrede.

Von mehreren Seiten bin ich aufgefordert worden, mein „Sy=
stem der Logik" (Leipzig, 1852) unter Weglassung aller kritischen
und historischen Ausführungen, in ein einfaches kurzes Compendium
umzuarbeiten, das geeignet wäre, bei akademischen Vorlesungen und
beim propädeutischen Unterricht auf Gymnasien zu Grunde gelegt
zu werden.

Ich bin der Aufforderung gefolgt, (ungeachtet ich mir keine Hoff=
nung auf großen Erfolg mache.) Bei genauerer Erwägung nämlich
glaubte ich zu finden, daß meine Auffassung und Behandlung der
Logik in der That vielleicht mehr als manche andre geeignet seyn
dürfte, Anfänger nicht nur in das Studium der Philosophie einzu=
führen, sondern auch zur Einsicht in das Wesen, Ursprung und
Grundlage, Aufgabe und Ziel der Wissenschaft=überhaupt anzuleiten.
Sie läßt die Logik in ihrer Integrität als formale, Grund legende
Wissenschaft bestehen, und setzt sie doch zugleich zur Erkenntnißtheorie
wie zur Psychologie und Metaphysik (und damit implicite zu den
religiösen Ideen) in unmittelbare Beziehung. Sie giebt also dem
Lehrer Veranlassung, nach allen diesen Seiten hin die Begriffe der
Schüler aufzuklären. Diese Vortheile ihrer principiellen Stellung
habe ich bei der Bearbeitung im Einzelnen zu verwerthen gesucht.
Insbesondre habe ich mich bemüht, das logische und damit das letzte
tiefste Fundament, auf welchem die Mathematik und die Naturwis=
senschaften sich aufbauen, darzulegen, d. h. zu zeigen, worauf die
Gewißheit und Evidenz der mathematischen Sätze in letzter Instanz
beruhe, durch welche Mittel die Naturforschung ihre Erfolge ge=
winne, kurz wie überhaupt exacte Wissenschaft möglich sey. Andrer=
seits führt meine ganze Darstellung und Auffassung mit innerer

Nothwendigkeit zu einer Weltanschauung, welche dem religiösen Bewußtseyn näher stehen dürfte als der Pantheismus der neueren
deutschen Speculation und der materialistische Atheismus, in den sie
schließlich ausgeartet ist. Nach dieser Seite hin bedurfte es daher
nur einzelner Andeutungen über den einzuschlagenden Weg; wie weit
ihn der Lehrer verfolgen will, muß seinem Ermessen überlassen bleiben. Endlich habe ich alle Kraft aufgewendet, den Gedanken zu
voller Klarheit zu bringen, und in größtmöglicher Einfachheit und
Präcision auszudrücken. Diesem Zwecke vornehmlich dienen die den
meisten Paragraphen beigefügten Anmerkungen mit ihren Beispielen
und Erläuterungen.

Es liegt in der Natur der Sache, daß bei einer zweiten Bearbeitung desselben Themas sich Ergänzungen, Verbesserungen, Be-
richtigungen der ersten ergeben werden. Die menschliche Wissenschaft
ist nun einmal nur ein beständiges Ringen und Kämpfen um die
Wahrheit. Das vorliegende Compendium enthält solche Verbesserungen, besonders hinsichtlich der Fassung und Begründung einzelner
Punkte, in größerer Anzahl, als sein geringer Umfang erwarten
läßt. Insofern kann es für eine zweite Auflage meines Systems
der Logik gelten, und dürfte vielleicht auch einer Berücksichtigung der
Männer vom Fach nicht ganz unwürdig erscheinen. Es versteht sich
von selbst, daß mir jede wissenschaftliche Kritik, auch wenn sie auf
eine principielle Widerlegung hinausliefe, höchst erwünscht seyn wird.
Ich werde stets bereit seyn, selber eine solche in der von mir redi-
girten Zeitschrift für Philosophie und philosophische Kritik dem ur-
theilsfähigen Publicum zur Entscheidung vorzulegen. Ja ich bitte
sogar ausdrücklich die Gegner meiner Auffassung um widerlegende
Kritiken. Denn die logische Frage ist von fundamentaler Bedeutung
nicht nur für die Philosophie, sondern für jede Wissenschaft, und es
ist daher hohe Zeit, daß der Streit zwischen der s. g. speculativen
und der alten formalen Logik zum Austrag gebracht werde. —

Halle, im Mai 1860.

H. Ulrici.

Inhaltsverzeichniß.

Erster Theil.

Die logischen Gesetze und Normen (Kategorieen) als Gesetze und Normen der unterscheidenden Thätigkeit.

Einleitung.

Die Logik ist die **e r s t e**, einleitende und resp. Grundlegende Dis=
ciplin des philosophischen Systems wie aller Wissenschaft: keine andre
kann ihr vorangestellt werden. Denn auf den logischen Gesetzen,
Normen und Formen beruht alle Beweisführung, Induction und De=
duction, Entwickelung und Darlegung, wie jede Entscheidung wissen=
schaftlicher Fragen und Probleme, mithin alles wissenschaftliche Wissen.
Eben darum aber fragt es sich nothwendig zunächst, wie und woburch
ihr eigener Inhalt (die logischen Gesetze 2c.), wie und woburch über=
haupt etwas festgestellt werden könne? —

Alles Wissen charakterisirt sich durch die Gewißheit und Evi=
denz, die ihm anhaftet. Denn allgemein bezeichnen und erachten
wir nur dasjenige als ein Wissen, von dem die Gewißheit und Evi=
denz seines Inhalts uns fest steht. Aber nicht Alles ist **a n s i ch**
gewiß und evident, das **u n s** so **e r s ch e i n t.** Die Wissenschaft sucht
daher für alle ihre Behauptungen die ihnen zukommende Gewißheit
und Evidenz besonders nach̲z̲u̲w̲e̲i̲s̲e̲n̲, und nur soweit ihr dieß gelingt,
können ihre Sätze auf wissenschaftliche Gültigkeit Anspruch machen,
— d. h. durch diesen Nachweis unterscheidet sich das **w i s s e n s ch a f t=
l i ch e** von jedem andern Wissen. So lange er noch nicht geführt
ist, hat daher ein Wissen nur subjective Geltung für diejenigen, denen
sein Inhalt gewiß und evident erscheint, d. h. es ist, vorläufig we=
nigstens, nur ein Glauben. —

Mit jenem Nachweise begnügen sich die mannichfaltigen Einzel=
Wissenschaften. Allein die Wissenschaft überhaupt, diejenige Wissen=
schaft, die unser Denken, Wissen und Erkennen, Meinen und Glau=
ben 2c. selbst zum Gegenstande ihrer Forschung macht, d. h. die
Philosophie, fragt nothwendig nach Grund und Wesen der Gewißheit
selber. Denn wir können mit voller Sicherheit nur beurtheilen,
was wir als gewiß und evident anzusehen haben, wenn wir wissen,
worin die Gewißheit und Evidenz besteht. Dieß aber läßt sich nur
erkennen, wenn wir darauf reflectiren, wodurch uns etwas, das uns
unklar und ungewiß war, gewiß und evident wird. Es kann das
auf sehr verschiedene Weise geschehen, und diese mannichfaltigen Wei=
sen sind die verschiedenen Beweisarten die es giebt, d. h. die ver=
schiedenen Mittel, durch welche die Wahrheit einer Geschichte, einer
Behauptung, eines Satzes, festgestellt wird. Denn für wahr kann
wiederum nur gelten, was gewiß und evident ist; und darum ist
jedes Wissen nur ein Wissen, soweit die Wahrheit seines Inhalts
sich darthun läßt.*)

In den historischen und den Naturwissenschaften, in der Rechts=
pflege wie in allen Gebieten des praktischen Lebens herrscht der s. g.
Thatsachenbeweis oder der Beweis durch Autopsie vor. Wir sagen:
es ist eine Thatsache (es steht thatsächlich fest), daß der Schnee weiß
ist, daß Blei schmilzt, daß der siebenjährige Krieg 1763 endete, —
und wollen damit ausdrücken, daß, weil es eine Thatsache ist, es
eben damit gewiß und unzweifelhaft sey. Allein inwiefern ist es
denn eine Thatsache, daß der Schnee weiß ist? Weil wir ihn so
sehen? Aber diese Antwort ruft die neue Frage hervor, warum uns
das, was wir sehen, gewiß ist oder worauf die Gewißheit dessen,
was wir selber gesehen, gehört, erlebt haben, beruht? Auch in hal=
ber Dunkelheit, in weiter Entfernung 2c. sehen wir Gegenstände, und
doch gewährt uns dieß Sehen keine Gewißheit, sondern läßt es oft
sehr ungewiß, was wir gesehen haben. Ziehen wir diese Differenz
in Betracht und untersuchen die verschiedenen Fälle genauer, so wer=
den wir anerkennen müssen: die eigne Erfahrung gewährt uns jene
Gewißheit des Thatsächlichen nur da, wo wir, wie beim Anblick des

---

*) Daraus folgt indeß keineswegs, daß Alles, was sich nicht wissenschaftlich gewiß
und evident machen läßt, unwahr seyn müsse.

Schnees, nicht umhin können, die Vorstellung des Weißen zu haben, oder wo wir, das Blei im Schmelztiegel betrachtend, das Flüßigwerden desselben annehmen müssen. Diese Nothwendig=keit giebt uns die Gewißheit, daß wir etwas Weißes, Flüßiges vor uns haben oder vielmehr ein Weißes, Flüßiges sehen. Denn wo wir nicht umhin können, etwas so und nicht anders anzu=sehen, aufzufassen ꝛc., da vermögen wir nicht ungewiß zu seyn, nicht zu zweifeln, weil ja alles Zweifeln die Möglichkeit voraussetzt, daß etwas so oder anders seyn, so oder anders aufgefaßt werden könne. Wo diese Möglichkeit ausgeschlossen ist, da ist auch der Zweifel aus=geschlossen; wo es mir unmöglich ist, den Gegenstand, den ich sehe, anders denn als weiß zu fassen, da ist es mir unzweifelhaft, d. h. gewiß, daß ich etwas Weißes (weiß Erscheinendes) vor mir habe. Diese Gewißheit ist mithin selbst nichts andres als das unmittelbare Bewußtseyn (Gefühl) der Nothwendigkeit, das Gesehene, Gehörte, kurz das Selbsterfahrene nur so und nicht anders auffassen zu kön=nen. Nur soweit der Thatsachenbeweis mir diese Gewißheit, sey es durch eigne Anschauung oder durch das Zeugniß Andrer, zu geben vermag, ist er ein wirklicher Beweis. —

Eine andre Beweisart, die vorzugsweise in der Rechtspflege eine Rolle spielt, ist der s. g. Indicienbeweis. Der Richter nimmt als erwiesen d. h. als gewiß und evident an, daß ein vorliegender Diebstahl von derjenigen Person begangen worden, die zur Zeit und an dem Orte, wo er verübt wurde, gesehen worden, sich im Besitz der gestohlenen Sache befunden, ohne über den Erwerb derselben Rechenschaft geben zu können, u. s. w. Worauf beruht hier die Gewißheit? Offenbar darauf, daß die angegebenen Umstände in ihrer Combination uns den Gedanken aufnöthigen, nur N. N. könne den Diebstahl begangen haben: das Bewußtseyn dieser Denknothwendig=keit wiederum ist die Gewißheit, die der Beweis hervorruft. Die Naturwissenschaften verfahren vielfach in ähnlicher Weise, indem sie z. B. die Rotation der Erde um die Sonne uns dadurch beweisen, daß sie eine Anzahl von Thatsachen vorführen, welche zusammenge=faßt oder vielmehr zusammenwirkend uns unwiderstehlich den Gedan=ken aufnöthigen, daß trotz des Anscheins des Gegentheils die Erde sich um die Sonne drehe. —

Die Mathematik dagegen, dieses Musterbild der Wissenschaften, bedient sich meist der s. g. Demonstration zu ihren Beweisen. \ Sie setzt zunächst voraus, daß es gewisse Sätze, Axiome und Definitio= nen gebe, die unmittelbar (durch sich selbst) gewiß und evident seyen. Diese Axiome z. B. Gleiches zu Gleichem ergiebt Gleiches, zwei Dinge die einem dritten gleichen, sind einander gleich ꝛc., sind aber nur gewiß und evident, weil wir Gleiches nur als Gleiches und nicht als Ungleiches zu denken vermögen. Und ebenso sind die Definitionen z. B. der geraden Linie oder der Satz, daß zur Be= gränzung eines Raums wenigstens drei solcher Linien erforderlich seyen, nur Ausdruck einer Evidenz, die auf der Denknothwendigkeit beruht, uns eine gerade Linie nur als den kürzesten Weg zwischen zwei Punkten, einen Raum nur von drei Linien umschlossen denken zu können. Auf den Grund solcher Axiome und Definitionen errich= tet dann die Mathematik ein Gebäude von postulirten inneren An= schauungen. Jede solche s. g. Construction und die daran sich knüpfende Demonstration ist im Grunde nur eine Combination der definirten Raumfiguren (Linien, Winkel ꝛc.), aber eine Combination, in welcher diese Raumvorstellungen so verbunden und auf einander bezogen erscheinen, daß aus ihnen eine neue Anschauung hervorgeht und zwar nicht bloß überhaupt im Bewußtseyn sich einstellt, sondern auch in der durch die vermittelnden Anschauungen bedingten Be= stimmtheit sich ihm aufdrängt. Einem Dreieck z. B. sieht man es nicht unmittelbar an, daß die 3 Winkel = 2 R sind; aber nach= dem es mir der Mathematiker demonstrirt, d. h. nachdem er seine Hülfslinien gezogen und die dadurch entstehenden Figuren unter Be= rufung auf seine Axiome in Beziehung zu einander gesetzt hat, wird es mir vollkommen evident, d. h. ich gewinne nicht nur die klare bestimmte Anschauung von jener Gleichheit, sondern auch das Be= wußtseyn ihrer Nothwendigkeit. Dieß Bewußtseyn ist eben die Ge= wißheit und Evidenz, welche die Demonstration bewirkt. —

Die specifisch logische Beweisführung, die der s. g. Syllogis= mus darstellt und von der wir noch ausführlich zu handeln haben werden, geht von derselben Gewißheit aus, auf welche die mathe= matischen Axiome sich stützen. Denn der Syllogismus will uns nur zum Bewußtseyn bringen, daß so gewiß wir A = A, das Gleiche als Gleiches denken müssen, so gewiß das, was vom Allgemeinen gilt, auch von dem unter ihm befaßten Einzelnen gelten (gedacht werden) muß, weil eben das Allgemeine nur das in allem Einzelnen Gleiche und Identische ist. Die Gewißheit die ihm inhärirt, z. B. daß wenn alle Menschen sterblich sind, auch Cajus sterblich seyn müsse, ist nur das Bewußtseyn dieser Denknothwendigkeit. — Was endlich die wissenschaftlich wichtigsten Beweise der s. g. Induction und Deduction betrifft, die wir ebenfalls noch genauer in Betracht ziehen werden, so gilt von ihnen ganz dasselbe, was von allen Beweisen gilt. Auch sie wollen nur Gewißheit geben oder die Sache um die es sich handelt, evident machen; und auch sie erreichen dieß nur durch Combinationen von Thatsachen, Vorstellungen, Begriffen, die uns das Bewußtseyn aufnöthigen, daß wir die Sache nur so und nicht anders zu denken vermögen. Wenn Newton auf inductivem Wege nachwies, daß dasselbe Gesetz und dieselbe Kraft, welche das Fallen der Körper auf der Erde bewirke, die Bewegungen der Himmelskörper bestimme, so hat sein Beweis nur darum allgemeine Geltung gewonnen, weil bis jetzt noch Niemand zu zeigen vermocht hat, daß sich die Sache auch anders verhalten könne d. h. sich anders denken lasse. Und wenn die Mathematik deductiv nachweist, daß weil die Winkel jedes Dreiecks = 2 R sind, der einzelne Winkel eines gleichseitigen Dreiecks = $^2/_3$ R sey, so erscheint uns dieß wiederum nur deshalb so gewiß und evident, weil wir das bestimmte Gefühl (Bewußtseyn) haben, daß wir es schlechterdings nicht anders zu denken vermögen. —

Wir begnügen uns mit diesen Andeutungen, da es uns hier nur darauf ankam, zu zeigen, daß die Gewißheit und Evidenz, die aus einem wohl geführten Beweise entspringt, überall in Eins zusammenfällt mit dem Bewußtseyn der Nothwendigkeit, die Sache nur so und nicht anders ansehen, auffassen, denken zu können: je bestimmter und deutlicher dieß Bewußtseyn uns ergreift, desto stringenter ist der Beweis. —

Nun macht sich aber diese Denknothwendigkeit — wenn auch nur in der Form eines bestimmten Gefühls das wir zunächst unbewußt haben — in vielen Fällen ganz unmittelbar und von selber geltend. Das sind die Fälle jener einfachen unmittelbaren Gewißheit und Evidenz, in denen wir zu sagen pflegen, die Sache sey durch sich selber klar, sie verstehe sich von selbst, sie bedürfe keines Beweises. Keiner von uns, und wäre er auch Skeptiker von Profession, zweifelt daran, daß es Dinge außer uns giebt oder daß hier ein Haus, dort ein Baum steht. Sprüchwörtlich sagen wir: das ist so evident wie $2 \times 2 = 4$, so gewiß wie meine eigne Existenz. Sehen wir näher zu, so ist diese Gewißheit und Evidenz doch keine so unmittelbare wie es scheint. Denn auch sie beruht auf der Denknothwendigkeit, auch sie ergiebt sich nur daraus, daß wir (durch jede sinnliche Empfindung) uns genöthigt sehen, das Daseyn äußerer Dinge anzunehmen, daß wir durchaus nicht im Stande sind, $2 \times 2 = 5$ oder $= 3$ zu denken oder unser eignes Daseyn in Zweifel zu ziehen. Der Unterschied ist nur, daß sich uns hier die Denknothwendigkeit in einem bestimmten Gefühle unmittelbar kund-giebt, während es in jenen andern Fällen einer bestimmten Com-bination von Thatsachen, Vorstellungen, Begriffen, Urtheilen d. h. einer Beweisführung bedarf, um sie uns zum Bewußtseyn zu brin-gen. Eben darum aber läßt sich auch das unmittelbar Gewisse und Evidente im Grunde noch beweisen. Denn alle Gefühle, obwohl an sich bestimmt und von einander verschieden, sind doch unmittelbar für uns selbst nur dunkle und unbestimmte Impulse unsers Denkens und Wollens, die für uns erst ihre Bestimmtheit erhalten und von dem, was in uns vorgeht, uns Kunde geben, nachdem und soweit sie uns zum Bewußtseyn gekommen. Alles Beweisen aber besteht im Allgemeinen darin, daß uns etwas gewiß und evident gemacht d. h. das Bewußtseyn seiner Denknothwendigkeit geweckt werde. Dieß kann auch bei der unmittelbaren Gewißheit dadurch geschehen, daß die nur gefühlte Denknothwendigkeit uns durch unsre eigne Reflexion oder durch die Vorhaltungen eines Andern zum klaren Bewußtseyn gebracht wird. In diesem Sinne lassen sich nicht nur alle jene un-mittelbar gewissen Sätze, deren das Beweisen im engern Sinne, die Argumentation, als Prämissen und Medien ihrer Gedankenver-knüpfungen bedarf, sondern auch alle s. g. Thatsachen, daß es äußere Dinge giebt, daß der Schnee weiß, Wachs schmelzbar ist ꝛc., doch noch beweisen. Erst mit einem solchen Beweise entsteht uns eine schlechthin unbezweifelbare Gewißheit, weil eine Gewißheit, die Rechen-schaft über sich selbst geben kann. Damit auch erkennen wir erst, daß alle Gewißheit und Evidenz auf dem Gefühle der Denknoth-wendigkeit beruht, und, zum Bewußtseyn über sich selbst gekommen, mit dem Bewußtseyn der Denknothwendigkeit in Eins zusammenfällt. —

Sonach aber giebt es eine doppelte Gewißheit und Evidenz. Die erste ist die unmittelbare, die, mit dem Gedanken, der Anschauung oder Vorstellung (Auffassung) der Sache selbst anscheinend unmittelbar verknüpft, auf dem bloßen Gefühle der Denknothwendigkeit beruht und daher ihre volle Stärke und Klarheit erst gewinnt, wenn uns dieß Gefühl und damit die Denknothwendigkeit selbst zum deutlichen Bewußtseyn kommt. Sie ist die Gewißheit, die allem Thatsächlichen anhaftet und durch die allein jede Thatsache Thatsache ist. | Die zweite ist die vermittelte, die auf Beweisführung (Argumentation) beruht und dadurch erst entsteht, daß vermittelst einer bestimmten Combination von Gedanken (Thatsachen, Begriffen, Urtheilen) die Denknothwendigkeit eines bestimmten neuen Gedankens nach Form und Inhalt zum Bewußtseyn gebracht wird. Auf eine von diesen beiden Formen, auf unleugbare Thatsachen (der innern oder äußern Wahrnehmung) oder auf strenge Beweisführung, muß sich jede Wissenschaft stützen, wenn ihr Verfahren wissenschaftliche Geltung haben soll. —

Will man zwischen Gewißheit und Evidenz noch unterscheiden, so kann man sagen: die Gewißheit sey das (mittel- oder unmittelbare) Bewußtseyn, daß wir einen Gedanken nur überhaupt denken (haben), ein Seyn nur überhaupt annehmen müssen; die Evidenz dagegen das (mittel- oder unmittelbare) Bewußtseyn, daß wir einen Gedanken, wenn wir ihn denken, ein Seyn, wenn wir es annehmen, nur in dieser und keiner andern Bestimmtheit des Inhalts und der Form zu denken vermögen. Die Gewißheit wäre also das Bewußtseyn der Denknothwendigkeit da, wo letztere die bloße Existenz des Gedankens und resp. seines Objects betrifft, die Evidenz dasselbe Bewußtseyn da, wo die Denknothwendigkeit auf die Beschaffenheit des Gedankens, des Gegenstandes geht. — (Es kann uns z. B. vollkommen gewiß seyn, daß Gott ist und daß er als ein geistiges Wesen zu fassen ist, aber keineswegs vollkommen evident, was er ist, worin das Wesen des Geistes überhaupt und Seine geistige Wesenheit insbesondere besteht.) —

Aber auch die Denknothwendigkeit selbst, die Voraussetzung und Grundlage aller Gewißheit und Evidenz, erweist sich als eine zwiefache. Denn unser Denken selbst ist ein zwiefaches. | Im weitern Sinne, in welchem wir es hier zunächst nehmen, umfaßt es unsre ganze psychische Thätigkeit, alle Actionen und Bewegungen der Seele, und somit auch alle unsre Empfindungen, Gefühle, Percep= tionen ꝛc. Von ihnen aber zeigt sich nun sogleich, daß wir sie ge= mäß der Naturbestimmtheit unsers Wesens haben müssen, und zu= gleich nicht umhin können, sie auf ein gegebenes reelles Daseyn zu beziehen. Unsre Gefühle des Hungers, des Durstes, der Ermüdung, der Sympathie und Antipathie ꝛc. drängen sich uns unwiderstehlich auf, ebenso unsre Gesichts=, Gehörs=, Geruchsempfindungen und resp. Perceptionen. Wir müssen sie haben und können auch an ihrer Bestimmtheit nichts ändern; wir müssen daher den Schnee als weiß, das Wachs als schmelzbar, den Stein als hart fassen: es erscheint uns nun einmal so und nicht anders, und diese Erscheinung können wir weder beseitigen noch umgestalten. Sofern diese Perceptionen nicht von der Seele allein frei und selbständig, sondern nur unter Ein= und Mitwirkung des reellen Seyns von ihr producirt werden (und nur deshalb müssen wir sie haben und auf ein reelles Seyn beziehen), kann man sagen, daß diese Denknothwendigkeit auf einem Leiden der Seele beruht. Sie umfaßt alle äußere und innere Thatsächlichkeit, alle Erfahrung im engern Sinne des Worts. Denn Alles was wir erfahren und aus der Erfahrung ableiten, gründet sich in letzter Instanz auf solche nothwendige Sinnesempfin= dungen und Gefühlsperceptionen, d. h. auf die äußere oder innere Wahrnehmung. Sofern diese Denknothwendigkeit stets von einem Gefühle ihrer selbst begleitet ist, fällt sie mit jener ersten Form der Gewißheit, die wir die unmittelbare genannt haben, in Eins zusam= men. Allerdings hat sie an sich nur subjective Geltung, nur für das, was jeder Einzelne an sich selbst erfährt oder was sich ihm als Thatsache aufdrängt. Aber unwillführlich übertragen wir sie auf alle Menschen und messen ihr eine allgemeine Gültigkeit bei, — mit Recht, weil wir uns unmittelbar genöthigt finden, alle Menschen als Menschen einander gleich zu setzen und anzunehmen, daß von Gleichem das Gleiche gelte. —

Die zweite Denknothwendigkeit dagegen betrifft unser Denken im engern Sinne, d. h. diejenige Thätigkeit unsrer Seele, die sie allein und selbständig und wenn auch auf Anregung, doch ohne Ein= und Mitwirkung eines andern Factors übt, mit der also kein Leiden verbunden ist und die daher als ihre Selbstthätigkeit bezeichnet

werden kann. Sie umfaßt alles das, was die Seele mit den gege=
benen Sinnes= und Gefühlsperceptionen, mit den gewonnenen Wahr=
nehmungen, Vorstellungen, Begriffen 2c., ihrerseits vornimmt, also
nicht nur alles Reflectiren, Nachdenken, Ueberlegen 2c., d. h. alles
Scheiden und Verknüpfen (Analysiren und Synthesiren) der Gedan=
ken, sondern überhaupt alles Thun der Seele das sie mit Bewußt=
seyn übt und durch das sie sich etwas zum Bewußtseyn bringt. So=
weit sie dabei in einer bestimmten, unveränderbaren Weise verfahren
muß, macht sich in diesem ihren Thun eine Nothwendigkeit geltend,
die in der eignen Natur der Seele und näher in der gegebenen Be=
stimmtheit der fundamentalen, jenes Thun ausübenden Geisteskraft
ihren Grund haben wird. Diese zweite Denknothwendigkeit äußert
sich vorzugsweise in allem Argumentiren, Demonstriren, Deduciren
und Induciren, und fällt daher, zum Bewußtseyn gebracht, mit der
zweiten Form der Gewißheit und Evidenz, die wir die vermittelte ge=
nannt haben, in Eins zusammen. Denn kraft ihrer müssen wir A =
A, Gleiches als Gleiches fassen und also annehmen, daß Gleiches zu
Gleichem Gleiches ergiebt 2c.; kraft ihrer müssen wir die gleiche Er=
scheinung (Wirkung) auf die gleiche Ursache zurückführen und über=
haupt für alles Geschehen irgend eine Kraft oder Thätigkeit, von
der es ausgeht, voraussetzen; kraft ihrer müssen wir annehmen, daß
das Ganze größer sey als sein Theil, daß vom Einzelnen dasselbe
gelten müsse was vom Allgemeinen gilt u. s. w. Ließe sich bestimmt
nachweisen, daß alle diese Sätze Eine und dieselbe Quelle haben, so
würde damit die Quelle aller s. g. logischen Nothwendigkeit, aller
logischen Gewißheit und Evidenz, und somit aller logischen Ge=
setze, Normen und Formen entdeckt seyn.

In der That glauben wir dieß klar nachweisen zu können, und
darum ist es diese zweite Form der Denknothwendigkeit, die uns hier
vorzugsweise interessirt und die wir daher noch näher in Betracht
ziehen müssen. Vor Allem kommt es darauf an, diejenige Kraft oder
Thätigkeit unsrer Seele genauer zu bestimmen, in deren Acten diese
Denknothwendigkeit sich geltend macht, d. h. in deren Naturbestimmt=
heit sie selber gegründet ist. Denn es ist klar, daß die Nothwendig=
keit, durch welche die eigene Selbstthätigkeit der Seele bedingt und
bestimmt wird, nicht eine äußere Nöthigung seyn kann, sondern der
Seele selbst inhäriren muß, also nur auf ihrer eignen Natur

und Wesenheit beruhen oder nur Ausdruck der Naturbestimmtheit einer ihrer wesentlichen Kräfte und Thätigkeitsweisen seyn kann. Nun manifestirt sich aber, wie gezeigt, jene Denknothwendigkeit vorzugs=weise in der eigentlichen Beweisführung und deren allgemeinen Prä=missen (den Axiomen, Definitionen 2c.). Jeder Beweis aber ist nur eine Verknüpfung oder Zusammenstellung von Gedanken in einer be=stimmten Ordnung. Allein ich kann offenbar zwei Gedanken (Be=griffe, Sätze) nicht mit einander verbinden, ohne sie als zwei zu fassen, d. h. ohne sie von einander zu unterscheiden und jeden in seiner gegebenen Bestimmtheit (Unterschiedenheit vom andern) zu denken: nur sofern und indem ich dieß thue, kann mir ihre Ver=knüpfbarkeit, ihre nothwendige Zusammengehörigkeit zum Bewußtseyn kommen. Aber auch jede Prämisse eines Beweises, jedes Urtheil, jeden allgemeinen Satz, jedes Axiom, kann ich als Prämisse nur fassen, indem ich sie von andern Sätzen (welche die Natur einer Prämisse nicht haben) unterscheide und dieses Unterschieds mir bewußt bin. Alles endlich, was ich aus der Prämisse folgere, kann ich wiederum nur als Folge fassen, indem ich es von seinem Grunde unterscheide: nur dadurch ist es Folge, daß es aus dem Grunde zwar hervorgeht, aber doch zugleich ein von ihm Verschiedenes ist. Alles Beweisen setzt also ein Unterscheiden voraus und kommt nur durch Unterscheiden und durch ein Verknüpfen von Unterschieden zu Stande. | Die Denknothwendigkeit, die sich in ihm kundgiebt, wird also in letzter Instanz auf der Natur unsers Unterscheidungsvermö=gens (des Verstandes) oder der unterscheidenden Thätigkeit der Seele beruhen.

Bei näherer Betrachtung zeigt sich nun aber weiter, daß nicht nur jede Prämisse eines Beweises, sondern überhaupt jede Vor=stellung im engern Sinne, d. h. jeder bewußte Gedanke, aller Inhalt unsers Bewußtseyns durch die unterscheidende Thä=tigkeit vermittelt ist, und somit auf ihr unser Bewußtseyn selber beruht. |

Um dieß darzuthun, haben wir etwas näher in Betracht zu ziehen, was bis jetzt über die Entstehung unserer Vorstellungen er=mittelt ist. Da ist es nun zwar durch eine große Anzahl von That=sachen vollkommen erwiesen, daß die Nervenreizung und die ihr ent=sprechende sinnliche d. h. durch den gereizten Sinnesnerven vermit=

telte Empfindung eine der unerläßlichen Bedingungen ist, an welche die Entstehung unserer Vorstellungen gebunden ist. Allein abgesehen davon, daß uns die Physiologie noch nicht einmal zu sagen weiß, was mit dem Nerven geschieht, wenn er gereizt wird, daß also die physiologischen Vorgänge, die hier in Betracht kommen, noch keineswegs genügend ermittelt sind,) so weiß sie uns noch weniger zu sagen, wodurch eine N e r v e n reizung zur E m p f i n d u n g wird: sie hat bis jetzt noch nicht Einen sichern Schritt zur Beantwortung dieser Frage zu thun vermocht. Im Gegentheil die neueren Entdeckungen und die auf sie gestützten Theorieen, namentlich über die Entstehung der Klang = und Lichterscheinungen, sind nur geeignet die Sache noch mehr zu verdunkeln. Bekanntlich werden nach diesen Theorieen die Töne auf verschiedene Schwingungen der atmosphärischen Luft, die Farben auf ähnliche Schwingungen des s. g. Aethers zurückgeführt, d. h. physikalisch, abgesehen von unsrer Empfindung und Perception, existiren keine Töne und Farben, sondern nur Wellenbewegungen der Luft= und Aetheratome von verschiedener Geschwindigkeit und Richtung. Diese vibrirenden Bewegungen afficiren (oder übertragen sich auf) unsre Gehörs= und Gesichtsnerven, setzen sich von ihnen bis in's Gehirn fort und werden hier je nach ihrer verschiedenen Bestimmtheit zur Empfindung der verschiedenen Töne und Farben. Eine 32 malige Schwingung der Saite erzeugt die Empfindung des tiefsten Tons, den ein gewöhnliches menschliches Ohr zu vernehmen vermag (Manche hören schon eine 16 malige Schwingung in der Secunde); eine 458 billionenmalige Schwingung des Aethers in einer Secunde ruft die Empfindung der tiefsten Farbe, des Roths, hervor. Nun empfinden wir aber den Ton nicht als die vibrirende Bewegung eines Stoffes, sondern als ein selbständiges Continuum, das eine gewisse Zeit hindurch fortdauert, gleichsam als Eine einen bestimmten Zeitraum durchschneidende Linie. Und noch weniger erscheint uns die Farbe als eine undulirende Bewegung, sondern vielmehr als eine ruhende, bestimmt umgränzte Fläche im Raum. Zwischen dem, was Ton und Farbe physikalisch und was sie für unsre Perception sind, findet sonach eine bedeutende Differenz statt: jeder Veränderung der Geschwindigkeit der Luft= und Aetherwellen folgt zwar eine Veränderung unsrer Sinnesempfindung, aber die Schwingung selbst hat keine Gleichartigkeit mit der Empfindung. Letztere kann mithin weder als die bloße

Fortsetzung noch als das Abbild von jener betrachtet werden. | Aehn=
lich verhält es sich mit den Geruchs = und Geschmacksempfindungen,
obwohl bei ihnen, im Gegensatz zu jenen mechanischen Wellenbewegun=
gen, chemische Processe überwiegen.

Die Naturwissenschaften vermögen weder jene Differenz selbst
noch ihren Ursprung zu erklären. Sie werden es, trotz aller Fort=
schritte, ohne Zweifel nie vermögen. Denn so viel ist klar, daß die Ent=
stehung der Empfindung auf Grund der vorangegangenen Nervenreizung
kein leiblicher, natürlicher Vorgang, sondern ein Act der Seele ist, also
dem naturwissenschaftlichen Gebiete gar nicht angehört. | In der Leib=
lichkeit wie in der Natur überhaupt giebt es nur Bewegung nach
außen, nur Vibration oder Ortsveränderung, nur Thätigkeit von
einem Atom auf das andre, also nur veränderte Disposition der
Massen, nur Verschiebung oder andre Verknüpfung der kleinsten Theil=
chen (Atome), und selbst die häufig vorkommende Kreisbewegung (sey
sie Rotation des Körpers um sich selbst oder ein s. g. Kreislauf)
ist überall nur eine nach außen gehende und von außen zurück=
kehrende Bewegung. Das behauptet und vertheidigt die moderne
Naturwissenschaft selbst mit größter Entschiedenheit. Wie man also
auch die Thätigkeit der Nerven sich denken möge, immer kann die
mechanische oder chemische Reizung derselben nur eine mechanische
Bewegung oder neue Mischung ihrer kleinsten Theilchen hervorbrin=
gen. Die sinnliche Empfindung dagegen, d. h. die Nervenaffection
die empfunden und damit aus einer Bewegung der Nervenfasern
in die Empfindung eines Tons, einer Farbe, umgesetzt wird, ist
offenbar eine Thätigkeit oder Bewegung, die nach innen auf das
bewegende Agens selber geht. Denn letzteres (der Geist oder die
Seele) muß nothwendig die Nervenaffection, verändert oder unver=
ändert, in sich aufnehmen oder sie in sich finden, um sie in eine
Empfindung umsetzen zu können; und die Empfindung könnte nie=
mals zu seiner Empfindung werden oder ihm auch nur als die
seinige erscheinen, wenn in ihr nicht ein Element seiner selbst die
Bestimmung oder Eigenschaft der Empfindung erhielte, zu einer Em=
pfindung qualificirt wird. Darauf beruht die Wahrheit des alten
Satzes, daß jede Empfindung zugleich Selbstempfindung ist, —
ein Satz, den jede oberflächliche Selbstbeobachtung bestätigt. —

Allein auch auf dem Wege psychologischer Forschung vermögen

wir nichts über die Entstehungsart unserer Empfindungen zu ermitteln: die genaueste Selbstbeobachtung giebt uns keine Kunde von der Art und Weise, wie und wodurch die Seele eine Nervenreizung in eine Empfindung (Sinnesperception) umwandelt. Wir werden auch schwerlich je zu dieser Erkenntniß gelangen. Denn bei näherer Betrachtung zeigt sich, daß Empfinden und Fühlen überhaupt Bedingung und Voraussetzung unsres Bewußtseyns ist und daß unsre Empfindungen und Gefühle immer schon entstanden seyn müssen, wenn wir uns ihrer bewußt werden sollen.' Die Art ihrer Entstehung fällt mithin nothwendig außerhalb oder jenseits unsres Bewußtseyns. \

Die psychische Function des Empfindens ist nämlich keineswegs Eins und dasselbe mit dem Bewußtseyn, keineswegs unmittelbar (immer und überall) mit Bewußtseyn verknüpft. Zahlreiche Thatsachen beweisen vielmehr, daß wir sehr wohl Empfindungen haben können, oh ne uns ihrer bewußt zu seyn. Wir erinnern nur daran, daß wir uns des Drucks unsrer Kleider oder des Sessels, auf dem wir sitzen ꝛc., meist nicht bewußt sind (weil wir uns daran gewöhnt haben); und doch empfinden wir ihn offenbar fortwährend, da wir uns ja seiner augenblicklich bewußt werden, sobald wir nur unsre Aufmerksamkeit darauf richten. Ebenso ergeht es uns mit einem lange und gleichmäßig andauernden Geräusch, einem gleichmäßig fortwährenden Leuchten (der Sonne, des Mondes), das wir sicherlich fortwährend hören und sehen, ohne uns seiner fortwährend bewußt zu seyn. Wir starren wohl gelegentlich, in Gedanken versunken, lange auf einen Gegenstand, ohne uns bewußt zu seyn was wir sehen und daß wir überhaupt sehen; erst indem wir aus unserm Grübeln erwachen, bemerken wir den Gegenstand d. h. kommt uns die Gesichtsempfindung, die wir ohne Zweifel fortwährend hatten, zum Bewußtseyn. Aehnliche Erscheinungen zeigen sich bei heftigen Affecten, des Zorns, des Schreckens ꝛc. Fielen Empfindung und Bewußtseyn in Eins zusammen, so wären diese Erscheinungen unmöglich. Folglich müssen wir nothwendig annehmen, daß unsre Empfindungen immer schon entstanden seyn müssen, ehe sie uns zum Bewußtseyn kommen, d. h. daß ihr Entstehen und ihr Bewußtwerden nicht Ein und derselbe Act ist. — Dasselbe gilt von den Gefühlen, in denen — im Unterschied von den Sinnesempfindungen — unsre eignen innern Zustände, die Bestimmtheiten, Bewegungen, Acte und Thätigkeitsweisen unsrer Seele, sich uns kundgeben, von den Gefühlen der Sympathie und Antipathie, der Freude und Trauer, der Sehnsucht, der Unruhe ꝛc.' Wir lassen hier die Frage unerörtert, ob unsre Gefühle nur von bestimmten Vorstellungen hervorgerufen werden, und also die Vorstellung als solche voraussetzen. Offenbar ist dieß keineswegs bei allen der Fall; offenbar z. B. gehen jene allgemeinen Gefühle der Frische, der Munterkeit, der Regsamkeit, und resp. der Schwere, der Niedergeschlagenheit, der Unbefriedigkeit (Verdrießlichkeit), die unsern s. g. Stimmungen zu Grunde liegen, nicht von bestimmten Vorstellungen aus und kommen uns auch in der Regel nicht zum Bewußtseyn, wenn wir nicht ausdrücklich darauf reflectiren. Indeß wie dem auch sey, jedenfalls muß doch jedes Gefühl, wie jede sinnliche Empfindung, immer schon entstanden seyn ehe es uns zum Bewußtseyn kommt. Denn auch hier wiederum haben wir über den Ursprung unsrer Gefühle nicht das leiseste Bewußtseyn. Mögen sie von bestimmten Vorstellungen ausgehen oder unmittelbare Selbstaffectionen der Seele seyn, mit denen ihre eignen Zustände, Bewegungen, Thätigkeiten sie afficiren —, Alles was wir über ihren Ursprung annehmen, beruht nur auf Reflexionen und Schlußfolgerungen, die wir machen nachdem sie entstanden und uns zum Bewußtseyn gekommen sind. Und wie ihr Entstehen so ist auch ihr Fortbestehen völlig unabhängig von unserm Bewußtseyn: das Gefühl der Zuneigung, der Liebe entsteht nicht nur unwillführlich und unbewußt, sondern es bleibt auch und verknüpft uns mit unsern Freunden, obwohl wir uns seiner nicht fortwährend bewußt sind. Auch hier also kann die Kraft oder Fähigkeit, infolge deren wir fühlen, nicht identisch seyn mit derjenigen, durch die wir uns unsrer Gefühle bewußt werden. Und folglich müssen wir annehmen, daß die Functionen des Empfindens und Fühlens und die Function der Seele, durch die ihr etwas zum Bewußtseyn kommt, verschiedene Acte oder Thätigkeitsweisen sind.

Worin besteht nun aber diese Function? Wodurch kommt uns etwas zum Bewußtseyn, und was ist der Ursprung und das Wesen des Bewußtseyns selbst? — Das ist die Fundamentalfrage der Psychologie, der Logik, der Wissenschaft überhaupt. Denn vom Wesen und Ursprung unsres Bewußtseyns hängt die Natur, Wesen und Ursprung all' unsres Wissens und Erkennens ab. Nun steht zwar

durch allbekannte Thatsachen fest, daß obwohl Empfindung und Ge=
fühl keineswegs unmittelbar das Bewußtseyn involviren, wir doch
andrerseits ohne Empfindungen und Gefühle überhaupt, ja sogar
ohne die bestimmten Sinnesempfindungen des Gesichts und Gehörs
zu keinem Bewußtseyn, wenigstens zu keinem klaren, bestimmten
menschlichen Bewußtseyn zu gelangen vermögen. Das beweisen die
zahlreichen Beispiele der Taubstummen, namentlich der Taub= und
zugleich Blindgeborenen, die in völlig thierischer Stumpfheit ohne
irgend ein Zeichen von Bewußtseyn verharren, wenn ihnen der Man=
gel jener s. g. höheren Sinne nicht durch eine äußerst künstliche Er=
ziehung ersetzt wird. Allein damit ist nur eine der Bedingungen
unsres Bewußtseyns ermittelt: es ist nur festgestellt, daß wenn ein
menschliches Bewußtseyn entstehen soll, irgend Etwas da seyn müsse,
das uns zum Bewußtseyn kommt. Zugleich ergiebt sich aus den=
selben Thatsachen wie aus der einfachen Beobachtung jedes neuge=
borenen Kindes, daß das Bewußtseyn keine ursprüngliche Qualität
der Seele ist, keine angeborene, ruhende Bestimmtheit, die der Seele
fix und fertig inhärirte, sondern daß es allmälig entsteht, sich bil=
det und entwickelt. Es ist überhaupt nichts schlechthin Dauerndes,
Beständiges: im Schlafe verliert sich das Bewußtseyn (wenigstens
der Außenwelt), bei Ohnmachten ꝛc. schwindet es gänzlich. Ebenso
bleibt sein Inhalt nicht beständig derselbe: es kommt uns etwas
zum Bewußtseyn, dessen wir uns bisher nicht bewußt waren; es
schwindet Andres aus unserm Bewußtseyn und wir erinnern uns
oft nicht einmal, daß es jemals Inhalt unsers Bewußtseyns gewe=
sen; der rasche Wechsel unsrer Vorstellungen ist sprüchwörtlich ge=
worden. Sonach müssen wir zwar annehmen (folgern), daß das
Bewußtseyn auf irgend einer Thätigkeit (Kraft) oder Bewegung be=
ruhe, durch welche sein eigner Ursprung wie dieser Wechsel vermit=
telt sey. Aber damit drängt sich uns wiederum nur die Frage auf:
worin besteht diese Thätigkeit, diese eigenthümliche Bewegung?

Treten wir dieser Frage näher, so leuchtet sogleich ein, daß es
eine mechanische, chemische, stoffliche Bewegung nicht seyn kann.
Denn möge man jene Thätigkeit auch noch so materialistisch und
naturalistisch fassen, etwa als eine Druck= und Stoßkraft, welche die
Empfindungen, Wahrnehmungen ꝛc. in das Bewußtseyn wie in ein
gegebenes Gefäß hinein= und resp. heraustreibt; möge man auch das

Bewußtseyn zu einem bloßen Spiegel degradiren, der die entstande=
nen Sinnesempfindungen, Gefühle ꝛc. wie Bilder nur auffängt; —
immer wird man nicht umhin können, dieß Auffangen und Wieder=
spiegeln als eine Thätigkeit zu denken, welche der Spiegel selbst
ausübt. Soll ich mir irgend einer Empfindung bewußt werden, so
muß sie nothwendig Inhalt meiner Seele, mir immanent gegen=
ständlich werden, und ebenso nothwendig muß das Bewußtseyn oder
die Thätigkeit, durch die es entsteht, diesen Inhalt nicht nur in sich
aufnehmen, sondern auch irgend etwas mit ihm vornehmen. Denn
damit, daß ein Gefäß gefüllt, ein Stoff mit andern mechanisch oder
chemisch verbunden, von andern ergriffen und umfaßt wird, oder daß
ein Lichtstrahl (eine Aetherbewegung) von irgend einem Stoffe (einem
Spiegel) zurückgeworfen wird, kommt demselben offenbar noch nicht
Bewußtseyn zu. Ist sonach das Bewußtseyn oder vielmehr das Be=
wußtwerden nothwendig eine Thätigkeit, die auf seinen eignen In=
halt geht, so ergiebt sich, daß auch das Bewußtseyn wiederum auf
einer Kraft, Thätigkeit oder Bewegung beruht, welche nicht nach
außen, sondern nach innen gerichtet, das bewegende Agens selbst
zu ihrem Objecte hat und, wenn auch von außen (durch die Em=
pfindung und resp. Nervenaffection) angeregt, doch insofern wahre
Selbstthätigkeit ist, als sie die empfangene Anregung nicht bloß
mechanisch fortpflanzt, sondern von ihr aus ihren eignen Weg in
gerade entgegengesetzter Richtung einschlägt, offenbar also nicht dem
äußern Anstoß unterthänig folgt, sondern in spontaner Selbständig=
keit eine neue, in dem Anstoß nicht liegende Bewegung, eine ihr
eigenthümliche Action vollzieht.

Eben weil die Kraft oder Thätigkeit auf das thätige Agens
(die Seele) selbst geht, beginnt das Bewußtseyn gleichsam mit
der Selbstempfindung, deren wir schon gedachten, die aber besser
als Selbstgefühl der Seele zu bezeichnen seyn dürfte. Denn sie
entsteht nur dadurch, daß jede Nervenreizung, indem sie von der
Seele aufgenommen und in eine bestimmte Empfindung umgesetzt
wird, eben damit die Seele afficirt und daher von einem bestimm=
ten Gefühle begleitet ist, in welchem einerseits die Bestimmtheit
der entstehenden sinnlichen Empfindung, andrerseits der Zustand der
Seele bei und infolge der Entstehung derselben sich kundgiebt. Wie
wir überhaupt von unsern innern Zuständen und Vorgängen, von

unsern Bedürfnissen, Trieben, Begehrungen 2c. ein unmittelbares Ge=
fühl haben, so fühlen wir auch, daß wir sehen, hören 2c., und daß
die Gesichtsempfindung eine andre ist als die Gehörsempfindung.
Das ist unzweifelhafte Thatsache des Bewußtseyns. Dieß Gefühl
ist indeß meist ein sehr schwaches, unbestimmtes, und erscheint mit
der Empfindung so unmittelbar verknüpft, daß es für unser Bewußt=
seyn in Eins mit ihr zusammenfällt und daher, wenn wir nicht aus=
drücklich darauf reflectiren, uns gar nicht zum Bewußtseyn kommt.
Dennoch kann es keinem Zweifel unterliegen, daß es mit der sinnli=
chen Empfindung nicht schlechthin identisch ist. Denn in vielen Fäl=
len kommt uns der Unterschied beider zum deutlichen, unabweisbaren
Bewußtseyn, indem die meisten Geruchs= und Geschmacksempfindun=
gen, aber auch viele Gesichts=, Gehörs= und Tastempfindungen von
einem ganz bestimmten Gefühle des Angenehmen oder Unangenehmen
begleitet sind, das sich, namentlich beim Gesicht und Gehör, deutlich
von der sinnlichen Empfindung selber (der gesehenen Farbe und Ge=
stalt, dem gehörten Tone) abscheidet. Beim Sehen in die Sonne,
beim Hören eines quietschenden oder kratzenden Tones haben wir
sogar ein entschiedenes Gefühl des Schmerzes. Mag dasselbe auch
bloß auf einer zu heftigen Reizung unsrer Gesichts= und Gehörs=
nerven beruhen, jedenfalls drängt sich uns damit zugleich das Gefühl
auf, daß wir eine bestimmte Sinnesempfindung haben. Und in der
That würden wir nie ein Bewußtseyn darüber gewinnen können, daß
wir es sind die empfinden, wenn nicht die Existenz und resp. Be=
stimmtheit unsrer Empfindungen sich in solchen Gefühlen, die wesent=
lich Selbstgefühle sind, kundgäbe. Dieses Selbstgefühl, das sonach
alle Sinnesempfindungen wie alle bestimmten Einzelgefühle implicite
involviren und das wir, nachdem es uns zum Bewußtseyn gekommen,
als das Gefühl unsres eignen Daseyns (als Lebensgefühl 2c.) zu be=
zeichnen pflegen, ist daher allerdings die zweite innere (wie die
Nervenreizung und die ihr folgende Sinnesempfindung die äußere)
Bedingung der Entstehung des Bewußtseyns und insofern der An=
fang desselben. Nichtsdestoweniger ist damit noch keineswegs das
Bewußtseyn selbst gegeben. Vielmehr muß uns das bloße Gefühl,
daß wir empfinden und verschiedene Sinnesempfindungen haben, selbst
erst zum Bewußtseyn kommen, ehe wir eine Kenntniß von dem er=
halten, dessen Existenz und Bestimmtheit in ihm sich ausdrückt und

damit zwar in der Seele, aber noch nicht für die Seele sich kundgiebt. Mit andern Worten, diese bloße Kundgebung (die bloße
Perception) der Existenz und Bestimmtheit der sinnlichen Empfindungen und Einzelgefühle muß erst zu einer Kundnehmung werden, das was in der Seele ist als ihr integrirendes Moment, muß
erst der Seele selbst gegenüber gestellt, ihr immanent gegenständlich werden, ehe es zu einer Kunde für die Seele, zu einem Wissen
(Bewußtseyn) werden kann. Sinnesempfindungen verschiedener Art,
Schmerz- und Lustgefühle, Triebe und Instincte, die Kundgebung
derselben im Selbstgefühl (die Perception des Gesehenen, Gehörten 2c.) und damit die Fähigkeit sich ihrer wieder zu erinnern, schrei-
ben wir daher auch den (höhern) Thieren zu; aber Bewußtseyn und
Selbstbewußtseyn haben noch alle besonnenen Forscher der Thierseele
abgesprochen und damit zwischen der Seele des Thiers und dem
Geiste des Menschen eine bestimmte Gränzlinie gezogen.

In der That haben wir auch ein klares Bewußtseyn darüber,
daß Selbstgefühl und Bewußtseyn keineswegs identisch sind. Denn
wie die sinnliche Empfindung, so drängt auch das sie begleitende Gefühl sich uns unwillführlich auf. Dasselbe gilt von allen übrigen
einzelnen Gefühlen, die von der sinnlichen Empfindung und Perception unabhängig erscheinen. Wir haben schlechthin keine Gewalt
weder über unsre Empfindungen noch über unsre Gefühle und eben
deshalb auch nicht über unser Selbstgefühl. Das ist wiederum
eine Thatsache, die uns auch sofort zum klaren Bewußtseyn kommt,
sobald wir nur unsre Aufmerksamkeit darauf richten. Ueber den
Inhalt unsres Bewußtseyns und damit über letzteres selbst haben
wir dagegen eine wenn auch beschränkte Macht, die unser Wille ausübt oder in deren Bethätigung unser Wille selbst besteht. Wenn
ich an diese oder jene Arbeit zu gehen, mit der Untersuchung dieses
oder jenes Gegenstandes, mit der Erörterung einer bestimmten Frage
mich zu beschäftigen gedenke, so folgt der Inhalt meines Bewußtseyns willfährig diesem Entschlusse. Die Vorstellungen, auf welche
die Arbeit sich bezieht, stellen sich von selbst in meinem Bewußtseyn
ein und bieten sich als Object meiner Betrachtung, als Stoff belie-
biger Combinationen 2c. willig dar. Ebenso willig folgen sie —
im gewöhnlichen (ruhigen) Zustande unsers geistigen Lebens — auch
dem Befehle, aus dem Bewußtseyn zu weichen: ich kann beliebig

von dem Nachdenken über den einen Gegenstand zur Untersuchung eines andern übergehen, d. h. die Vorstellung des ersten aus meinem Bewußtseyn entfernen und dafür die des zweiten aufnehmen. Worauf diese Beliebigkeit im letzten Grunde beruhen möge, kümmert uns hier nicht. Wir wollen durch Berufung auf die angeführten Thatsachen nur so viel darthun, daß das, was Inhalt unsres Bewußtseyns wird, nicht stets von selbst und unwillkührlich sich ihm aufdrängt, sondern unter Umständen von einer selbstbewußten Thätigkeit unsres Gei= stes abhängt. Nehmen wir zu ihnen noch die oben (S. 13) erwähn= ten Thatsachen hinzu, wonach unter Umständen sinnliche Empfindun= gen, welche wir unzweifelhaft haben und deren Existenz ebenso un= zweifelhaft auch im Gefühle sich kundgiebt, uns doch nicht zum Be= wußtseyn kommen, wenn wir nicht ausdrücklich unsre Aufmerksamkeit darauf richten, so werden wir zu dem Schlusse berechtigt seyn, daß das Bewußtseyn oder vielmehr Bewußtwerden nicht, wie das Gefühl und Selbstgefühl, auf einer bloßen Affection und dem damit ver= knüpften Reagiren und Percipiren der Seele beruhen kann, sondern eine besondre Kraft oder Thätigkeitsweise voraussetzt, welche zwar der Anregung von anderswoher bedarf und unter Umständen sich voll= ziehen m u ß, doch aber immer eine s e l b s t e i g n e T h ä t i g k e i t der Seele bleibt, die sogar bis auf einen gewissen Grad unter die Bot= mäßigkeit unsres Willens gestellt ist. — |

Wollen wir nun untersuchen, worin diese Kraft oder Thätig= keit bestehen möge, so können wir freilich nur aus Thatsachen des schon entstandenen Bewußtseyns S c h l ü s s e ziehen auf die Art und Weise, wie das Bewußtseyn entstehen möge. Denn was v o r dem entstandenen Bewußtseyn liegt, davon können wir keine u n mittelbare Erkenntniß durch Selbstbeobachtung erlangen, weil jede Erkenntniß, jede Selbstbeobachtung das Entstandenseyn des Bewußtseyns v o r a u s= setzt. Diese Schlüsse aber haben, wie uns dünkt, eine genügende Evidenz, um die Behauptung vollkommen zu rechtfertigen, daß es die u n t e r s c h e i d e n d e Thätigkeit der Seele sey, auf welcher das Be= wußtwerden beruht. | Zunächst fordert die E i n h e i t des Bewußt= seyns, daß auch diejenige Thätigkeit, durch welche dasselbe entsteht, an sich nur Eine sey. Die Einheit des Bewußtseyns aber — die nur nicht zu verwechseln ist mit dem Bewußtseyn d e r Einheit unsers Wesens, welches allerdings keineswegs fortwährend vorhanden ist —

läßt sich schlechterdings nicht leugnen. Denn sie folgt nicht daraus, daß uns unser Wesen als Eins erscheint, sondern daraus, daß uns überhaupt Etwas erscheint (zum Bewußtseyn kommt). Wäre das Bewußtseyn oder was dasselbe ist, das Subject welchem Etwas er= scheint, aus mannichfaltigen wenn auch noch so innig verbundenen Theilen oder Elementen (etwa den s. g. Atomen) zusammengesetzt, so müßte die Erscheinung ebenso vielfach sich wiederholen, wie viel= fach das Subject derselben zusammengesetzt wäre: eine Einheit der Erscheinung wäre schlechthin unmöglich. Denn so gewiß jede Wir= kung auf ein zusammengesetztes Wesen nur so weit reicht, als sie die verschiedenen Theile (Elemente) desselben trifft, so gewiß könnte ein solches Wesen eine Erscheinung nur haben wenn und sofern sie den einzelnen Theilen desselben erschiene, d. h. sie könnte nicht Eine Er= scheinung, sondern immer nur eine Vielheit von Erscheinungen seyn. Die Einheit der Erscheinung, d. h. die ganz unbezweifelbare Thatsache, daß jeder Gegenstand in unserm Bewußtseyn (als Inhalt desselben) nur Einmal und damit als ein einiger sich darstellt, verbürgt mithin die Einheit des Bewußtseyns selbst. ' Dann aber kann auch die Thä= tigkeit, durch die das Bewußtseyn entsteht, nur eine einfache, Eine, sich gleich bleibende seyn: denn eine mannichfache, zusammengesetzte Thätigkeit würde nothwendig auch eine mannichfache, zusammengesetzte Wirkung haben. Allein an dieselbe Eine Thätigkeit müssen wir doch zugleich die Forderung stellen, daß durch sie auch die Vielheit der (an sich einigen) Erscheinungen, die wechselnde Mannichfaltig= keit des Inhalts unsers Bewußtseyns vermittelt sey. Denn dieser Inhalt ist ja nicht ein dem Bewußtseyn fremder, äußerlicher, sondern eben sein Inhalt, ihm immanent und dergestalt zu ihm gehörig, daß es ohne ihn nicht Bewußtseyn wäre. Eine solche Thätigkeit aber, die selbst nur Eine und deren Erfolg doch eine Mannichfaltig= keit des Inhalts in sich trüge, finden wir im ganzen Umkreis unsrer Kenntniß und Erkenntniß nirgend anders als in der unterschei= denden Thätigkeit. Sie allein ist es, die nicht nur, so mannichfal= tige Unterschiede sie auch setzen mag, immer sich selber gleich auf dieselbe gleiche Weise verfährt, sondern auch die Mannichfaltigkeit des Unterschiedenen insofern unmittelbar verknüpft und zusammenfaßt, als alles Unterscheiden zugleich ein Beziehen der Objecte auf einan= der und damit ein Synthesiren involvirt.

Aber auch noch andre Erwägungen führen zu demselben Resul=
tate. Es ist unzweifelhafte Thatsache des Bewußtseyns, daß wir in
allen Fällen, wo wir eine möglichst klare und deutliche Vorstellung
von der Gestalt, Größe, Beschaffenheit eines Dinges gewinnen d. h.
seine volle Bestimmtheit uns zum Bewußtseyn bringen wollen, das
Ding so genau als möglich mit andern vergleichen. Dadurch kom=
men uns Bestimmtheiten (Merkmale, Besonderheiten) zum Bewußt=
seyn, die wir bisher nicht bemerkt hatten. Alles Vergleichen ist aber
nur ein Unterscheiden, welches die Unterschiede zweier Dinge fixirt
und dieselben von dem, worin die Dinge gleich oder ähnlich sind,
unterscheidet. Ganz unabsichtlich und unwillführlich wenden wir
dasselbe Verfahren an, wenn wir einen neuen, uns noch völlig unbe=
kannten Gegenstand erblicken. Zunächst sehen wir ihn nur überhaupt,
d. h. wir haben nur überhaupt eine (bestimmte) Gesichtsempfindung
und wenn wir auf dieselbe achten, d. h. wenn wir den Gegenstand
nicht bloß sehen, sondern auch bemerken, kommt sie uns auch zum
Bewußtseyn. Aber damit wissen wir nur daß wir einen bestimm=
ten Gegenstand sehen, nicht aber (wegen der Neuheit desselben) was
für einen Gegenstand wir sehen. Dieß erfahren wir erst, indem
wir — allerdings mit der Schnelligkeit des Gedankens und ohne
unmittelbar ein Bewußtseyn darüber zu haben — den Gegenstand
von andern Dingen zu unterscheiden und mit einer Anzahl ähnlicher
Gegenstände, deren wir uns erinnern, zu vergleichen beginnen. Da=
durch erst kommt uns seine Größe, seine eigenthümliche Gestalt, seine
verschiedenen Eigenschaften ec. zum klaren Bewußtseyn. (Alles Beo=
bachten und resp. Experimentiren, durch das die moderne Naturwissen=
schaft so bedeutsame Entdeckungen gemacht, d. h. wahrgenommen hat
was bis dahin nicht wahrgenommen worden, ist nichts andres als
ein in seiner Genauigkeit künstlich gesteigertes Unterscheiden und Ver=
gleichen.) Darum sagen wir beim Anblick weit entfernter Gegen=
stände mit Recht: ich sehe da wohl eine Gestalt, ein Etwas, aber
ich kann nicht unterscheiden, was es seyn mag. Wäre das Et=
was ohne alle bestimmte Gestalt, Größe, Farbe ec., also völlig ver=
schwimmend und zerfließend und daher von nichts Andrem unter=
scheidbar, so würden wir es gar nicht bemerken. Es ist vielmehr
wiederum eine vollkommen sichere Thatsache des Bewußtseyns, daß
wir uns ein schlechthin Unbestimmtes gar nicht zu denken vermö=

gen, d. h. daß ein solches überhaupt gar nicht Inhalt unsres Be=
wußtseyns seyn kann. Daraus folgt, daß Alles und Jedes indem es
Inhalt unsres Bewußtseyns wird, zugleich irgend eine Bestimmtheit
erhalten muß, und daß daher Alles, was wir Unbestimmt nennen,
nur darum so heißen kann, weil es uns im Vergleich mit Andrem
w e n i g e r bestimmt erscheint, d. h. daß überhaupt nur von einem
r e l a t i v Unbestimmten die Rede seyn kann. Da nun in jenen
Fällen nur durch die unterscheidende und vergleichende Thätigkeit die
relative Unbestimmtheit einer Anschauung in Bestimmtheit verwan=
delt wird, so werden wir schließen müssen, daß überhaupt a l l e Be=
stimmtheit des Inhalts unsres Bewußtseyns auf derselben unter=
scheidenden Thätigkeit beruhe und nur je nach dem Maaße ihrer
Stärke, der Sorgfalt oder Nachläßigkeit ihrer Ausübung und der
Beschaffenheit ihres Stoffes (des Gegenstandes) mannichfach variire.
Dann aber beruht offenbar auch dieß, d a ß uns Etwas zum Be=
wußtseyn kommt und unser Bewußtseyn ü b e r h a u p t e i n e n J n=
h a l t gewinnt, d. h. das Bewußtwerden selber, auf der unterschei=
denden Thätigkeit. Denn kommt uns Etwas nur in dem Falle und
in dem Maaße zum Bewußtseyn, wenn und soweit es irgend eine
Bestimmtheit für dasselbe gewinnt, und erhält es diese Bestimmtheit
nur durch die unterscheidende Thätigkeit, so kann ohne deren Mit=
wirkung ein Bewußtwerden überhaupt nicht stattfinden, — die Ent=
stehung des Bewußtseyns ist nothwendig durch die unterscheidende
Thätigkeit vermittelt.

Dasselbe Resultat endlich ergiebt sich aus einer näheren Prü=
fung jener Fälle, in denen wir eine bestimmte Sinnesempfindung
zwar unzweifelhaft haben, uns ihrer aber nur bewußt werden, wenn
wir unsre Aufmerksamkeit auf sie richten. Was ist diese Aufmerk=
samkeit, die wir nach unzweifelhaften Thatsachen hervorrufen und
dahin oder dorthin lenken können? Ich merke oder bemerke etwas
will zunächst nur sagen: es kommt mir eine bestimmte Sinnesempfin=
dung zum Bewußtseyn; und wenn ich etwas nicht bemerkt habe, so
kann das nicht heißen, daß dieß Etwas überhaupt gar nicht in mei=
nen Gesichtskreis gekommen sey: denn dann könnte von ihm auch gar
nicht die Rede seyn und es wäre nur lächerlich, wollte ich Jeman=
dem mittheilen, daß ich etwas, das auf dem Himalaya passirt ist, hier
in Halle nicht bemerkt habe. Es kann vielmehr nur heißen, daß

ich dieß Etwas zwar gesehen, eine Gesichtsempfindung von ihm ge=
habt habe, dieselbe mir aber nicht zum Bewußtseyn gekommen sey.
Der sprachliche Unterschied zwischen Bemerkung und bloßer Sinnes=
empfindung setzt mithin die Thatsache als allgemein anerkannt vor=
aus, daß wir einen bestimmten sinnlichen Eindruck haben können
ohne uns seiner bewußt zu werden. Danach aber kann Aufmerken
oder Aufmerksamwerden nur heißen, daß ich aus irgend einer Ver=
anlassung meinen Willen darauf richte, einen bestimmten sinnlichen
Eindruck, dessen Eintreten zu erwarten ist oder bereits begonnen hat, nicht
bloß zu empfangen, sondern ihn selbst, sein Eintreten, seine Bestimmt=
heit auch zu bemerken. Aber wodurch vermag ich diese Absicht zu er=
reichen? Das Eintreten wie die Bestimmtheit der sinnlichen Em=
pfindung als solcher hängt nicht von mir ab: durch meinen bloßen
Willen vermag ich keine Empfindung hervorzurufen noch ihre Be=
schaffenheit zu ändern. Die Absicht kann also nur auf das Be=
wußtwerden der Empfindung gerichtet seyn, und setzt mithin voraus,
daß dieß Bewußtwerden von einer meinem Willen gehorchenden
psychischen Thätigkeit abhängig sey. Wenn wir die Ankunft
eines Wagens mit Ungeduld erwarten, so richten wir unsre Auf=
merksamkeit auf jedes leise Geräusch, damit uns kein Ton unbe=
merkt entgehe, d. h. wir richten jene Thätigkeit, von der das Be=
wußtwerden einer sinnlichen Empfindung abhängt, vorzugsweise auf
alle Gehörsempfindungen. Aber welches ist diese Thätigkeit? Mich
dünkt, es ist keine andre Antwort möglich als: die unterscheidende
Thätigkeit ist es, eben dieselbe, welche wir mit größtmöglicher Sorg=
falt ausüben und nach gewissen Gesichtspunkten dirigiren, wenn wir
eine Sache genau untersuchen, ihre Beschaffenheit in größtmöglicher
Bestimmtheit uns zum Bewußtseyn bringen wollen. Hängt aber
sonach das Bewußtwerden sehr schwacher und unbestimmter Empfin=
dungen von unsrer Aufmerksamkeit ab, und besteht letztere darin daß
wir unsre unterscheidende Denkthätigkeit auf sie concentriren (fixiren),
so müssen wir wiederum schließen, daß das Bewußtwerden überhaupt
und somit die Entstehung des Bewußtseyns durch dieselbe Thätig=
keit vermittelt sey. —

Diese Thätigkeit des Unterscheidens ist indeß nicht die alleinige
Ursache des Bewußtseyns. Sie selbst, und damit die Entstehung
des Bewußtseyns, ist vielmehr, wie wir gesehen haben, ihrerseits

bedingt 1) durch das Daseyn eines Stoffes, — der sinnlichen Em=
pfindungen, der Gefühle, Triebe ꝛc. — den sie nicht zu produciren
vermag, sondern vorfinden muß. Sie ist aber 2) auch bedingt, ja
unter Umständen necessitirt durch eine Anregung, die sie entwe=
der von diesem Stoffe, von den Empfindungen und den Gefühlen ꝛc.
oder von unsern Willensacten empfängt, und durch die sie erst in
Wirksamkeit gesetzt wird. | Denn es ist Thatsache des Bewußtseyns,
daß sinnliche Empfindungen wie bestimmte Gefühle von einer ge=
wissen Stärke sich gleichsam mit Gewalt in unser Bewußtseyn ein=
drängen, d. h. daß wir nicht umhin können, sie zu bemerken. Mit=
hin ist unsre unterscheidende Thätigkeit kein schlechthin selbständiges,
in sich selbst beginnendes und von selber wirkendes Thun, sondern
an sich nur Kraft oder Fähigkeit, welche zwar, einmal in Bewegung
gesetzt, ohne Mitwirkung andrer Factoren selbstthätig wirksam ist,
doch aber eines Hebels bedarf, durch den sie in Thätigkeit ge=
setzt wird. |

Nun kann es aber kaum einem Zweifel unterliegen, daß es an=
fänglich und zunächst sinnliche Empfindungen sind, welche (im Kinde)
diese Kraft des Unterscheidens zur Thätigkeit anregen. | Und sonach
glauben wir behaupten zu dürfen, daß der Hergang, dessen Erfolg
die Entstehung und der erste Anfang des Bewußtseyns ist, folgender
sey. — Das Gefühl, welches jede sinnliche Empfindung begleitet,
reizt, je stärker es ist desto unwiderstehlicher, die Seele zunächst zu
einer Reaction gegen die gleichsam ihr abgedrungene und durch das
Gefühl ihr einverleibte sinnliche Empfindung. Diese Reaction aber
nimmt gemäß der Natur der menschlichen Seele die eigenthümliche
Form an, daß sie die bestimmte sinnliche Empfindung von dem eig=
nen Selbst der Seele — welches in jedem Gefühle, weil es zugleich
Selbstgefühl ist, mit gegeben ist, — absondert und als bloßes ein=
zelnes Moment, als eine ihrer besondern Bestimmtheiten, ihr selber
gegenüberstellt, d. h. die bestimmte sinnliche Empfindung und das sie
begleitende Gefühl regt das der menschlichen Seele inhärirende Ver=
mögen des Unterscheidens zur Thätigkeit an und mittelst derselben
scheidet die Seele zunächst ihre bestimmte Empfindung von ihrem
eignen empfindenden Selbst. | Damit wird ihr die Empfindung im=
manent gegenständlich, d. h. sie wird sich derselben bewußt.
Allein durch diesen ersten Act der unterscheidenden Thätigkeit wird

nur die Empfindung überhaupt Inhalt des Bewußtseyns, das eben damit selbst erst entsteht. Die Seele erhält zwar von dem, was sie bis dahin nur **fühlte**, jetzt eine **Vorstellung** *), aber nur erst eine Vorstellung davon, **daß** sie eine bestimmte Sinnesempfindung **hat, daß** sie etwas sieht, hört 2c. Kurz sie wird sich wohl der einzelnen bestimmten Sinnesempfindung bewußt, nicht aber **worin** die Bestimmtheit derselben bestehe. Die Bestimmtheit **als solche** kann ihr erst zum Bewußtseyn kommen, **wenn und indem** sie den bestimmten sinnlichen Eindruck, den sie empfangen, **nicht bloß** von ihrem **eignen empfindenden** Selbst, **sondern** von einem bestimmten **andern** sinnlichen Eindruck unterscheidet. Denn eine Bestimmtheit kann nur von einer andern **Bestimmtheit** unterschieden werden. Ohne diesen **zweiten** Act der unterscheidenden Thätigkeit würde daher die an sich vorhandene Bestimmtheit der sinnlichen Empfindung eine bloß **an sich** seyende bleiben, nicht zu einer Bestimmtheit **für** die Seele, nicht zu einer Vorstellung werden. Auch zu diesem zweiten Acte indeß wird die unterscheidende Thätigkeit durch die Empfindung selbst angeregt. Denn wenn wir zwei **verschiedene** Sinnesempfindungen zugleich haben, so wird in den sie begleitenden Gefühlen die Seele auch **verschiedentlich** afficirt; und weil diese Gefühle nur Selbstaffectionen der Seele durch die Empfindungen sind, so **fühlt** die Seele sich selber in ihnen **verschiedentlich** afficirt, d. h. die **verschiedenen** Gefühle werden im Selbstgefühle der Seele zu einem Gefühl **der Verschiedenheit**. Die Bestimmtheit jedes sinnlichen Eindrucks besteht aber nur in seinem **Unterschiede** von andern Sinnesempfindungen. Indem also die Seele diesen Unterschied fühlt, fühlt sie auch die Bestimmtheit der sinnlichen Empfindung, und umgekehrt. (Die Thierseele, welcher die Selbstthätigkeit des Unterscheidens abgeht, bleibt bei diesem bloßen Gefühle des Unterschieds ihrer Sinneseindrücke stehen und kommt daher über die bloße Perception nicht hinaus.) Dieses Gefühl ist es, das die unterscheidende Thätigkeit anreizt, sich auf die beiden verschiedenen Empfindungen zu richten und sie von **einander** zu unterscheiden. Damit kommt der Seele die **Bestimmtheit** beider zum **Bewußtseyn**. Nur indem

---

*) Unter Vorstellung im **weitern** Sinne begreifen wir Alles, was uns überhaupt immanent **gegenständlich**, Inhalt unsres **Bewußtseyns** wird, also auch alle bloßen Empfindungen, Gefühle, Triebe, sofern wir uns ihrer bewußt werden.

wir die eine Gesichtsempfindung von einer andern unterscheiden, kommt es uns zum Bewußtseyn, daß dieser Gegenstand roth, jener blau ist; und nur indem wir eine Gesichtsempfindung von einer Gehörsempfindung unterscheiden, gewinnen wir das Bewußtseyn, daß die Farbe etwas andres ist als der Ton. Auch ist die unterscheidende Thätigkeit nicht bloß an unmittelbar gegenwärtige Sinnesempfindungen gebunden. Mittelst der Erinnerung kann vielmehr ein gegenwärtiger Sinneseindruck auch von einem vergangenen unterschieden werden. Denn aus der Natur des Gedächtnisses (vgl. Glauben u. Wissen, S. 41 f.) folgt, daß auf Grund gewisser Anregungen frühere Sinnesperceptionen, wenn auch abgeschwächt, in der Seele sich erneuern und so der Vergleichung mit gegenwärtigen sich darbieten oder zu diesem Behufe in's Bewußtseyn zurückgerufen werden können. Dadurch erklärt es sich, daß, wenn wir denselben Gegenstand zum zweiten und dritten Male sehen, d. h. wenn wir wiederholentlich ganz dieselbe Gesichtsempfindung haben, uns ohne neue Unterscheidung und Vergleichung nicht nur die Bestimmtheit des Gegenstandes, sondern auch seine Identität zum Bewußtseyn kommt. —

Auf diese Weise bildet sich der erste Inhalt unsers Bewußtseyns und erhält mit jedem neuen Acte der Unterscheidung eine größere Fülle und Mannichfaltigkeit, eine Vermehrung des Schatzes unsrer Erinnerung, der um so stärker anwachsen wird, je weniger wir vergessen. Auf diese Weise gewinnen wir zunächst unsre ersten Vorstellungen von dem was wir sehen, hören, tasten, schmecken, riechen, d. h. von den s. g. äußern Dingen. Denn obwohl uns immer nur die Bestimmtheit unsrer eignen Sinneseindrücke zum Bewußtseyn kommt, so können wir doch nicht umhin, diese Bestimmtheit, weil unsre Sinnesempfindungen von außen durch die Nervenreizung uns aufgenöthigt werden und wir auch ein Gefühl dieser Aufnöthigung haben, nach außen zu beziehen, sie einerseits von einem äußern Daseyn zu unterscheiden und andrerseits auf dieses Aeußere und damit auf gesehene, gehörte Dinge zu übertragen (— ein Punkt, auf den wir weiter unten noch zurückkommen werden). Anfänglich unterscheidet daher das Kind nur einzelne Eigenschaften der Dinge, Farbe von Farbe, Ton von Ton, Gestalt von Gestalt ꝛc. Allgemach aber bemerkt es, daß gewisse dieser Bestimmtheiten (Perceptionen) immer zugleich und vereinigt hervortreten, während andre getrennt erscheinen, daß es z. B. wenn sein Bett ihm weiß erscheint, zugleich die Empfindung des Glatten und Weichen hat, die es veranlaßt ist auf dasselbe äußere Object zu übertragen, weil beide Empfindungen in ihrer Beziehung nach außen in demselben Punkte zusammentreffen. Aber diese Bemerkung macht das Kind nur da=durch, daß es solche stets vereint erscheinende Sinnesperceptionen von andern, die getrennt bleiben, unterscheidet. Damit gewinnt es die Vorstellung eines solchen Vereins oder Complexes von einzelnen Bestimmtheiten, die in einem äußern Objecte zusammentreffen, d. h. die Vorstellung eines Dinges als eines Vereinganzen mehrerer Eigen=schaften. Und indem es weiter Ein solches Vereinganzes vom andern unterscheidet, erhält diese Vorstellung ihre Bestimmtheit für sein Be=wußtseyn, d. h. es wird sich bewußt, daß es von einer Mannichfal=tigkeit bestimmter Dinge umgeben ist, welche es dann weiter unter einander vergleichen und damit in immer reicherem Maaße ihre ei=genthümliche Natur, ihre Verhältnisse zu einander, die Veränderun=gen die sie erleiden u. s. w. zu erkennen im Stande seyn wird. Aber während dieses Processes der Entwicklung seines Bewußtseyns unterscheidet es auch schon seine Sinnesempfindungen, Perceptionen, Wahrnehmungen von seinen Gefühlen, die immer zugleich S e l b s t ge=fühle der Seele sind, und diese Gefühle von einander, und damit gewinnt es eine Vorstellung von dem, was wir Lust und Unlust, Freude und Schmerz, Sympathie und Antipathie, Neigung und Ab=neigung, Liebe und Haß, Zorn, Aerger u. s. w. nennen. So ge=langt es immer mehr zum Bewußtseyn von den eignen bestimmten Zuständen seiner Seele, und lernt auch allgemach unterscheiden, was davon durch Einflüsse des Körpers, was durch die eignen Bewegun=gen (Triebe, Strebungen, Thätigkeiten) der Seele selbst hervorge=rufen wird. Aber auch unsre Willensacte sind überall durch die unterscheidende Thätigkeit vermittelt und werden durch sie erst zu W i l l e n s acten. Denn nur dadurch, daß wir unsres Begehrens und Strebens uns b e w u ß t sind, unterscheidet sich der menschliche Wille von den dunklen Trieben und Instincten, denen, wie es scheint, das Thier folgt. Daß wir aber begehren und worin unsre Begeh=rungen bestehen, das kommt uns wiederum nur zum Bewußtseyn dadurch, daß wir unsre Triebe, Strebungen, Begehrungen von einan=der wie von unsern Sinnesperceptionen, Gefühlen, Gedanken und von der begehrenden Seele selbst unterscheiden. Schritt für Schritt geht dann die unterscheidende Thätigkeit an der Hand der Erfahrung weiter. Wir unterscheiden zuvörderst unsre Begehrungen von den Objecten, auf die sie gerichtet sind, und werden uns damit bewußt, was wir begehren. Wir unterscheiden weiter das Object von den Mitteln es zu erreichen und zur Befriedigung der Begierde zu ver= wenden, und werden uns damit bewußt was wir zu thun und zu lassen haben, um unsern Begehrungen Genüge zu thun, u. s. w. Kurz nur durch die unterscheidende Thätigkeit wird ein bewußtes Handeln möglich, und nur ein bewußtes Handeln kann ein freies Handeln seyn. —

Sonach aber müssen wir behaupten: alle unsre Vorstellungen, alle Wahrnehmungen und Anschauungen von den mannichfaltigen Dingen außer uns wie Alles was wir von uns selbst wissen und was wir wissentlich thun und lassen, kurz der gesammte Inhalt unsres Bewußtseyns und Selbstbewußtseyns beruht auf der unter= scheidenden Thätigkeit und erhält nur durch sie seine Bestimmtheit für das Bewußtseyn. |

Daraus aber folgt mit unabweislicher Consequenz, daß der Gegenstand und die Aufgabe der Logik nur die bestimmte Art und Weise seyn kann, in welcher die unterscheidende Thätig= keit als eine besondre Kraft der Seele ihrer Natur gemäß sich vollzieht. | Denn wie verschieden auch die Aufgabe der Logik ge= faßt worden, so stimmen doch Alle darin überein, daß die Logik die Gesetze, Normen und Formen zu ermitteln habe, in denen unser Denken sich bewegt, mittelst deren unser Vorstellen überhaupt, un= ser Glauben und Meinen und insbesondre unser Erkennen und Wissen, unsre Begriffe, Urtheile, Schlüsse zu Stande kommen. Es giebt keine Logik, die sich nicht mit diesen s. g. Denkformen und deren Erör= terung beschäftigt hätte. Allein wenn unsre Vorstellungen überhaupt als Vorstellungen nur Producte der unterscheidenden Thätigkeit sind, so folgt schon daraus, daß auch alle unsre Begriffe nur durch die= selbe Thätigkeit zu Stande kommen können: denn die Begriffe sind nur eine bestimmte Art von Vorstellungen. Außerdem werden wir noch ausdrücklich darthun, daß in der That nur mittelst bestimmter Acte der unterscheidenden Thätigkeit unsre Begriffe, Urtheile und Schlüsse sich bilden. —

Unsre erste Aufgabe wird mithin seyn, festzustellen, was wir thun wenn wir unterscheiden, d. h. Wesen und Natur der unter= scheidenden Thätigkeit zu ermitteln und demgemäß weiter zu unter= suchen, ob und inwiefern in ihrem Thun eine innere Nothwendig= keit sich kundgiebt, ob und inwiefern sie bestimmten Gesetzen, Normen, Verfahrungsweisen in ihrem Thun unterworfen ist. —

Erster Theil.

Die logischen Gesetze und Normen (Kategorien) als
Gesetze und Normen der unterscheidenden
Thätigkeit.

I. Die logischen Gesetze.

§ 1. Die unterscheidende Thätigkeit der Seele kann, wie wir
gesehen haben, entweder gegebene Bestimmtheiten, bestimmte Sinnes=
empfindungen, Gefühle ꝛc., b. h. bereits gesetzte an sich vorhandene
Unterschiede bloß nach unterscheiden, was dadurch geschieht, daß sie
einen Unterschied vom andern unterscheidet. Und in diesem Falle
werden wir sie als auffassende — resp. erkennende — Thä=
tigkeit bezeichnen, weil sie durch solche Acte die in unsern Sinnes=
und Gefühlsperceptionen sich kundgebenden Bestimmtheiten der Dinge
uns nur zum Bewußtseyn bringt. | Oder sie kann selbständig neue
Unterschiede setzen, indem sie einem Objecte überhaupt erst Bestimmt=
heiten giebt, dadurch daß sie es von anderen beliebig unterscheidet
oder die Bestimmtheiten, die es hat, nach eignem Gutdünken abän=
dert, modificirt und andere an deren Stelle setzt. Und das ist das
Verfahren der s. g. Einbildungskraft, die trotz aller Freiheit
und Willkühr es doch nur zu bestimmten Gebilden bringt, indem sie
ihre Conceptionen von andern gegebenen Vorstellungen unterschei=
det, b. h. indem sie ihnen Bestimmtheiten giebt oder die gegebenen
abändert. (Auch die Selbstbestimmungen der Seele, die auf freien
Willensacten beruhen, gehören in gewissem Sinne hierher. Vgl.

Glauben und Wissen S. 67 f.) Möge aber die unterscheidende Thätigkeit das Eine oder das Andre thun, immer kann ihr Thun nur im Setzen von Unterschieden bestehen. ‖ In ihren Erfolgen und Wirkungen manifestirt sich vorzugsweise jede Thätigkeit, jede Kraft. ‖ Von dem, worin das Wesen des Unterschieds besteht, werden wir daher auf das Wesen der unterscheidenden Thätigkeit zurückschließen können.

§ 2. Wo ein Unterschied ist, da sind nothwendig mindestens zwei Objecte vorhanden oder zugleich mit ihm gesetzt: denn der Unterschied ist eben zunächst nur das, was Eines von einem Andern scheidet. Ebenso ergiebt die Reflexion, daß wir mit jedem Acte der Unterscheidung mindestens zwei Objecte in und für unser Bewußtseyn setzen, mögen wir dieselben in den gegebenen Sinneseindrücken, Gefühlen ꝛc. vorfinden und sie uns durch Unterscheiden nur zum Bewußtseyn bringen, oder mögen sie in bereits gebildeten Vorstellungen bestehen und also schon einen Inhalt unsres Bewußtseyns bilden, den wir durch weiteres Unterscheiden näher bestimmen, umgestalten ꝛc. Denn es ist schlechthin unmöglich, Etwas als unterschieden zu setzen oder zu fassen, ohne es von einem Andern zu unterscheiden. Diese Objecte setzen wir aber als zwei nur dadurch daß wir sie unterscheiden, und wir unterscheiden sie nur, indem wir Eines als nicht das Andere fassen oder bestimmen: dieses Bestimmen und jenes Setzen ist ein und derselbe Act. Denn nur dadurch daß Eines nicht das Andre ist, sind sie Zweierlei und nicht bloß Einerlei, und nur durch den zwischen ihnen gesetzten (aufgefaßten) Unterschied erscheinen sie uns als zwei. Umgekehrt liegt darin, daß sie zwei und nicht Eins sind, schon unmittelbar, daß das Eine nicht das Andre ist. Das heißt: mit jedem Unterschied wird ein Object zugleich als die Negation eines andern gesetzt (gefaßt), oder was dasselbe ist, jeder Unterschied besteht zunächst darin, daß das eine Object ist was ein andres nicht ist, und umgekehrt. Jeder Unterschied involvirt mithin eine Negation. ‖ Aber diese Negation ist keineswegs reine, absolute, sondern nur relative Negation. ‖ Denn nur darin, worin die Dinge von einander unterschieden sind, ist jedes zugleich ein Nichtseyn, dieses Nichtseyn also keineswegs Nichts oder Nichtseyn=an-sich, sondern nur Nichtseyn des Andern. An sich ist vielmehr jedes ein Seyn (Seyendes) d. h. Stoff der unterscheidenden Thätig-

keit, und insofern dasselbe was das andre. Sonach involvirt zu=
gleich jeder Unterschied eine Beziehung oder ein Bezogenseyn
der unterschiedenen Objecte auf einander. Denn nur relativ, in
seiner Beziehung zum andern ist jedes die Negation des andern,
und zwei Dinge zwischen denen jede Beziehung unmöglich wäre,
könnten auch nicht unterschieden werden noch unterschieden seyn. Das=
selbe ergiebt die Reflexion auf unsre unterscheidende Thätigkeit.. In=
dem wir zwei Objecte von einander unterscheiden, richtet sich unsre
Thätigkeit auf beide zugleich: in demselben Acte, in welchem sie
eines vom andern scheidet, umfasst sie beide und indem sie sie
umfasst, scheidet sie beide. Eben darin aber, in diesem Zusam=
menfassen das unmittelbar in Scheiden übergeht, und in diesem
Scheiden das ein Zusammenfassen involvirt, besteht der Begriff des
Beziehens. Nur in und mit diesem Beziehen der Objecte auf einan=
der finden und setzen wir das, worin sie von einander unterschieden
sind. Die unterscheidende Thätigkeit setzt daher immer zugleich die
Objecte in Beziehung zu einander, und die Objecte sofern sie un=
terschieden sind, stehen in Beziehung zu einander d. h. ihr Unter=
schiedenseyn ist immer zugleich ein Bezogenseyn des einen auf das
andre. Nehmen wir an, daß die s. g. reellen Dinge realiter un=
terschieden sind, so müssen wir sonach auch annehmen daß sie rea=
liter auf einander bezogen sind: so viel Unterschiede, so viel Be=
ziehungen zwischen ihnen.

§ 3. Wegen dieser Relativität, die in jeder Negation und so=
mit in jedem Unterschiede liegt, ist jeder Unterschied nothwendig
selbst ein relativer: kein Object kann vom andern schlechthin
und in jeder Beziehung unterschieden seyn noch unterschieden wer=
den, keines kann nur die Negation des andern seyn. Der abso=
lute Unterschied ist ebenso undenkbar wie die absolute Identität
(Indifferenz). Denn wenn A und B absolut unterschieden wären,
so müßte das eine seyn, das andere dagegen nicht seyn d. h. der
Unterschied beider wäre nur ein absoluter, wenn zugleich das eine
ein Seyendes, das andre ein Nichtseyendes wäre; — aber ein
Nichtseyendes kann auch nicht unterschieden seyn. Und wenn
beide als absolut unterschieden gedacht werden sollten, so müßte
das eine als ein Gedachtes, das andere dagegen als ein Nicht=ge=
dachtes gedacht werden, was wiederum unmöglich ist, weil ein über=

haupt Nicht-gedachtes auch nicht als unterschieden gedacht werden kann. Die absolute Identität aber ist undenkbar, weil zwei Dinge, die in schlechthin keiner Beziehung unterschieden wären, nicht mehr zwei sondern nur Ein Ding wären. Und das schlechthin Eine und Alleinige (das Schellingsche Absolute, das Hegelsche abso= lute Seyn), das jedes andre Seyn, jeden Unterschied ausschlösse, vermögen wir nicht zu denken, weil etwas nur dadurch von uns ge= dacht wird, daß es uns immanent gegenständlich wird. | Das Object ist unmöglich ohne ein von ihm unterschiedenes (sich unter= scheidendes) Subject. Die Vorstellung ist unmöglich ohne eine vor= stellende Seele die sie hat, und dieß Haben ist unmöglich ohne daß die Seele von ihrer Vorstellung unterschieden ist oder sich unter= scheidet. Die absolute Identität ist mithin undenkbar, weil sie die Aufhebung oder das Nichtvorhandenseyn auch dieses das Den= ken selbst bedingenden Unterschieds involviren würde. —

§ 4. Jeder Unterschied involvirt sonach nicht nur das gegen= seitige relative Nichtseyn der Objecte gegen einander d. h. ihr An= dersseyn und damit ihre Sonderung von einander, sondern auch ihr Bezogenseyn, ihre Verknüpfung und relative Einheit mit einander. Aber damit ist der Begriff des Unterschieds noch nicht erschöpft. Indem wir unterscheiden, setzen und fassen wir die Objecte nicht bloß in ihrem relativen Nichtseyn gegeneinander, sondern wir fassen jedes zugleich als ein Positives, als ein Seyn. Wenn wir Roth von Blau unterscheiden und damit auf Blau beziehen, so fassen wir es zwar zunächst nur negativ als nicht Blau; aber zugleich be= ziehen wir umgekehrt auch Blau auf Roth und fassen damit jenes als nicht Roth. Indem also Roth auf Blau und zugleich Blau (Nicht-Roth) auf Roth bezogen wird, so wird damit Roth implicite (gleichsam im Umweg über Blau) auf sich selbst bezogen; und eben damit setzen wir dasselbe, was wir relativ (in Beziehung auf ein Andres) als ein Nichtseyn, als nicht-Blau gefaßt haben, zugleich an sich, positiv d. h. in Beziehung auf sich selbst als ein Seyn, als Roth. Dieses Positive involvirt zwar selbst die relative Ne= gation, sofern es in Beziehung auf ein Andres dieß Andre nicht ist; aber an sich ist es kein Nichtseyn, sondern ein Seyn, jedoch nicht bloß Seyn schlechtweg, sondern bestimmtes Seyn, bestimmt eben dadurch daß es zugleich Bezogenseyn auf Andres und damit ein re=

latives Nichtseyn ist. Nur weil Roth eben als Roth zugleich
nicht Blau, nicht Gelb 2c. ist, nur darum ist es diese bestimmte
Farbe, die wir Roth nennen; — ohne den Unterschied von Blau
2c. wäre es ohne alle Bestimmtheit, nur Farbe=überhaupt, ein schlecht=
hin Unbestimmtes, das erst eine Bestimmtheit gewinnen und damit
vorstellbar werden würde, wenn wir es etwa von andern Eigenschaf=
ten der Dinge, vom Klange, Geruche 2c. unterschieden. Denn die
Bestimmtheit als solche ist nur der gesetzte Unterschied (worüber weiter
unten das Nähere); und nur dadurch daß Etwas irgend eine Be=
stimmtheit hat oder erhält, d. h. nur durch seine Unterschiedenheit
von Andrem, ist es positiv Etwas. Ohne alle Bestimmtheit, als
ein schlechthin Unbestimmtes wäre es ein rein Negatives, und
mithin ebenso undenkbar wie das reine bloße Nichts, weil es als
solches das schlechthin Unterschiedslose und Ununterscheidbare wäre.*)
Die Bestimmtheit und damit die relative Negation, die jeder
gesetzte Unterschied involvirt, ist zwar sonach die Bedingung aller
Position. | Aber ebenso gewiß besteht der Unterschied nicht bloß in
der relativen Negation die er involvirt, nicht bloß darin, daß Roth
nicht Blau und Blau nicht Roth ist, sondern auch und vornehm=
lich darin, daß Roth Roth und Blau Blau ist. Ja man kann
sagen, nur darum weil Roth positiv Roth und Blau positiv
Blau ist, ist Roth zugleich nicht Blau und Blau nicht Roth, —
d. h. die (relative) Negation folgt aus der Position, aus der Be=
stimmtheit, oder was dasselbe ist, die Bestimmtheit (der Unterschied)
involvirt die Negation, nicht aber umgekehrt. Denn aus der
bloßen Negation folgt keineswegs, daß damit ein Positives, Bestimm=
tes gegeben sey.

Anmerkung. Der Begriff des Unterschieds wird häufig nur negativ
    gefaßt und das wichtige Moment des Positiven in ihm ganz übersehen.
    Das mag daher rühren, daß wir allerdings zuweilen uns mit dem bloß
    negativen Momente begnügen müssen, d. h. uns nur zum Bewußtseyn
    zu bringen vermögen, was ein Ding nicht ist oder daß A nur nicht
    B oder C ist. Wenn wir z. B. in weiter Entfernung Etwas erblicken,
    so sagen wir wohl: ich sehe zwar, daß es kein Baum, kein Haus ist,

---

*) Das Nichts, von dem wir alle Tage reden, ist immer nur ein bestimmtes d.
h. relatives Nichts, ein bestimmtes Nicht=Etwas, die Negation eines bestimmten Prä=
dicats, einer bestimmten Qualität 2c. Das reine bloße (absolute) Nichts, die Negation
alles Inhalts, aller Bestimmtheit ist so gewiß schlechthin undenkbar, so gewiß Nichts
denken kein Denken, Nichts thun kein Thun ist.

aber was es ist, kann ich nicht unterscheiden. Allein in solchen Fällen erfahren wir eben auch nicht was das Ding ist, wir erlangen keine Vorstellung, keine Erkenntniß von ihm, weil wir eben das positive Moment seiner Unterschiedenheit von Andrem (seine positive Bestimmtheit) nicht aufzufassen vermögen. Daraus folgt zwar, daß unsre unterscheidende Thätigkeit, wo sie auffassend bereits gesetzte Unterschiede (Bestimmtheiten) der Dinge nur nach-unterscheidet, an eine bestimmte Größe (Maaß oder Grad) der an sich vorhandenen Unterschiede gebunden ist. Aber ebenso klar ist, daß diese Beschränkung auf das negative Moment nur eine Beschränkung unsrer unterscheidenden Thätigkeit ist, nicht aber das Wesen des Unterschieds selbst betrifft, daß vielmehr zu ihm das positive Moment ebenso nothwendig gehört, und daß mithin nur da, wo beide Momente sich verknüpfen, ein vollständiger wirklicher Unterschied gegeben ist. —

§ 5. Sonach können wir sagen: Das Unterschiedene als solches ist das durch die unterscheidende Thätigkeit gesetzte Eine und Selbige, das in seiner Beziehung auf Andres relatives Nichtseyn, zugleich aber in seiner Beziehung auf sich selbst positives Bestimmtseyn ist. In diesem Begriff des Unterschieds ist zugleich die Natur der unterscheidenden Thätigkeit ausgesprochen: denn solche Unterschiede (ein Unterschiedenes als Unterschiedenes) setzen und resp. auffassen, heißt Unterscheiden.

Eben damit aber haben wir auch zugleich implicite das erste logische Denkgesetz, das gewöhnlich als der Satz der Identität bezeichnet wird gefunden (deducirt), d. h. es ergiebt sich zugleich, daß die unterscheidende Thätigkeit ihrer Natur nach bei allem ihrem Thun dieses Gesetz befolgt. Denn wird nothwendig in jedem Acte der unterscheidenden Thätigkeit das Object derselben auf ein Andres bezogen und damit als ein relatives Nichtseyn gesetzt, zugleich aber dasselbe Object auf sich selbst bezogen und damit als ein positives Bestimmtseyn gefaßt, so wird eben damit implicite sein relatives Nichtseyn als Eins (gleich — identisch) mit seinem positiven Bestimmtseyn gesetzt. Denn es ist ja das Gleiche, Eine und Selbige, was als relatives Nichtseyn und positives Bestimmtseyn gefaßt wird. Und folglich wird in allem Unterscheiden nothwendig jedes der Unterschiedenen als sich selber gleich gedacht. Indem ich A als nicht B, aber auch zugleich B als nicht A fasse, setze ich:

$$A = \text{nicht } B$$
$$B = \text{nicht } A$$

$$\text{und also } A = \text{nicht=nicht } A \text{ d. h. } A = A$$
$$\text{und } B = \text{nicht=nicht } B \text{ d. h. } B = B.$$

Ich muß dieß thun in allem Unterscheiden (wenn auch unbe=
wußt), weil es in der Natur der unterscheidenden Thätigkeit und
damit im Begriff des Unterschieds liegt. Der Satz A = A, d. h.
jedes Object ist sich selber gleich zu denken, ist mithin nur darum
ein Gesetz unsres Denkens, weil unser Denken im engern Sinne
(unser Bewußtseyn, unser Vorstellen) wesentlich auf der unterschei=
denden Thätigkeit beruht, und weil er nur die Formel oder der all=
gemeine Ausdruck ist für die bestimmte Art und Weise, in welcher
die unterscheidende Thätigkeit ihrer Natur nach nothwendig und all=
gemein sich vollzieht. Denn was wir Gesetz nennen, ist überall (in
der Mathematik, in den Naturwissenschaften 2c.) nur der Ausdruck
für eine bestimmte, stets und überall sich gleichbleibende, also allge=
meine (nothwendige) Art und Weise, in welcher eine Thätigkeit, eine
Kraft wirkt und resp. mit andern Kräften zusammenwirkt, in wel=
cher also eine Wirkung, eine Bewegung, eine Begebenheit zu Stande
kommt oder kraft welcher ein Object (sey es Gedanke oder Ding an
sich) so und nicht anders sich bildet, so und nicht anders beschaffen
ist, — kurz der Ausdruck eines unter den gleichen Umständen stets
und überall sich gleichbleibenden Seyns und Geschehens (Bei=
spiele das Gesetz der Gravitation, das Gesetz des Parallelogramms
der Kräfte u. a. m.). Das Gesetz drückt daher immer die Natur=
bestimmtheit der einem solchen Geschehen zu Grunde liegenden Kraft
und ihrer Thätigkeit aus, möge man das Gesetz als Folge und
Ausfluß dieser Naturbestimmtheit oder umgekehrt letztere als Folge
des bestehenden Gesetzes betrachten. In beiden Fällen ist das Ge=
setz immer Aeußerung einer die Kraft oder Thätigkeit bedingenden
Nothwendigkeit, d. h. einer unveränderbaren Bestimmtheit, kraft
deren die Kraft nur so und nicht anders thätig seyn kann, — das
logische Gesetz mithin der Ausdruck einer Nothwendigkeit, welche
das Thun der unterscheidenden Thätigkeit beherrscht, Ausdruck einer
Denknothwendigkeit. —

§ 6. Dem Satze der Identität tritt unmittelbar der s. g.
Satz des Widerspruchs zur Seite. Muß der Natur des Den=

tens gemäß A = A gedacht werden, so liegt darin unmittelbar, daß das Gegentheil, A nicht = A oder A = non A, nicht ge= dacht werden kann oder daß es unmöglich ist A und non A als identisch zu fassen. Denn die Nothwendigkeit involvirt ihrem Be= griffe nach die Unmöglichkeit des Gegentheils: was gemäß den Ge= setzen unsres Denkens nur so und nicht anders gedacht werden kann, dessen Gegentheil ist undenkbar. In der That kann es ja Jed= weder an sich selbst erfahren, daß wir schlechthin außer Stande sind, uns einen viereckigen Triangel oder ein hölzernes Eisen d. h. ein Dreieck das kein Dreieck, ein Eisen das kein Eisen wäre, zu denken. (Wenn wir dennoch nicht selten gegen den Satz des Wider= spruchs verstoßen, so liegt der Grund davon nicht im Denken, son= dern im Sprechen, d. h. darin daß wir gedankenlos Wörter und Sätze verknüpfen, ohne uns den Sinn derselben zum klaren Bewußt= seyn gebracht zu haben.) Der Satz des Widerspruchs ist mithin nur die Kehrseite des Satzes der Identität. A = non A zu setzen ist bloß darum ein Widerspruch, logisch widersprechend (unmög= lich), weil es jenem Gesetze unsres Denkens widerspricht. Nur darin, im Widerstreit gegen die Denkgesetze, besteht die contra= dictio im logischen Sinne. | Und mithin ist Etwas keineswegs schon darum logisch widersprechend, weil es in sich unterschieden oder eine Einheit unterschiedlicher Momente ist. Im Gegentheil alles Unter= schiedene bildet zugleich nothwendig eine Einheit (Totalität), weil eben jedes Unterschiedene als solches auf das Andre bezogen ist und nur relativ ein Andres ist als die andren, zugleich also relativ mit den andren Eins ist. Im Unterschiede bloß als solchem liegt weder die räumliche Trennung noch der Widerstreit der Unter= schiedenen gegen einander. Es hängt vielmehr lediglich von der Bestimmtheit des Unterschieds ab, ob die Unterschiedenen verein= bar, ihre Zusammenfassung zu Einem Ganzen denkbar sey oder nicht. Diese Bestimmtheit kann sogar eine solche Einheit zur nothwen= digen Folge haben, und mithin wäre es gerade ein logischer Wi= derspruch, Alles nur als ein schlechthin Einfaches, mit Andrem Un= einbares, in sich selbst Ununterschiedenes fassen zu wollen.

Anmerkung. Das Bezogenseyn, das in aller Unterschiedenheit liegt, kann überall zu einer bestimmten (auch räumlichen) Einigung der Un= terschiedenen werden, wo eine Kraft vorhanden ist, welche ihre räumliche

Trennung aufhebt und sie in Einheit zusammenhält. So vereinigen sich chemisch Hydrogen und Orygen zu Wasser, Stickstoff und Sauerstoff durch bloße Mischung zur atmosphärischen Luft ꝛc. Ebenso kann Ein und dasselbe Ding auf verschiedene Einwirkungen ganz verschieden reagiren: denn jede Einwirkung ist ein Zusammenwirken, und wo verschiedene Dinge zusammenwirken, wird der Erfolg ein verschiedener, mannichfaltiger seyn müssen gerade gemäß dem Gesetze der Identität und des Widerspruchs. Dasselbe Ding, z. B. Eisen, kann daher der Einwirkung des Hammers, eines Stoßes oder Schlages Widerstand leisten, der Einwirkung der Wärme dagegen nachgeben, d. h. zugleich hart und schmelzbar seyn; und nicht bloß hart und schmelzbar, es kann auch zugleich noch schwer, gefärbt, glatt ꝛc. seyn: denn schwer ist es durch die Anziehungskraft der Erde, also zusammen mit der Erde, gefärbt in der Berührung mit dem undulirenden Aether, glatt in der Berührung mit unsrer Hand ꝛc. Das Eine Ding mit mehreren Eigenschaften ist daher keineswegs (wie Herbart will) ein logischer Widerspruch, der erst „weggeschafft" werden müßte, um es denkbar zu machen. —

§ 7. Der Satz der Identität und des Widerspruchs ist sonach nur Ein und dasselbe Gesetz, d. h. er drückt nur Einen und denselben von unserm Denken bei jedem Gedanken nothwendig zu vollziehenden Act aus. Denn er besagt nur, daß A als A, Unterschiedenes als Unterschiedenes, Einheit von Unterschiedlichem als Einheit, Mehrheit als Mehrheit ꝛc., kurz daß jedes Object als dieses und kein andres, also als sich selber gleich und nicht als sich selber ungleich gedacht werden müsse.*) Der Satz der Identität behauptet positiv, daß A = A gedacht werden müsse, weil A überhaupt nur gedacht werden kann indem es von irgend einem Andren unterschieden wird. Der Satz des Widerspruchs drückt dasselbe negativ aus, daß A = non A nicht gedacht werden könne, weil A als identisch mit seinem reinen Gegentheil gesetzt, mit allem Andren identisch wäre und somit von nichts Andrem unterschieden d. h. überhaupt nicht gedacht werden könnte. Beide bezeichnen also nur

---

*) Er fordert mithin keineswegs: wenn Du A denkst, so denke nur A und nicht zugleich auch B, sondern nur: wenn Du A denkst, so denke es als A und nicht als B oder non A. Er widerspricht also auch keineswegs dem Satze der Causalität; es ist vielmehr sehr wohl möglich, daß ich im einzelnen Falle ein Object nicht denken kann ohne zugleich ein Andres mitzudenken, z. B. keine Wirkung ohne Ursache. Das verbietet so wenig der Satz der Identität und des Widerspruchs, daß im Gegentheil gerade aus ihm folgt, daß wenn ich A mit B zusammen denke, ich es eben als A mit B und nicht als A ohne B denken muß. — Ebenso wenig ist durch ihn ausgeschlossen (vielmehr im Gegentheil eingeschlossen), daß A theilweise, relativ = B oder C sey und gedacht werden könne. —

die Wesensbestimmtheit unsres Denkens, die nothwendige Art und
Weise seiner Thätigkeit, daß wir überhaupt nur durch Unterschei=
den eines Objects vom andern und somit nur in Unterschieden zu
denken vermögen. —

Anmerkung. Auf dem Satze der Identität und des Widerspruchs be=
ruhen die Axiome der Mathematik: von Gleichem gilt Gleiches, Glei=
ches zu Gleichem giebt Gleiches, zwei Dinge die einem dritten gleichen,
sind (in derselben Beziehung) unter einander gleich ꝛc. Sie sind, wie
Jeder sieht, nur Anwendungen, Folgerungen, Specificationen dieses
Denkgesetzes. Denn wenn A = A ist, so ist nothwendig auch A + b =
A + b, und inwiefern A = C, aber auch B = C ist, insofern ist (weil
C = C ist) nothwendig auch A = B. Den Satz der Identität und des
Widerspruchs umstoßen zu wollen, wie Hegel zu Gunsten seiner dialek=
tischen Methode (die allerdings fällt, wenn jener stehen bleibt) versucht
hat, heißt daher die Mathematik umstoßen. Glücklicher Weise indeß ist
Hegel's Argumentation nur ein Gewebe von Sophismen und Mißver=
ständnissen, wie ich im Syst. d. Log. S. 108 f. näher dargethan habe. —

§ 8. Der Satz der Identität und des Widerspruchs ist Ge=
setz für die unterscheidende Thätigkeit, sofern sie ein Object von
einem andren Objecte unterscheidet, oder was dasselbe ist, sofern
wir unsre Gedanken (Sinnesempfindungen ꝛc.) von einander,
Gedachtes von Gedachtem unterscheiden. | Nun kann aber Etwas
der Seele nur immanent gegenständlich (Vorstellung) werden, sofern
sie es nicht bloß von einem andern Etwas, sondern implicite auch
von sich selber unterscheidet: die Vorstellung ist nur Vorstellung
gegenüber der sie vorstellenden d. h. sie von sich unterscheidenden
Seele.] Indem aber die Seele diesen Act der Unterscheidung voll=
zieht und zwar ihrer Natur nach und zufolge der erhaltenen An=
regung nothwendig vollzieht, unterscheidet sie zugleich sich als
Thätigkeit von ihrer That. Denn durch welche anderweitige
Vorgänge auch die Entstehung unsrer Sinnesempfindungen und Ge=
fühlsperceptionen vermittelt seyn möge, zu Vorstellungen werden
sie nur durch die unterscheidende Selbstthätigkeit der Seele. In=
dem also die Seele ihre Vorstellungen als solche von sich selber un=
terscheidet, unterscheidet sie ihre Thaten von der sie setzenden (das
Aufgefaßte von der es auffassenden) Thätigkeit, d. h. sie unterschei=
det sich selbst als denkende Thätigkeit von dem Gedachten, Objectiven,
das nur durch sie ein Gedachtes, ihr immanent Gegenständliches ist.

Sie thut dieß zunächst implicite und unbewußt (— es dauert lange genug, ehe dem Kinde zum Bewußtseyn kommt was Thätigkeit und That, Ursache und Wirkung ist —). Aber weil schon alle ihre Sinnesempfindungen und Gefühlsperceptionen nur durch ihre Mitwirkung zu Stande kommen und jede derselben zugleich ein Selbstgefühl der Seele involvirt, so hat sie doch von Anfang an ein Gefühl ihrer Thätigkeit, ein Gefühl daß sie thätig ist, d. h. ein Gefühl ihrer selbst als Thätigkeit. Darauf beruht die Möglichkeit und zum Theil die Anregung, ihre Gedanken von sich selber zu unterscheiden. Zugleich aber hat sie in allem Thun das Gefühl, nicht nur daß sie (empfindend und fühlend, wie unterscheidend) thätig seyn muß — ein Gefühl der äußern und resp. inneren in ihrer Natur liegenden Nöthigung, — sondern auch, daß sie nicht thätig seyn kann ohne etwas zu thun d. h. daß ihr Thun nothwendig in That übergeht, eine That zur Folge hat. Sobald sie sich ihres Thuns bewußt wird, kommt ihr daher auch dieß Gefühl zum Bewußtseyn, d. h. sie wird sich der Nothwendigkeit bewußt, nicht nur überhaupt thätig zu seyn, sondern auch Thätigkeit und That zu unterscheiden und die Thätigkeit nicht ohne eine folgende That denken zu können. Darum ist es eine Thatsache des Bewußtseyns, daß wir unwillkührlich unser Denken als Thätigkeit, die Gedanken als seine Thaten (Producte) fassen. | Darum ist es gleichermaaßen Thatsache des Bewußtseyns, daß wir ebenso unwillkührlich annehmen, auf jede Thätigkeit müsse eine That folgen. Nur dieß ist unmittelbar gewiß. Der umgekehrte Satz, daß jede Wirkung eine Ursache habe oder vielmehr daß keine That ohne Thätigkeit gedacht werden könne, ist wiederum nur die Kehrseite von jenem: er folgt nur unmittelbar aus jenem oder liegt implicite in ihm, weil die Nothwendigkeit der Verbindung von Thätigkeit und That die Unmöglichkeit ihrer Trennung, also die Unmöglichkeit einer That ohne Thätigkeit involvirt. —

Diese unmittelbare Gewißheit entwickelt sich mit der Entwickelung des Bewußtseyns zu dem s. g. Satze der Causalität. Denn indem wir uns ihrer bewußt werden und die Vorstellungen von Thätigkeit und That zu Begriffen ausbilden, finden wir uns genöthigt anzunehmen, daß schlechthin keine Thätigkeit ohne That und keine That ohne Thätigkeit seyn könne, oder was dasselbe ist, daß schlechthin jede That (Wirkung) eine Thätigkeit (Ursache — Grund) voraussetze, jede Thätigkeit eine That involvire.

A n m e r k u n g. Der Satz der Causalität oder wie er auch bezeichnet wor= den, des zureichenden Grundes ist allgemein anerkannt; es gilt als sich von selbst verstehend, daß Alles was geschieht einen Grund, eine Ursache haben müsse. Allein worauf beruht denn diese Gewißheit und Evidenz? Wenn wir die Erfahrung fragen, so sehen wir wohl, daß in vielen Fällen regelmäßig auf das eine Geschehen ein andres folgt: wenn die Sonne aufgeht, wird es hell, wenn die Wärme sich steigert, schmilzt der Schnee u. s. w. Aber abgesehen davon, daß wir den Begriff oder doch eine (wenn auch dunkle) Vorstellung von Ursache und Wirkung, Thätigkeit und That, schon h a b e n müssen, um das Aufgehen der Sonne als Ursache der Helligkeit fassen zu können, so liegt ja in der bloßen Aufeinanderfolge der Erscheinungen keineswegs, daß die erste die Ursache der zweiten seyn müsse, auch in der r e g e l m ä ß i g e n Aufeinanderfolge nicht: denn sonst müßte auch der Sommer die Ursache des Winters seyn. Jedenfalls kann uns die Erfahrung nicht lehren, daß a l l e s Ge= schehen eine Ursache haben m ü s s e: denn was wir erfahren, wahrnehmen, ist an sich immer nur ein Einzelnes, niemals ein Allgemeines, Noth= wendiges. Hume behauptete daher, daß der Satz der Causalität nur auf der Gewohnheit beruhe, d. h. daß wir infolge der regelmäßigen (häufigen) Aufeinanderfolge zweier Erscheinungen uns an die Verbin= dung derselben dergestalt gewöhnen, daß wir uns die eine nicht ohne die andre denken können, daß aber eben darum die Causalität nur das (innere) Band sey, das wir zu den beiden Erscheinungen infolge jener Gewohnheit und somit im Grunde willführlich hinzudenken. Vom Standpunkte der bloßen Erfahrung aus dürfte sich wenig gegen diese Ansicht einwenden lassen. Soll also der Satz der Causalität Geltung behalten, so kann seine Nothwendigkeit (Gesetzeskraft) nur auf der eig= nen Natur unsres Denkens beruhen. Nun wird zwar allgemein aner= kannt, daß wir zunächst zu der Vorstellung von Thätigkeit und That, Kraft und Erfolg, Ursache und Wirkung, nicht durch die Betrachtung der äußern Dinge, sondern nur durch S e l b s t betrachtung, Selbstgefühl und Selbstperception gelangen. Aber man meint, daß die erste Vorstel= lung dieser Art beim Kinde durch den leiblichen Organismus vermittelt sey, insbesondre durch das s. g. Muskelgefühl d. h. durch das Gefühl des Widerstands, den äußere Gegenstände unsrer Muskelbewegung ent= gegensetzen. Damit nämlich verknüpfe sich ein Gefühl der Kraftanstren= gung, der Thätigkeit nach außen; und indem wir zugleich bemerken, daß mit dieser Kraftanstrengung (mit Ueberwindung des Widerstandes) das was wir wollten d. h. was wir uns zunächst nur innerlich vorstellten, uns äußerlich wahrnehmbar gegenübertritt, fassen wir diese Erscheinung als Wirkung (Folge), unsre Kraftanstrengung als Ursache (Grund) der=

selben. Wir bestreiten nicht, daß organische Vorgänge, namentlich das s. g. Muskelgefühl, mitwirken zur Entwickelung unsres Bewußtseyns eigner Thätigkeit, und damit unsrer Vorstellung von Ursache und Wirkung. Allein entstehen kann dieselbe dadurch nicht. Denn um ein äußeres Geschehen (Erscheinen) als Wirkung unsrer Kraftanstrengung und diese als Ursache von jenem fassen zu können, müssen wir nothwendig ein wenn auch noch so dunkles Bewußtseyn der Zusammengehörigkeit beider bereits haben: denn ohne diese Zusammengehörigkeit (innere Verknüpfung) wäre die Ursache nicht Ursache, die Wirkung nicht Wirkung. Wenn das Kind die Bewegung des Balls, den es geworfen, nicht als ein zufällig auf seine Armbewegung folgendes Ereigniß, sondern als die Wirkung derselben faßt, so ist dieß nur dadurch möglich, daß es bereits seine Armbewegung als eine Thätigkeit vorstellt und zugleich ein Bewußtseyn hat von der Zusammengehörigkeit derselben mit ihrer That, der Bewegung des Balles, d. h. daß es eine wenn auch noch so dunkle Vorstellung von Ursache und Wirkung bereits hat. Denn nur daraus ist es zu erklären, daß es die Bewegung des Balles unmittelbar auf die Bewegung seines Arms bezieht und von dieser herleitet. Jedenfalls kann der Satz der Causalität als solcher, d. h. seine Gesetzeskraft, ebenso wenig auf der eignen Selbsterfahrung beruhen wie auf der äußern Erfahrung dessen was um uns vorgeht. Denn auch jene zeigt uns — trotz alles Muskelgefühls — immer nur einzelne auf einander folgende Ereignisse, nicht aber die untrennbare Zusammengehörigkeit beider und noch weniger die Nothwendigkeit ihrer Verbindung, — also im Grunde nichts von Ursache und Wirkung. —

§ 9. Der Satz der Causalität ist sonach zunächst und unmittelbar nur ein Denkgesetz. Er drückt die unser Denken bedingende und bestimmende doppelte Nothwendigkeit aus, a) sich als Thätigkeit von seinen Thaten zu unterscheiden, und b) jede Thätigkeit nur zusammen mit einer That und umgekehrt denken zu können. Oder was dasselbe ist, er beruht auf der Natur-Bestimmtheit unsrer Seele, daß sie Denkkraft, Kraft (Vermögen) des Bewußtseyns ist, und daß sie, um zum Bewußtseyn zu gelangen, a) ihre Gedanken (Sinnesempfindungen) von sich selber unterscheiden muß, eben damit aber b) sich selber als Thätigkeit, ihre Gedanken, so weit sie Inhalt des Bewußtseyns geworden, als ihre Thaten und zwar diese als die nothwendige Folge von jener fassen muß. (Die Formel, in welcher der Satz häufig genug aufgestellt worden: Alles was ist, muß einen Grund, eine Ursache haben, ist daher falsch. Denn es handelt sich hier gar nicht um ein Seyn, sondern nur um ein Geschehen; und

da der Begriff des Seyns ein allgemeinerer ist als der der That,
— denn er umfaßt auch alle Thätigkeit, — so kann auf jenen nicht
übertragen werden, was nur von diesem gilt. Eine solche Ueber=
tragung verstößt gegen das logische Gesetz der Identität; und daher
involvirt sie den logischen Widerspruch, daß, da die Ursache, welche
für alles Seyn gefordert wird, doch selbst seyn muß, in ihr ein
Seyn vor allem Seyn gesetzt würde. \Aber auch die gewöhnliche
Formulirung des Satzes: Alles was geschieht (wird, entsteht) muß
eine Ursache haben, ist, wenn auch nicht falsch, doch nicht die ur=
sprüngliche sachgemäße Fassung. Denn sie involvirt eine Ausdehnung
der Denknothwendigkeit, die der Satz an sich nur ausdrückt, auf
das s. g. reelle äußere Seyn. Nun ist es zwar eine allbekannte
Thatsache des Bewußtseyns, daß wir dieß ohne Weiteres thun, d. h.
daß wir unwillführlich annehmen, Alles was um uns her geschieht,
müsse einen Grund, eine Ursache haben. Gleichwohl ist diese Fassung
des Satzes doch nur insofern berechtigt, als wir zu einer solchen
Uebertragung allerdings ein gutes Recht haben, ja durch das Denk=
gesetz der Causalität selber dazu genöthigt werden. Wir müssen
denken, daß wenn es ein Seyn außer uns und ein Geschehen in ihm
realiter giebt, auch hier alles Geschehende einen Grund, eine Ursache
haben müsse. Denn da wir dem Denkgesetze der Causalität gemäß
uns überhaupt keine That ohne Thätigkeit, keine Bewegung (Be=
wegtes) ohne ein Bewegendes zu denken vermögen, so können wir
uns auch das äußere reelle Geschehen nicht denken, ohne zu allem
Geschehenden eine Ursache hinzuzudenken. \ Entweder also müssen
wir annehmen, daß es überhaupt kein äußeres Seyn oder doch kein
Geschehen, keine Thätigkeit (Bewegung) in ihm gebe, oder wir
müssen auch das reelle Seyn als dem Gesetze der Causalität unter=
worfen denken. \ Das Erstere anzunehmen, macht uns aber wiederum
gerade das Denkgesetz der Causalität unmöglich, und das ist der
Grund, warum im Ernste noch nie ein Philosoph, geschweige denn
ein andrer Mensch an dem Daseyn von Wesen außer ihm gezweifelt
hat, warum es selbst dem Wahnsinnigen nicht einfällt, sich für allein
existirend zu halten. Denn wenn auch die Naturwissenschaften jetzt
dargethan haben, — was übrigens die Philosophie längst behauptet
hat, — daß alle Empfindung und sinnliche Perception durchaus sub=
jectiver Natur ist, d. h. daß wir in ihr nicht ein äußeres objectives

Seyn erfassen, sondern nur in uns selbst etwas finden, daß sie also an sich nicht der Ausdruck der Existenz und Bestimmtheit eines re= ellen äußern Gegenstandes, sondern nur der Ausdruck einer eingetre= tenen Bestimmtheit unsres eignen Wesens ist; wenn es also auch thatsächlich feststeht, daß die Sinnesempfindung für sich allein uns keineswegs das Daseyn äußerer Dinge verbürgt noch die Ueberzeu= gung davon hervorruft; so ist es doch ebenso feststehende Thatsache, daß unsre sinnlichen Empfindungen und Perceptionen entstehen und daß sie dabei sich uns dergestalt aufdrängen, daß wir sie haben müssen und weder ihre Existenz verhindern noch ihre Bestimmtheit ändern können. Dieses Sich=aufdrängen, diese Nöthigung zum Empfinden und Percipiren giebt sich uns im Selbstgefühl unmittel= bar kund. Je stärker und plötzlicher die sinnliche Empfindung ist, desto bestimmter haben wir das Gefühl des Genöthigtwerdens, und mit demselben verbindet sich für unser Denken kraft des ihm imma= nenten Gesetzes der Causalität unmittelbar der Act der Unterscheidung, durch welchen wir mit jenem Genöthigtwerden als einem Geschehen (einer That) eine nöthigende Thätigkeit als dessen Ursache setzen, d. h. es wird uns in und mit dem Bewußtwerden unsrer Sinnesempfin= dungen, im Percipiren selbst unmittelbar gewiß, daß es ein Etwas außer uns geben müsse, durch welches dieß Geschehen (das Eintreten der Sinnesempfindung) bedingt, das Genöthigtwerden verursacht sey. Denn in dem Gefühle des Genöthigtwerdens, das jede Sinnesempfin= dung begleitet und mit ihr verschmilzt, giebt sich uns eben die Ein= wirkung eines äußern Gegenstands auf unser Empfindungsvermö= gen unmittelbar kund, und zugleich nöthigt uns das Denkgesetz der Causalität, die Wirkung unmittelbar auf eine Ursache zu be= ziehen. Indem also unser Denken unwillkührlich und unbewußt die= sem Gesetze gehorcht, beziehen wir auch unwillkührlich und (zunächst) unbewußt die sich uns aufdrängende Empfindung auf einen äußern Gegenstand, d. h. wir glauben in ihr den äußern Gegenstand selbst zu empfinden und zu percipiren. Unsre eignen Sinnesempfindungen und Gefühle zusammen mit dem Denkgesetze der Causalität nö= thigen uns sonach, nicht nur überhaupt das Daseyn äußerer Dinge anzunehmen, sondern dieselben auch als thätig zu fassen.*)   Eben

---

*) Vornehmlich sind es wiederum die durch die motorischen Nerven vermittelten Empfin= dungen des Widerstands oder der Gegenbewegung der äußern Dinge gegen die eigne Be=

damit aber sind wir zugleich genöthigt anzunehmen, d. h. es ist uns unzweifelhaft gewiß, daß das logische Gesetz der Causalität auch für das reelle Seyn der (thätigen) Dinge gelte, — eine Gewißheit, in der uns die Erfahrung, soweit sie überhaupt reicht, durchweg be= stärkt und befestigt.

Anmerkung. Nur die Logik selbst kann beweisen, daß ihre Gesetze und Normen nicht bloß subjectiv für unser Denken, sondern auch für das objective reelle Seyn gelten. Denn die Logik eben zeigt, daß auf der Denknothwendigkeit alle Gewißheit und alles Beweisen beruht, und daß die Denkgesetze, in denen sie sich manifestirt, nur durch sie Gesetzes= kraft haben. Von ihr aus läßt sich auch allein darthun, daß dieselbe Nothwendigkeit, die in den Denkgesetzen sich manifestirt, auch das äußere reelle Seyn beherrsche, d. h. daß wir den Denkgesetzen objective Geltung beilegen müssen. Indem die Logik, wie gezeigt, dieß zunächst vom Denk= gesetze der Causalität darthut, so beweist sie damit zugleich, daß dasselbe auch vom Denkgesetz der Identität und des Widerspruchs gelten müsse. Denn da sich uns mannichfaltige Sinnesempfindungen in man= nichfaltigen Beziehungen aufdrängen, so müssen wir nothwendig auch mannichfaltige äußere Dinge (Kräfte, Thätigkeiten) als Ursa= chen derselben annehmen. Eine Mannichfaltigkeit wie überhaupt eine Mehrheit von Dingen ist aber nur möglich (denkbar), sofern die Dinge von einander unterschieden sind. Und jedes Unterschiedene ist noth= wendig ein Bestimmtes, das als solches nur Dieses und kein And= res ist, und das daher insofern nur sich selber gleich (und nicht sich selber ungleich) seyn kann, als es eben in seiner Bestimmtheit nur es selbst und kein Andres ist. (Seine Bestimmtheit kann natürlich nichts= destoweniger eine veränderliche seyn, ja sie kann selbst in der Veränder= lichkeit bestehen; — dieß schließt das Gesetz der Identität keineswegs aus, sondern es fordert in diesem Falle nur, daß wiederum das Object in jener seiner Bestimmtheit doch nur es selbst und kein Andres d. h. ein Veränderliches und kein Unveränderliches sey.) — Ist es aber so= nach gewiß, daß das reelle objective Seyn an sich ein Unterschie= denes, Mannichfaltiges (eine Mehrheit von thätigen Dingen, Ursachen und Wirkungen) ist, so wird auch Alles, was aus dem Be= griff des Unterschieds und dem Wesen der unterscheidenden Thätigkeit

wegung unsres Körpers, welche uns den ersten Anlaß zur Unterscheidung äußerer Gegen= stände von uns selbst geben, wie George in seinem Handbuche der Psychologie vortrefflich dargethan hat. Allein wenn auch durch sie der leibliche Organismus zur Entstehung des Bewußtseyns äußerer Dinge beiträgt, so beruht doch dieß Bewußtseyn keines= wegs auf ihnen allein. Denn diese Empfindungen des Widerstandes und der Bewegung sind doch immer nur Empfindungen und somit an sich rein subjectiver Natur. Ohne das Gefühl daß sie sich uns aufdrängen, und ohne das unser Denken (Unterscheiden) immanent beherrschende Gesetz der Causalität wären mithin auch sie völlig unfähig, die Ge= wißheit vom Daseyn reeller Dinge außer uns hervorzubringen.

folgt, nicht nur für unser Denken und seine Gedanken, sondern auch für das reelle Seyn der Dinge gelten müssen, — d. h. die logischen Gesetze, Normen und Formen überhaupt müssen nothwendig auch Formen, Normen und Gesetze des reellen Seyns der Dinge seyn. | Daraus aber folgt nicht nur, daß die Logik und die Psychologie zwei verschiedene Wissenschaften sind, sondern es ergiebt sich zugleich auch ein andres höchst bedeutsames Resultat. Gemäß dem Gesetze der Identität und des Widerspruchs zusammen mit dem Gesetze der Causalität müssen wir nämlich annehmen, daß auch das reelle Seyn, sofern es ein Unterschiedenes ist, nothwendig ein Gesetztes, Product oder Wirkung einer unterscheidenden Thätigkeit seyn müsse. Denn das Unterschiedene an und für sich, als ein Ungesetztes, Unentstandenes, Uranfängliches (Ewiges) ist undenkbar, weil es, so gefaßt, ohne Beziehung auf eine es setzende Thätigkeit, einen logischen Widerspruch involvirt. Dieser Widerspruch tritt allerdings nur hervor, wenn wir den Begriff der Unterschiedenheit analysiren und seine Momente scharf in's Auge fassen. Dabei aber ergiebt sich zur Evidenz, daß jedes Unterschiedene nur seyn kann, wenn und sofern ein Andres ist von dem es unterschieden ist, d. h. daß alles Unterschiedene wegen der Relativität die im Begriff des Unterschieds liegt, selbst ein Relatives, Bedingtes ist. | Das Uranfängliche, Ewige, Voraussetzungslose ist dagegen nothwendig ein schlechthin Selbständiges, Unbedingtes, Absolutes. Jenes als dieses zu fassen ist mithin eine offenbare contradictio in adjecto. Auch vermögen wir die Beziehung und damit Verknüpfung der Unterschiedenen, die jeder Unterschied involvirt, nicht zu denken ohne eine beziehende, verknüpfende Kraft oder Thätigkeit implicite hinzuzudenken. Und ebenso wenig vermögen wir die Negation, die in jedem Unterschiede liegt, zu denken, ohne ein Etwas voraus zu setzen, das durch sie bestimmt (beschränkt, begränzt) wird und das wiederum seinerseits eine es bestimmende Thätigkeit voraussetzt, d. h. wir vermögen den Unterschied als gegebene, an sich seyende Bestimmtheit nicht zu fassen, ohne eine Thätigkeit implicite anzunehmen, von welcher die Bestimmtheit ausgeht. — Demgemäß können wir den Satz der Causalität auch so ausdrücken: Alles Unterschiedene, Mannichfaltige, Einzelne muß eine Ursache seines Daseyns haben, die nur eine unterscheidende Kraft oder Thätigkeit seyn kann. Und da alles Erscheinende, d. h. Alles was wir aus den angeführten Motiven unmittelbar als ein Seyendes fassen, ein Vieles, Mannichfaltiges, Einzelnes ist, so erklärt es sich, wie das gemeine Bewußtseyn dazu gekommen, dem Satz der Causalität die allgemeine Fassung zu geben: Alles was ist muß eine Ursache, einen Grund haben, daß und warum es so und nicht anders ist. —

§ 10. Sonach ergiebt sich: die allgemeine, Denken und Seyn umfassende Gesetzeskraft des Satzes der Causalität wie des Satzes der

Identität und des Widerspruchs beruht im letzten Grunde darauf, daß wir nur in Unterschieden zu denken vermögen, d. h. daß wir nur Bewußt= seyn, Vorstellungen, Gedanken zu haben vermögen sofern und indem wir unterscheiden. Die beiden Gesetze drücken nur aus, wie und als was die unterscheidende Thätigkeit ihrer Natur nach die Objecte nothwen= dig fassen muß eben damit daß sie sie unterscheidet. Der Satz der Identität besagt, daß jedes Object, indem es unterschieden wird und so gewiß es von andern unterschieden ist, als sich selber gleich gefaßt werden und sich selber gleich seyn muß; der Satz der Causalität, daß die Objecte, indem sie unterschieden werden und so gewiß sie unterschieden sind, also in ihrer Unterschiedenheit, als Thaten (Aeußerungen, Wirkungen) einer unterscheidenden Thätigkeit gefaßt werden müssen. Nun giebt es aber nur zwei Arten von Objecten für die unterscheidende Thätigkeit, nämlich a) die Gedanken im weitern Sinne des Worts, d. h. unsre Sinnesempfindungen, Gefühle, Strebungen, und weiter unsre Anschauungen, Vorstellungen, Begriffe, und b) das Denken im weitern Sinne, d. h. unsre empfindende, fühlende, strebende, anschauende, vorstellende, unterscheidende Seele. Und mithin kann auch die unterscheidende Thätigkeit nur in dem zweifachen Thun bestehen a) in dem Unterscheiden der Gedanken von einander und resp. von den reellen Dingen, zu denen sie in Bezieh= ung stehen, und b) in dem Unterscheiden derselben vom Denken. Daraus aber folgt, daß es auch nur zwei allgemeine logische Denk= gesetze geben kann. Denn drückt das allgemeine logische Gesetz nur aus, wie die unterscheidende Thätigkeit ihrer Natur nach (nothwen= wendig) sich vollzieht und was sie demgemäß, indem sie sich vollzieht, nothwendig und allgemein thut, und giebt es nur jene zweifache Form ihres Thuns, so würde eine größere Mehrheit logischer Gesetze dem Wesen des logischen Gesetzes selbst widersprechen. In der That sind alle übrigen, die man für allgemeine logische Gesetze ausgege= ben hat, entweder keine solche Gesetze oder nur Folgerungen, Spe= cificationen, Anwendungen der obigen beiden. —

Anmerkung. Der s. g. Satz des ausgeschlossenen Dritten (principium exclusi medii), der einzige, den noch viele Logiker für ein besondres logisches Gesetz erachten, gilt nur für contradictorische oder rein ne= gative Gegensätze und selbst da nur, wo es anderweitig feststeht, daß eines der beiden entgegengesetzten Prädicate dem Subject nothwendig zu= kommen muß. Ich kann z. B. nicht sagen: eine mathematische Figur

ist entweder ein Dreieck oder ein Viereck, tertium non datur; denn sie
kann sehr wohl auch ein Fünfeck ꝛc. seyn. Allerdings aber kann ich
sagen: A ist nothwendig entweder gesund oder krank, eine Linie noth=
wendig gerade oder krumm. Hier ist ein Drittes ausgeschlossen (undenk=
bar), aber nur darum, weil krank als gleichbedeutend mit n i ch t = ge=
sund, krumm als gleichbedeutend mit n i ch t = gerade genommen wird.
Wäre es zweifelhaft, wie manche Physiologen meinen, ob Gesundheit
und Krankheit solche negative (totale) Gegensätze seyen, so würde die
obige Behauptung ungültig seyn. Jedenfalls gilt sie nur von Men=
schen, Thieren und beziehungsweise auch wohl von Pflanzen. Nicht aber
kann ich sagen: dieser Stein, dieser Stuhl ist entweder gesund oder
krank, tertium non datur; hier ist vielmehr das Dritte wirklich gege=
ben und das allein Richtige, daß nämlich das Subject des Urtheils
weder krank noch gesund ist. — Hieraus ergiebt sich zunächst, daß der
Satz des ausgeschlossenen Dritten keine a l l g e m e i n e, sondern nur
eine auf bestimmte Fälle beschränkte Gültigkeit hat, daß er also kein
logisches Grundgesetz ist. Denn ein solches kann an keine besondren
Bedingungen, an nichts anderweitig Gegebenes oder Feststehendes ge=
bunden seyn, sondern muß nothwendig allgemein und überall für alles
Denken unter allen Umständen gelten. Aber selbst in der dargelegten
Beschränkung und Bedingtheit ist der Satz nicht einmal ein logisches
Specialgesetz, sondern nur eine Folgerung aus dem Satze der Identi=
tät und des Widerspruchs, von keiner höheren Dignität als etwa das
. mathematische Axiom: Gleiches zu Gleichem giebt Gleiches. Denn ist
es unmöglich A = non A zu denken, so folgt unmittelbar, daß wenn
einem A das Prädicat B zukommt und also insofern A = B ist, eben=
demselbigen A, welches B ist und sofern es B ist, nicht auch das Prä=
dicat non B beigelegt werden kann. Denn damit wäre gesetzt

$$A = B,$$
$$\text{aber auch } A = \text{non } B,$$
$$\text{und also } B = \text{non } B,$$

was ein offenbarer logischer Widerspruch ist. Setzen wir statt B Ge=
sund, statt non B Krank (Nichtgesund), so leuchtet ein, daß dem E i =
n e n und s e l b i g e n (sich gleich bleibenden) Subjecte so wenig b e i d e
Prädicate beigelegt werden können, als B = non B gedacht werden
kann, daß also A, wenn nothwendig eines von beiden Prädicaten ihm
zukommt, nur e n t w e d e r gesund o d e r krank seyn kann. —

II. Die Normen der unterscheidenden Thätigkeit oder die logischen Kategorieen ihrem allgemeinen Begriffe nach).

§ 11. Gemäß den dargelegten Gesetzen verfährt unser Den=
ken (Unterscheiden, Auffassen) anfänglich ganz unwillführlich und un=
bewußt. Erst durch die spät eintretende Reflexion auf die Art unsrer
Gedankenbildung und Gedankenverknüpfung kommen sie uns zum
Bewußtseyn und erkennen wir sie als Gesetze unsres Denkens, und
selbst nachdem wir sie als solche erkannt haben, befolgen wir sie meist
ebenso unwillführlich und unbewußt wie früher. Daßelbe gilt in
Beziehung auf dasjenige weitere Verfahren, welches die unterschei=
dende Thätigkeit ihrer Natur nach einschlägt, um die gesetzten Un=
terschiede auch zu bestimmen und resp. ihre (gegebene) Bestimmt=
heit uns zum Bewußtseyn zu bringen. Indem sie nämlich gemäß
ihren beiden Grundgesetzen sich vollzieht und also zunächst nur über=
haupt Gedanken (Objecte) von Gedanken und vom Denken (Subject)
unterscheidet, so ist das Resultat zunächst auch nur dieß, daß über=
haupt ein Unterschied gesetzt und damit Etwas gedacht (vorgestellt)
wird. Bliebe sie dabei stehen, so würde damit das Etwas nur als
Etwas=überhaupt, weil nur überhaupt von irgend einem
andren unterschieden, gesetzt seyn; was das Etwas sey, worin
seine Unterschiedenheit von Andrem (und damit seine Bestimmtheit)
bestehe, d. h. der gesetzte Unterschied selbst würde völlig unbestimmt
bleiben. Dieses Worin kann aber nur bestimmt und aufgefaßt
werden, wenn die Beziehung bestimmt wird, in welcher
die Objecte unterschieden sind, oder wenn dieselben in einer be=
stimmten Beziehung unterschieden sind und werden. Denn da je=
der Unterschied nur ein relativer ist, so kann er auch eine Bestimmt=
heit nur erhalten, wenn und sofern seine Relativität d. h. die Be=
ziehung in welcher die Objecte unterschieden sind, bestimmt wird.
Wie dieß geschehen könne, ist nicht sogleich zu ersehen. Gleichwohl
muß es geschehen, weil der völlig unbestimmte Unterschied ebenso
undenkbar ist als das Unbestimmte überhaupt. Denn einerseits
würde er mit dem absoluten Unterschied in Eins zusammenfallen,
weil ohne die Bestimmung der Beziehung, in welcher die Objecte
unterschieden seyen, ihre Unterschiedenheit in aller und jeder Be=

ziehung gesetzt wäre. Andrerseits würde ohne diese Bestimmung nur das negative Moment des Unterschieds, daß A nur überhaupt nicht B und B nicht A sey, also im Grunde nur nicht=B und nicht=A d. h. in Wahrheit nichts gesetzt seyn. Fügen wir dagegen das positive Moment hinzu, und setzen z. B. daß A rund, B eckig sey, so bestimmen wir eben damit zugleich die Beziehung, in der sie unterschieden sind. Denn indem wir damit angeben, daß ihre Unterschiedenheit in dem (bestimmten) Unterschiede des Runden und Eckigen bestehe, sagen wir implicite aus, daß sie in Beziehung auf ihre Gestalt unterschieden seyen (während sie in andern Beziehungen einander gleich seyn können).

§ 12. Allein wir vermögen nur anzugeben, daß A rund, B eckig sey, wenn und sofern wir sie in Beziehung auf ihre Gestalt unterscheiden: nur dadurch kommt es uns zum Bewußtseyn, daß ihre Unterschiedenheit in dem bestimmten Unterschiede des Runden und Eckigen bestehe. Denn eben weil alle Unterschiedenheit nur eine relative seyn kann, so liegt es im Begriff des Unterschieds selbst, daß er nur ein bestimmter (positiver) seyn und als ein solcher gesetzt (aufgefasst) werden kann, wenn in einer bestimmten Beziehung die Objecte, an denen er gesetzt wird, von einander unterschieden werden. Trotz der Relativität ihrer Unterschiede würden daher die Objecte und ihre Unterschiedenheit völlig unbestimmt bleiben, wenn nur bestimmt würde daß sie in irgend einer Beziehung, nicht aber in welcher Beziehung sie unterschieden seyen. Die Beziehung als solche läßt sich nun aber nur bestimmen durch Bestimmung der Richtung, die sie verfolgt, des Punktes, in welchem sie die Objecte trifft. Denn jede Beziehung ist an sich dasselbe was die andre; nur dadurch daß die eine Beziehung auf einen andern Punkt als die andre geht, kann eine von der andern unterschieden seyn, d. h. nur darin kann ihre Bestimmtheit bestehen. Muß also die unterscheidende Thätigkeit, um überhaupt einen bestimmten positiven Unterschied setzen und resp. auffassen zu können, zuvor oder doch implicite die Beziehung bestimmen, in welcher die Objecte unterschieden sind, so muß sie einen bestimmten Punkt gleichsam vor Augen haben, in welchem sie die zu unterscheidenden Objecte auf einander bezieht, und nach welchem sie also sich selber richtet indem sie sie aufeinander bezieht. Dieser Punkt ist daher gleichsam der

Gesichtspunkt, nach welchem sie verfährt. Sollen die Objecte in m e h r e r e n Beziehungen von einander unterschieden seyn, so muß die unterscheidende Thätigkeit m e h r e r e solcher Beziehungs= und Ge= sichtspunkte setzen. Sie m u ß sie setzen oder sie m ü s s e n ihr gege= ben seyn, weil sie die Bedingungen sind, unter denen allein be= stimmte positive Unterschiede gesetzt und resp. aufgefaßt werden kön= nen, weil sie also ihrer eignen Natur nach nur unter dieser Be= dingung sich selber vollziehen kann. Mag sie daher selbstthätig und freiwillig jene Bedingungen erfüllen oder mögen sie ihr gegeben seyn und unwillführlich und unbewußt von ihr befolgt werden, immer wird sie, indem sie unterscheidet, g e m ä ß bestimmten Gesichts= und Beziehungspunkten die Objecte auf einander beziehen und von einan= der unterscheiden müssen, wenn es zu bestimmten Unterschieden kom= men soll. Die Thatsachen des Bewußtseyns bestätigen dieß voll= kommen. Denn unwillführlich unterscheiden wir die Größe (Um= fang, Länge ꝛc.) eines Dinges nicht von der Q u a l i t ä t eines an= dern, sondern i m m e r und ü b e r a l l nur von der Größe eines andern, und umgekehrt, d. h. wir beziehen die zu unterscheidenden Objecte n a c h Quantität, n a c h Qualität ꝛc. auf einander und un= terscheiden sie i n diesen bestimmten Beziehungen von einander. So thun wir unwillführlich (und anfänglich unbewußt), weil wir nicht anders k ö n n e n. Denn es ist unmöglich und diese Unmöglichkeit kommt uns auch, wenn wir darauf reflectiren, sofort zum Bewußtseyn, die Größe des einen Dinges von der Dichtigkeit oder Schwere des andern zu unterscheiden. So gewiß dieß unmöglich ist und so ge= wiß wir unwillführlich auf die angegebene Weise verfahren, so ge= wiß müssen wir annehmen, daß solche Gesichts= oder Beziehungs= punkte, wie wir sie beschrieben haben, unsre unterscheidende Thätig= keit i m m a n e n t leiten, und sie selbst zufolge ihrer eignen Natur nach ihnen sich r i c h t e t und ihnen g e m ä ß verfahren müßte, wenn uns auch von dem Allen niemals etwas zum Bewußtseyn käme. Insofern können sie die immanenten N o r m e n der unterscheidenden Thätigkeit genannt werden. Denn im Begriffe der Norm liegt es eben, daß sie nicht wie das Gesetz die eigentliche N a t u r der Thä= tigkeit selbst ausdrückt oder bestimmt, sondern nur, wenn letztere thätig ist, ihr Thun leitet, indem sie nur eine nothwendig zu be= folgende Richtschnur, einen Gesichts= oder Zielpunkt für die auszu=

4*

übende Thätigkeit abgiebt, im Uebrigen aber die Art ihrer Ausübung freiläßt.

§ 13.   Für unsre unterscheidende Thätigkeit, sofern sie zunächst eine auffassende und damit eine vergleichende ist, sind diese Gesichts= oder Beziehungspunkte zugleich jene s. g. tertia comparationis, ohne welche anerkanntermaaßen keine Vergleichung möglich ist. Denn weil alles Vergleichen nur ein Unterscheiden ist, das aber die Unterschiede nicht frei und selbstthätig setzt, sondern an sich schon unterschiedene Objecte, also bereits gesetzte bestimmte Unterschiede vor sich hat und durch Nachunterscheidung derselben nur ihre Bestimmtheit zum Be= wußtseyn zu bringen sucht, so geht es auch nur darauf aus, zu er= mitteln, in welchen Beziehungen die Objecte unterschieden, in welchen andern sie gleich (relativ = identisch) seyen. Dieß läßt sich aber nur dadurch ermitteln, daß eben die gegebenen Bestimmtheiten (Unterschiede) der Dinge nicht nur überhaupt auf einander bezo= gen, sondern in bestimmter Beziehung an einander gehalten (syn= thesirt), also nach bestimmten Gesichtspunkten auf einander be= zogen werden. Mithin bedarf auch die vergleichende Thätigkeit solcher Gesichts= oder Beziehungspunkte, nach denen sie verfährt und ohne die sie keine Vergleichung anzustellen vermag. Die unleugbarsten Thatsachen des Bewußtseyns bestätigen dieß wiederum. Warum fällt es uns nie ein, den menschlichen Leib mit einer Hobelbank oder die Seele mit einem Dreieck noch überhaupt die Größe des einen Ge= genstands mit der Farbe oder Härte des andern zu vergleichen? Offenbar weil wir unmittelbar fühlen, daß ein solcher Vergleich schlechthin unmöglich ist: die genannten Objecte haben eben keine un= mittelbare Beziehung zu einander, es fehlt das tertium compara= tionis, der gemeinsame Gesichtspunkt, nach welchem sie sich auf einan= der beziehen und von einander unterscheiden ließen. Unwillführlich vergleichen wir daher nur Größe mit Größe, Eigenschaft mit Eigen= schaft rc., d. h. wir vergleichen die Dinge in Beziehung auf ihre Größe, ihre Eigenschaften, also nach Quantität, nach Qualität, kurz gemäß bestimmten Beziehungs= oder Gesichtspunkten. Wir müssen behaupten, daß schon das unmündige Kind, das noch in der Bildung seiner ersten Vorstellungen begriffen ist und von Qualität, Quantität rc. durchaus noch nichts weiß, gerade ebenso verfährt. Denn wir müssen annehmen, daß es zu bestimmten Vorstellungen nur gelangen kann, indem es Object·von Object unterscheidet und eines mit dem andern vergleicht; und die Reflexion auf unser eignes Thun belehrt uns, daß dieß unmöglich ist ohne die wenn auch völlig unbewußte Anwendung solcher allgemeiner Beziehungs= oder Gesichts= punkte. —

§ 14. Sonach aber ergiebt sich, daß die f. g. logischen Ka= tegorieen unentbehrliche Factoren für die Bildung unfrer Vor= stellungen, weil unentbehrliche Factoren unfrer unterscheidenden, auf= faffenden, das Bewußtseyn wie alle Vorstellungen vermittelnden Thä= tigkeit sind. Denn jene Begriffe der Quantität, Qualität, Form (Gestalt), welche das Kind wie überhaupt der gemeine Menschenver= stand vorzugsweise als Gesichts= oder Beziehungspunkte der Unter= scheidung und Vergleichung anwendet, sind seit Aristoteles allgemein als logische Kategorieen bezeichnet und anerkannt worden. In dieser Anwendung also als allgemeine Gesichtspunkte und damit als Nor= men der unterscheidenden Thätigkeit machen sich zunächst und unmit= telbar die logischen Kategorieen geltend; in ihrer nothwendigen An= wendung manifestirt sich zugleich ihre eigne Nothwendigkeit und Un= entbehrlichkeit. Folglich werden wir auch ihr Wesen und ihren Be= griff zunächst nur in die Bedeutung setzen können, die sie für unser Denken, für unser Bewußtwerden und Vorstellen haben, — d. h. wir werden sie auch ihrem Wesen und Begriffe nach nur als die immanenten Normen unsrer unterscheidenden Thätigkeit faffen können. Denn was die Kategorieen für das reelle Seyn, für das Wesen der Dinge seyn mögen, können wir ja offenbar erst sagen, nachdem wir das reelle Seyn erkannt haben. Nun ergiebt sich aber, wie ge= zeigt, zu voller Evidenz, daß wir nur mittelst ihrer die Dinge zu erkennen vermögen, weil sie nur mittelst ihrer unsre Vorstellungen werden und wir nur mittelst ihrer zum Begriff des reellen Seyns überhaupt gelangen. Und folglich ist es ein offenbarer Widerspruch, Wesen und Bedeutung der Kategorieen aus dem Begriffe des reellen Seyns oder der Natur der Dinge ableiten zu wollen. Dieser Wi= derspruch trifft die Auffassung des Aristoteles, der die Kategorieen bekanntlich für die allgemeinen Prädicamente erklärte und sie eben deshalb Kategorieen nannte (κατηγορία ist das Griechische Wort für das Lateinische praedicamentum). Denn ob und welche Prädicate den Dingen zukommen, was sich überhaupt von ihnen aussagen läßt,

erkennen wir nur durch Unterscheidung der Dinge gemäß den Ka=
tegorieen. Außerdem leuchtet ein, daß Qualität=überhaupt in
Wahrheit keinem Dinge zukommt, — jedes besitzt vielmehr an und
für sich nur ganz bestimmte, besondre Qualitäten, — und daß
selbst wenn sie einem Dinge zukäme, dasselbe damit gar kein Prädi=
cat (keine Bestimmtheit) erhalten, sondern völlig unbestimmt bleiben
würde. Denn so lange wir nicht angeben können, welche (bestimmte)
Qualität einem Dinge beizulegen sey, wissen wir in der That gar
nichts von ihm, weil es dadurch, daß ihm nur Qualität=überhaupt
zukommt, von keinem andern unterschieden noch unterscheidbar ist, da
ja das allgemeine Prädicament der Qualität=überhaupt jedem an=
dern ebenfalls zukommt. Prädicate, Bestimmtheiten erhalten und be=
sitzen die Dinge nur dadurch, daß sie nach Qualität, nach Quan=
tität von einander unterschieden werden und unterschieden sind.
Allerdings aber werden und sind damit zugleich (implicite) alle
qualitativen Bestimmtheiten als unterschieden von allen quan=
titativen gesetzt; und indem die einen sämmtlich gemäß der Ka=
tegorie der Qualität, die andern gemäß der Kategorie der Quan=
tität gesetzt werden, drückt sich in der Gesammtheit derselben
nothwendig die Qualität=überhaupt in ihrem Unterschiede von der
Quantität aus. Denn die Qualität=überhaupt ist an sich ein
Andres als die Quantität=überhaupt, und die Norm, nach welcher
eine Thätigkeit verfährt, spiegelt sich nothwendig in der Form ihrer
Thaten ab. Insofern, aber auch nur insofern sind die Kategorieen
allerdings zugleich die allgemeinen Prädicamente der Dinge (und
dadurch rechtfertigt es sich, wenn wir den althergebrachten Namen
trotz unsrer verschiedenen Auffassung derselben beibehalten). Aber
daß sie solche Prädicamente sind, ist doch nur eine wenn auch un=
mittelbare Folge der Unterschiedenheit aller Dinge gemäß den Ka=
tegorieen als Normen der unterscheidenden Thätigkeit, keineswegs
das ursprüngliche Wesen der Kategorieen.

Anmerkung. So wenig die Kategorieen an sich und ursprünglich die all=
gemeinen Prädicate der einzelnen Dinge sind, so wenig können sie als
allgemeine Bestimmungen des s. g. Seyns=an=sich, als ontologische
Grundbestimmungen gefaßt werden. | Denn es fragt sich nicht nur,
was denn das Seyn an sich sey, sondern auch wie es, obwohl
an sich ein völlig Unbestimmtes und Unbestimmbares (weil unun=
terscheidbar), obwohl an sich bloßes Seyn, ein Eines und Alleiniges,

ohne Bewegung, ohne Thätigkeit, zu den Bestimmungen der Qualität=
überhaupt, der Quantität=überhaupt ꝛc. kommen könne. \ So gewiß die
Qualität als solche nicht dasselbe ist was die Quantität, so gewiß setzt
der Unterschied beider eine unterscheidende Thätigkeit voraus, ohne welche
das Seyn=an=sich diese Bestimmungen nicht erhalten haben noch besitzen
kann. \ Soll aber das Seyn=an=sich (nicht wie es meist gefaßt wird, das
f. g. Absolute, sondern) nur das Eine und Allgemeine in allem Seyen=
den, in der Totalität der Dinge bezeichnen, so mehren sich die Schwie=
rigkeiten. Denn in diesem Falle fragt es sich nicht nur, wie und wo=
her dieses allgemeine Seyn — das im Grunde selbst nur ein Prädica=
ment der Dinge ist — die allgemeinen Prädicatbestimmungen der Qua=
lität, Quantität ꝛc. erhalten haben könne, sondern es entsteht auch noch
die andre Frage, wie das Eine allgemeine Seyn in eine Vielheit unter=
schiedlicher Dinge sich spalten oder als eine solche Vielheit sich darstellen
könne, und wodurch die einzelnen Dinge ihre unterschiedlichen Bestimmt=
heiten erhalten. Auf diese Frage ließe sich doch wieder keine andre Ant=
wort geben, als daß das Seyn gemäß den Kategorieen geschieden und
unterschieden, und jedes einzelne Ding gemäß den Kategorieen bestimmt
seyn und werden müsse, wenn eine Vielheit von Dingen existiren und
erscheinen soll. Kurz jede Ansicht, welche die Kategorieen hypostasiren
und sie als ursprünglich metaphysische, wenn auch nur formale
Bestimmungen sey es des bloßen Seyns=überhaupt oder des Absoluten
(Gottes) fassen will, widerlegt sich selbst, weil einerseits schon die Mehr=
heit der Kategorieen eine sie unterscheidende Thätigkeit voraussetzt, und
weil andrerseits die Vielheit der Dinge gleichermaaßen eine unterscheidende
Thätigkeit fordert, von der sie gemäß den Kategorieen unterschieden und
damit bestimmt und gesetzt seyen: — die Hegelsche wie jede ihr verwandte
Auffassung der Kategorieen ist unmöglich. Ebenso wenig endlich können
die Kategorieen, wie Kant will, nur die in unserm Erkenntnißvermögen
bereitliegenden allgemeinen Formen oder Fächer seyn, in welche wir
die Erscheinungen nur einordnen, die formalen Stammbegriffe des Ver=
standes, unter welche wir die Erscheinungen subsumiren. Denn um die
Erscheinungen überhaupt irgendwie ordnen, disponiren, subsumiren zu
können, muß ich sie zuvor von einander unterschieden und dadurch
ermittelt (aufgefaßt) haben, in welches Fach, zu welcher Form, unter
welchen Begriff eine jede gehört. Und die Erscheinungen selbst, um
ihrerseits unter eine dieser (Anschauungs= und resp. Begriffs=) For=
men zu gehören und befaßbar zu seyn, müßten schon an sich selbst ge=
mäß diesen Formen geformt seyn, d. h. sie müßten selbst schon vorher
gemäß den Kategorieen unterschieden und bestimmt seyn.

§ 15. Die Kategorieen sind indeß allerdings zugleich allgemeine
formale Begriffe, aber wiederum nicht an sich und unmittelbar
(ursprünglich), sondern nur implicite und mittelbar (folgeweise), nur

barum nämlich, weil einerseits jeder Gesichts= oder Beziehungspunkt, in welchem die Objecte unterschieden sind, zugleich ein ihnen allen Gemeinsames, Identisches und damit ein Allgemeines involvirt und ausdrückt, und weil andrerseits alle einzelnen Bestimmtheiten, welche gemäß der Einen Norm gesetzt werden, nothwendig auf die=selbe formell gleiche Weise von allen gemäß einer andern Norm gesetzten unterschieden seyn müssen. Denn jede Beziehung, in welcher zwei oder mehrere Objecte unterschieden sind, bezeichnet zwar den Punkt, in welchem jedes das relative Nichtseyn des andern ist. Aber weil jedes eben nur die relative Negation des andern ist, weil also z. B. Rund und Eckig nicht absolut, sondern nur relativ sich gegenseitig negiren, so muß trotz und in ihrer gegenseitigen Ne=gativität an jedem von beiden Etwas stehen bleiben, das nicht mit negirt wird, in welchem sie also nicht verschieden, sondern gleich (re=lativ=identisch) sind. Und in der That ist ja Rund als Rund und somit als unterschieden von Eckig doch zugleich insofern identisch mit Eckig, als jedes von beiden eine (bestimmte) Begränzung eines Ob=jects an sich und gegen Andres, d. h. eine (bestimmte) Form oder eine Gestalt ist. Schon die nothwendige Relativität aller Unter=schiede involvirt mithin, daß die Beziehungspunkte, in denen die Objecte unterschieden sind, ein Allgemeines bezeichnen und somit, wenn sie zum Bewußtseyn gebracht, vorgestellt werden, nur als Begriffe gefasst werden können. — Andrerseits sind alle Bestimmtheiten, welche z. B. gemäß der Kategorie der Qualität gesetzt sind, nothwendig in=sofern einander gleich, als sie eben gemäß Einer und derselben Norm gesetzt sind und die Norm in ihnen allen trotz ihrer Unter=schiedenheit nothwendig sich ausdrückt. Und folglich müssen sie auch von allen denjenigen Bestimmtheiten, die gemäß der Kategorie der Quantität gesetzt sind, auf dieselbe formell gleiche Weise unterschie=den seyn. Das aber, worin mehrere (unterschiedliche) Objecte auf dieselbe gleiche Weise von einer Mehrheit andrer unterschieden sind, ist (wie wir weiter unten näher darthun werden) das Allgemeine, das in ihnen allen trotz ihrer Unterschiedenheit Eine und Gleiche, ihnen allen Gemeinsame. Und die Vorstellung eines solchen Allge=meinen, die bewußte Zusammenfassung solcher Punkte der gleichen Unterschiedenheit nennen wir einen Begriff (vgl. unten § 58). Der kategorische Begriff der Qualität z. B. ist demnach die Totali=

tät derjenigen Momente, in denen alle qualitativen Bestimmtheiten, trotz ihrer Unterschiedenheit von einander, doch auf dieselbe gleiche Weise von allen quantitativen Bestimmtheiten unterschieden sind. Bezeichnet man einen solchen Punkt gleicher Unterschiedenheit als ein Kriterium oder Merkmal, weil er, einmal festgestellt, dasjenige an=giebt, worin ein Ding begrifflich vom andern unterschieden ist und woran es daher als das, was es begrifflich ist, erkannt wird, so sind die Kategorieen die allgemeinsten Begriffe, weil sie die allgemeinsten Merkmale der Dinge sind. Dasjenige z. B. worin alle qualitativen von allen quantitativen Bestimmtheiten unterschieden sind, ist das allgemeinste Merkmal, das einem qualitativ bestimm=ten Objecte als solchem zukommen kann, weil es angiebt, worin das Object als Quale=überhaupt von jedem Quantum unterschieden ist und woran es daher als Quale erkannt wird. — Die Katego=rieen sind aber nur formale Begriffe, weil z. B. der Begriff der Qualität nur Dasjenige bezeichnet (zusammenfaßt), worin auf for=mell gleiche Weise alle qualitativen Bestimmtheiten von allen quan=titativen sich unterscheiden, oder was dasselbe ist, weil die einzelnen gemäß der Kategorie der Qualität gesetzten Eigenschaften nur for=mell einander gleich seyn können, indem sie materiell verschieden seyn müssen, wenn es unterschiedliche Eigenschaften der Dinge geben soll. Alle Dinge, sofern sie nach Qualität, Quantität ⁊c. unterschie=den sind, haben damit zwar nothwendig dieselbe gleiche Form, der Qualität, Quantität ⁊c., aber nur die gleiche Form bei verschiede=nem qualitativen und quantitativen Inhalt. Die Kategorieen sind also nothwendig nur formale Begriffe, weil ihr Inhalt, d. h. die Bestimmtheit oder Unterschiedenheit einer Kategorie von der an=dern, selbst nur ein formeller ist, indem sie eben sämmtlich nur die verschiedene Art und Weise der relativen Unterschiedenheit und Gleichheit der Objecte bezeichnen.

§ 16. Keineswegs aber sind die Kategorieen „angeboren" oder in unserm Verstande „ursprünglich bereit liegende Begriffe". Es giebt keine angeborenen Begriffe, so wenig als angeborene Ideen oder Anschauungen, mögen sie bloß formaler oder materialer Natur seyn sollen. Denn ein Begriff, eine Idee ist nur Begriff, Idee als Inhalt unsres Bewußtseyns, und mithin ist es eine contra=dictio in adjecto, von angeborenen Begriffen und Ideen zu reden,

von denen wir doch anerkanntermaaßen kein ursprüngliches (angebore=
nes) Bewußtseyn haben.' In der That wendet ja auch unsre unter=
scheidende Thätigkeit die Kategorieen keineswegs a l s B e g r i f f e an,
noch schweben sie uns als Begriffe beim Unterscheiden und Verglei=
chen vor. Das Kind unterscheidet vielmehr ihnen gemäß seine Sin=
nesempfindungen lange b e v o r es ein Bewußtseyn von seinem Thun,
eine Vorstellung von Qualität, Quantität ꝛc. hat. Nicht also als
B e g r i f f e — denn das sind sie ursprünglich und an sich gar nicht
— sondern nur als leitende N o r m e n der unterscheidenden Thätig=
keit unsrer Seele sind sie ihr ebenso nothwendig und ursprünglich
i m m a n e n t, als jedes Gesetz nicht außerhalb der Kraft oder Thä=
tigkeit, deren Gesetz es ist, sondern nur i n n e r h a l b derselben wirk=
sam seyn kann. In d i e s e m Sinne, aber auch n u r in diesem Sinne
sind sie allerdings unserm Geiste selbst angehörige, u r s p r ü n g l i c h
i n i h m l i e g e n d e oder a p r i o r i gegebene Factoren unsres Vor=
stellens und Denkens, Wissens und Erkennens, weil die unentbehr=
lichen Bedingungen, ohne deren Mitwirkung keine einzige Vorstellung
zu Stande kommt. Erst nachdem wir uns mittelst ihrer eine Man=
nichfaltigkeit von Vorstellungen einzelner Objecte gebildet haben, ver=
gleichen wir wohl die qualitativen Bestimmtheiten derselben mit ihren
quantitativen, und dadurch erst kommt es uns zum Bewußtseyn, worin
der gemeinsame Unterschied beider bestehe, d. h. wir bilden uns ei=
nen B e g r i f f der Qualität und resp. der Quantität = ü b e r h a u p t.
Und nur wenn wir ausdrücklich auf die Art und Weise reflectiren,
wie unsre einzelnen Anschauungen, Vorstellungen, Begriffe durch Un=
terscheiden und Vergleichen zu Stande kommen, erkennen wir die
k a t e g o r i s c h e Natur dieser Begriffe, d. h. erkennen wir sie als die
immanenten Normen der unterscheidenden Thätigkeit und damit weiter
als die nothwendigen Prädicamente aller (vorgestellten) Dinge. —

§ 17. Allein obwohl wir ohne diese Normen und resp. Prä=
dicamente schlechterdings kein Ding vorzustellen vermögen, so ist da=
mit doch noch keineswegs ausgemacht, ob die Kategorieen auch für
das r e e l l e Seyn, für die Dinge = a n = s i c h dieselbe Geltung und
Bedeutung haben wie für unsre Vorstellungsobjecte. | Denn da die
Naturwissenschaft zu voller Evidenz festgestellt hat, daß den Dingen
an sich keine Farbe und kein Klang, kein Geruch und Geschmack zu=
komme, daß vielmehr das was wir als Farbe ꝛc. percipiren, physi=

talisch (an sich) etwas ganz Andres sey, d. h. als etwas ganz Andres gedacht werden müsse als was es unmittelbar erscheint, so können wir die Bestimmtheiten, unter denen uns die Dinge allgemein erscheinen, nicht ohne Weiteres auf die Dinge = an = sich übertragen. | Nur so viel steht fest, daß nicht nur jene bestimmte, sondern schlecht= hin alle und jede naturwissenschaftliche Erkenntniß nur durch das Unterscheiden der Objecte und Feststellen ihrer Unterschiede gemäß den Kategorieen zu Stande kommt und kommen kann. Dasselbe gilt von der Wissenschaft κατ' ἐξοχήν, der Mathematik, auf welche die Naturwissenschaften sich stützen. Nur so viel steht also fest, daß von einer Vielheit der Dinge, Atome, Stoffe, Kräfte, von verschiede= nen Maaßen und Graden derselben, von einem mannichfaltigen Ge= schehen (von chemischen, physikalischen ꝛc. Processen) in der Natur, wie von Gleichheit und Ungleichheit der mathematischen Linien, Win= kel, Dreiecke ꝛc. nur die Rede seyn kann, wenn und indem ange= nommen wird, daß die mathematischen Figuren, die Stoffe, Kräfte ꝛc. hinsichtlich ihrer räumlichen Lage, ihrer Größe, Form, Bewegung (Thätigkeit) ꝛc., also gemäß irgend einer Kategorie unterschie= den sind. Daraus aber folgt: so gewiß wir annehmen müssen, daß es realiter eine Vielheit von Dingen, Stoffen, Kräften giebt, so gewiß müssen wir annehmen, daß die Dinge auch an sich nach Ka= tegorieen unterschieden sind. Die eine Annahme involvirt die Noth= wendigkeit der andern. Denn die Dinge können überhaupt nicht un= terschieden und folglich nicht viele seyn, ohne nach irgend welchen Kategorieen unterschieden zu seyn. Mit andern Worten: zu der Vorstellung von Dingen = an = sich können wir nur gelangen, wenn es Dinge = an = sich realiter giebt, durch die jene Vorstellung vermittelt ist; zu der Vorstellung einer Mehrheit solcher Dinge nur, wenn es realiter ihrer mehrere giebt. So gewiß wir also diese Vorstellung haben, so gewiß müssen auch die Dinge=an=sich realiter nach irgend welchen Kategorieen unterschieden seyn: die unbezweifelbare Thatsache jener Vorstellung involvirt die Thatsächlichkeit dieser Unterschiedenheit und damit die reale objective Gültigkeit der logischen Kategorieen.

Anmerkung. Aus dieser unzweifelhaften Gewißheit ergiebt sich erst, daß die Kategorieen, obwohl an sich nur logischer Natur, doch zugleich eine metaphysische Bedeutung haben. Denn da sie die nothwendigen Voraussetzungen aller Unterschiedenheit und somit auch der realen Un=

terſchiedenheit, des unterſchiedlichen Seyns der Dinge ſind, ſo ſind ſie
eben damit auch die dem Urſprunge der Dinge als einer Mehrheit
(Totalität) und ſomit dem Urſprunge der Welt vorauszuſetzenden, alſo
metaphyſiſchen Bedingungen des Daſeyns der Dinge. Eben damit aber
ergiebt ſich zugleich, daß dieſer Urſprung nur auf der Thätigkeit eines
denkenden, geiſtigen, ſelbſtbewußten Urweſens beruhen kann, — es ergiebt
ſich ein Beweis für das Daſeyn Gottes, den wir als den ſpecifiſch logiſchen bezeichnen können. Er läßt ſich am kürzeſten in folgende Sätze
faſſen: a) die gegebene Wirklichkeit, die Welt, beſteht aus einer Mannichfaltigkeit unterſchiedlicher Dinge (Atome — Kräfte); b) alles Unterſchiedene ſetzt eine unterſcheidende Thätigkeit voraus, die nur gemäß den
Kategorieen thätig ſeyn kann; c) die Kategorieen aber ſind ideeller Natur, weil formal allgemeine Begriffe; folglich d) kann die Mannichfaltigkeit der Dinge und damit das Daſeyn der Dinge ſelbſt nur von einem
denkenden, geiſtigen, ſelbſtbewußten Urheber geſetzt ſeyn. Die Kategorieen gehören mithin inſofern zum Weſen Gottes ſelbſt, ſofern ſie ihm
als unterſcheidender Urkraft und Urthätigkeit nothwendig urſprünglich und
an ſich immanent ſind: er iſt ſich ihrer bewußt, weil und indem er ſie
unmittelbar von einander und von Sich ſelbſt unterſcheidet (was wir
nicht vermögen); und er wendet ſie mit Bewußtſeyn an, indem er weiter
ihnen gemäß die Dinge (die Welt) von Sich und von einander unterſcheidet. — Aus dieſer metaphyſiſchen Bedeutung der Kategorieen erklärt
ſich rückwärts ihre allgemeine, logiſche, das Seyn wie das Denken um-
faſſende Gültigkeit. Denn iſt alles Seyende durch die unterſcheidende
Urthätigkeit (Gott) gemäß den Kategorieen geſetzt und beſtimmt, und
empfangen unſre Gedanken (Sinnesempfindungen, Gefühlsperceptionen
2c.) nur ihre Beſtimmtheit durch Unterſcheidung derſelben gemäß denſelben Kategorieen, ſo folgt, daß die Kategorieen die allgemeinen Prädicamente, Merkmale, Unterſchiedsbeſtimmungen der Dinge wie unſrer
Gedanken ſeyn müſſen. Und vermögen wir die reellen Dinge und ihre
Beſchaffenheit nur aufzufaſſen durch Unterſcheidung ihrer Beſtimmtheiten
gemäß denſelben Kategorieen, mittelſt deren dieſe ihre Beſtimmtheiten
(Unterſchiede) urſprünglich geſetzt ſind, ſo ergiebt ſich daraus auch die
Möglichkeit einer Uebereinſtimmung unſrer Vorſtellungen mit dem reellen
Seyn und Weſen der Dinge-an-ſich, — d. h. durch dieſe Doppelnatur
der Kategorieen, kraft deren ſie die gleiche Geltung für das reelle Seyn
der Dinge wie für das ideelle Seyn unſrer Gedanken haben, iſt all'
unſer Erkennen und Wiſſen bedingt und vermittelt. — Daß endlich die
Kategorieen als allgemeine logiſche Normen zugleich auch eine pſycho-
logiſche Bedeutung haben, bedarf keiner beſondern Darlegung. Es
folgt von ſelbſt aus dem oben gegebenen Nachweis, daß der geſammte
Inhalt unſeres Bewußtſeyns und ſomit nicht nur unſre Wahrnehmungen,
unſre objectiven Anſchauungen und Begriffe, ſondern auch unſre ſubjec-

tiven, selbstgebildeten Vorstellungen, soweit sie freie Producte der Einbildungskraft und Phantasie sind, nur durch Unterscheiden und Vergleichen zu Stande kommen, alles Unterscheiden aber mit innerer Nothwendigkeit die (wenn auch unbewußte) Anwendung der Kategorieen involvirt. —

§ 18. Wenn nun aber sonach die reellen Dinge, so gewiß sie viele sind, nothwendig nach Kategorieen überhaupt unterschieden seyn müssen, und wenn wir ebenso nothwendig unsre Gedanken (Sinnesempfindungen ec.) von einander wie von den reellen Dingen nach Kategorieen überhaupt unterscheiden müssen, um uns irgend Etwas vorstellig zu machen, so fragt es sich nothwendig weiter, welche und wie viele solcher allgemeiner Beziehungs- und Bestimmungspunkte (Prädicamente, Merkmale) der Dinge es gebe, oder welche und wie viele Begriffe als kategorische, als Normen der unterscheidenden Thätigkeit zu erachten seyen. Für Kategorieen im eigentlichen Sinne d. h. für logische Kategorieen werden zwar nur diejenigen Gesichts- oder Beziehungspunkte gelten können, nach denen die Dinge überhaupt unterschieden werden müssen, um als das was sie sind und resp. erscheinen, vorstellbar zu seyn. Denn die Logik hat es nur mit Feststellung der allgemeinen Gesetze und Normen, nach denen die Bildung unsrer Vorstellungen überhaupt vor sich geht, zu thun und kann daher Special-Kategorieen, nach denen etwa der Physiker oder Chemiker seine Objecte zu unterscheiden sich veranlaßt sieht, nicht in ihren Bereich ziehen. Aber welche Begriffe sind solche allgemeine, logische Unterscheidungsnormen? — Was zunächst die Dinge-an-sich und ihre Beschaffenheit betrifft, so ist es sehr wohl denkbar, daß alle Dinge an sich etwa nur nach Größe oder Gestalt oder gar nur räumlich von einander verschieden, qualitativ dagegen alle gleich (identisch) seyn könnten, daß also ihre Bestimmtheiten nur gemäß Einer Kategorie gesetzt wären. Wir können nicht a priori beweisen, daß es nicht so seyn könnte, noch a priori darthun, welches diese Eine Kategorie seyn müßte. Nur so viel ist klar, daß je geringer die Anzahl der angewandten Kategorieen und damit der Merkmale und Unterschiedsbestimmungen der Dinge wäre, desto geringer die Mannichfaltigkeit der Dinge selbst seyn müßte. Aber auch unsre aposteriorische Erkenntniß, die Erfahrung, läßt uns im Stich. Denn aus ihr läßt sich zwar wohl eine Mannichfaltigkeit gegebener Merkmale der Dinge nachweisen, nicht aber, daß und welche Kategorieen als allgemeine Prädicamente oder Unterschiedsbestimmungen an=zusehen sind. Denn wenn auch noch so viele Dinge in einer be=stimmten Beziehung unterschieden erscheinen, so ist damit doch nicht bewiesen, daß schlechthin alle Dinge dieser Kategorie gemäß unter=schieden seyen. — Andrerseits vermögen wir ebenso wenig a priori darzuthun, welche bestimmte Kategorieen als Normen unsrer unter=scheidenden Thätigkeit unsre Gedankenbildung leiten, unsern Vor=stellungen zu Grunde liegen.*) Denn wir sind uns dieser Nor=men, dieser Beziehungs= und Vergleichungspunkte nicht unmittelbar, sondern werden uns ihrer nur bewußt an den mittelst ihrer gesetzten (aufgefaßten) Unterschieden. Und da wir diese Unterschiede ursprüng=lich nicht selbständig setzen, - sondern gegebene Bestimmtheiten nur nach = unterscheiden (auffassen), so werden wir bei der Ableitung der Kategorieen aus der Natur unsrer eignen Denkthätigkeit wieder auf die gegebenen Bestimmtheiten, durch welche die Dinge unter=schieden erscheinen, zurückgewiesen. — Es bleibt mithin nur übrig den Versuch zu machen, ob wir nicht zum Ziel gelangen, wenn wir uns zwar an die gegebenen (erscheinenden) Bestimmtheiten der Dinge halten, zugleich aber nachzuweisen suchen, daß wir diese Bestimmthei=ten und damit die Beschaffenheit der Dinge d. h. die Dinge selbst als das was sie sind und erscheinen, nur aufzufassen vermögen, wenn wir sie gemäß bestimmten Kategorieen unterscheiden und wenn zugleich die Dinge gemäß denselben Kategorieen realiter unterschieden sind. Ist dieß nachgewiesen, so sind eben damit die=jenigen Kategorieen gefunden, die wir als allgemeine, subjective wie objective, reelle wie ideelle Unterschiedsnormen ansehen müssen. —

§ 19. Diesen Versuch werden wir im Folgenden anstellen. Da=bei aber wird sich uns ergeben, daß nicht nur verschiedene ein=zelne Kategorieen, sondern auch verschiedene Arten oder Klassen

---

*) Der Versuch Hegel's, die Kategorieen a priori aus dem s. g. reinen Denken als die allgemeinen „Bestimmungen", die das Denken sich selber gebe, dialektisch zu deduciren, ist anerkannter Maaßen völlig verunglückt. Denn es ist von verschiedenen Seiten zur Evidenz dargethan, daß diese dialektische Entwicklung überall nur durch allerlei sophistische Künste, durch willkührliche Verdrehungen und falsche Folgerungen und durch Einschmugge=lung von rein empirischen, aus der Erfahrung entlehnten Sätzen und Begriffen zu Stande gebracht ist. Außerdem fehlt gänzlich der entscheidende Nachweis, daß diese angeblichen Denkbestimmungen auch allgemeine Bestimmungen des reellen Seyns seyen oder als solche gedacht werden müssen.

von Kategorieen anzunehmen sind. Dieß folgt schon insofern aus
der dargelegten Begriffsbestimmung der Kategorieen überhaupt, als
danach nicht nur alle Bestimmtheit (Beschaffenheit) der Dinge wie
unsrer Gedanken, sondern auch alle Verhältnisse, aller Zusammenhang
und alle Ordnung im Denken wie im Seyn nothwendig durch die
Kategorieen bedingt seyn muß. Wenn es also nicht nur mannich=
fach bestimmte Dinge, sondern auch bestimmte Verhältnisse, Zusam=
menhang und Ordnung im Denken wie im Seyn giebt, so muß es
auch Bestimmtheits= oder Beschaffenheitskategorieen, Ver=
hältniß= und Ordnungskategorieen geben. Denn so gewiß die
unterschieblichen, mannichfach bestimmten Dinge nur in unterschied=
lichen Verhältnissen zu einander stehen können, so gewiß kann diese
Mannichfaltigkeit der Verhältnisse nur gemäß gewissen Katego=
rieen gesetzt und bestimmt seyn. Und giebt es eine Ordnung un=
ter den Dingen und ihren Verhältnissen, so kann dieselbe nur darauf
beruhen, daß die mannichfaltigen Dinge und ihr Verhalten nach ir=
gend einem Principe geschieden, zusammengestellt, eingetheilt, geglie=
dert werden: denn eben darin besteht der Begriff der Ordnung. Alles
Ordnen involvirt daher ein Unterscheiden: ich kann keine Mehrheit
von Objecten nach einem Princip scheiden und zusammenstellen, ohne
sie nach eben diesem Principe zu unterscheiden. Das Princip ist
mithin für die ordnend=unterscheidende Thätigkeit dasselbe, was die
Kategorieen für das Unterscheiden=überhaupt, d. h. alle allgemei=
nen Ordnungsprincipien sind nothwendig Kategorieen.

Anmerkung. Giebt es eine Gesetzmäßigkeit des Geschehens in der Natur,
einen gesetzlichen, geregelten Naturlauf, eine s. g. Weltordnung, so
folgt aus dem Obigen wiederum, daß die Urwesenheit und die Urkraft,
welche die Ordnung der Welt und die Gesetze des Naturlaufs gegeben,
nothwendig ein geistiges, denkendes, selbstbewußtes Wesen seyn muß. —

Zweiter Theil.

Darlegung der einzelnen Kategorieen in ihrer begrifflichen Bestimmtheit.

Erster Abschnitt.
Die Urkategorieen.

§ 20. Die unterscheidende Thätigkeit überhaupt muß, um thätig seyn zu können, einen Gegenstand (Object) ihres Thuns haben, also ein Gegebenes, einen Stoff, an dem sie thätig ist (Unter=schiede setzt): ich kann nicht unterscheiden, ohne Etwas d. h. irgend ein Gegebenes, ein Object, vom andern zu unterscheiden. | Für unsre unterscheidende Thätigkeit besteht dieser Stoff zunächst a) in der Mannichfaltigkeit unsrer Empfindungen, Gefühle, Sinnes= und Ge=fühlsperceptionen (die unsre Seele, wenn auch unter Anregung und Mitwirkung der Nervenreizung und damit des Leibes und der äußern Dinge, doch insofern selber producirt, als, wie gezeigt, jede Sin=nesempfindung nur durch eine Reaction der Seele, also durch eine psychische Thätigkeit zur Empfindung wird);| sodann b) in den mannichfaltigen Wahrnehmungen, Anschauungen, Vorstellungen, Be=griffen, die wir uns mittelst Unterscheidung unsrer Sinnes= und Ge=fühlsperceptionen und weiter unsrer Anschauungen und Vorstellungen selbst bilden;| ferner c) in den zur Production unsrer Empfindungen und Gefühle mitwirkenden reellen Dinge (zu denen auch unser Leib gehört), welche wir eben in und kraft ihrer Mitwirkung von unsern dadurch vermittelten und bedingten Empfindungen und Gefühlen,

Wahrnehmungen und Vorstellungen ꝛc. unterscheiden; endlich d) in unserm producirenden, unterscheidenden, sich selbst bestimmenden Den= ken selbst oder was dasselbe ist, in unsrer empfindenden, fühlenden, vorstellenden, strebenden und wollenden Seele (die wir als ihrer selbst bewußt unser Ich nennen), sofern wir sie oder vielmehr sie sich selbst von allen ihren Gedanken, Empfindungen, Gefühlen ꝛc. unterscheidet. Diese Gesammtheit gegebener, d. h. der unterscheidenden Thätigkeit sich darbietender und resp. sie anregender Objecte, sofern wir sie un= ter die ihnen allen gemeinsame Bestimmung des Stoffs unsrer unterscheidenden Thätigkeit zusammenfassen, ist das Seyn seinem allgemeinen Begriffe nach. Denn als seyend fassen und bezeichnen wir alles Dasjenige, aber auch nur Dasjenige, was als Stoff unsrer unterscheidenden Thätigkeit und damit unsrer Auffassung un= terliegt. Daher geben wir dieses Prädicat zunächst und vorzugs= weise den reellen Dingen; demnächst unsern Empfindungen und Ge= fühlen, die sich uns aufdrängen und ohne unser (bewußtes) Zuthun kommen und gehen; weiter unserer empfindenden, fühlenden, percipi= renden, strebenden Seele, die damit, daß wir nicht umhin können, die Empfindungen ꝛc. als die unsrigen zu fassen, Stoff unsrer unterscheidenden Thätigkeit wird; erst zuletzt unsern Anschauungen, Vorstellungen ꝛc. und resp. unserer vorstellenden, unterscheidenden Thätigkeit selbst, weil sie nur als Objecte unsrer Auffassung sich darbieten, wenn wir ausdrücklich auf sie reflectiren, — d. h. auch ihnen geben wir das Prädicat des Seyns nur darum, weil und sofern sie unsrer reflectirenden, d. h. sich auf sich selbst wendenden, ihre eignen Thaten und ihr eignes Thun unterscheidenden und damit auffassenden Thätigkeit als gegebener Stoff sich darbieten. Ge= wöhnlich unterscheiden wir daher Seyn und Denken (Vorstellen) und stellen unsre Gedanken dem Seyn antithetisch gegenüber, ja sprechen ihnen wohl geradezu das Seyn ab, indem wir wohl sagen: das, was du da annimmst, existirt nicht, das ist nur deine Vorstellung. —

Anmerkung. Diesem Gesammtstoffe unsrer unterscheidenden Thätigkeit kommt nicht das Prädicat des Seyns zu, sondern er ist das Seyn, das schlechthin Alles und Jedes, von dem überhaupt die Rede seyn kann, unter sich befaßt. Denn es kann nur die Rede seyn von Dem, das ir= gendwie Stoff unsrer unterscheidenden Thätigkeit d. h. Object unsrer Auffassung, Inhalt unsres Bewußtseyns geworden ist. Selbst wenn wir voraussetzen (wozu wir starke Veranlassungen haben), daß Vieles reali=

ter eriſtiren möge, von dem wir nichts erfahren und wiſſen, weil es nie=
mals und in keiner Weiſe als gegebener Stoff unſrer unterſcheidenden
(auffaſſenden) Thätigkeit unterliegt, ſo iſt doch auch dieſes bloß vermu=
thete Seyn Object unſrer Vermuthung und damit Stoff unſrer un=
terſcheidenden Thätigkeit, weil wir es nur vorzuſtellen und vorauszuſetzen
vermögen indem wir es von einem andren, nicht bloß vermutheten,
ſondern wirklichen Seyn d. h. von einem uns gegebenen Stoffe un=
terſcheiden. | Das Prädicat des Seyns kann nur den einzelnen Ob=
jecten der unterſcheidenden Thätigkeit beigelegt werden, und wird ihnen
allen eben damit beigelegt daß wir uns ihrer als gegebenen Stoffs unſrer
unterſcheidenden Thätigkeit bewußt werden; denn eben damit faſſen wir
jedes als ſeyend, d. h. legen ihm das Prädicat des Seyns bei. — Nur
ſo löſt ſich der Widerſpruch, den jede andre Faſſung des Begriffs invol=
virt, der Widerſpruch, daß das Seyn begrifflich nicht nur ein allgemei=
nes Prädicat, ſondern auch zugleich dasjenige bezeichnet, dem allein
irgend ein Prädicat beigelegt werden (zukommen — inhäriren) kann,
oder was daſſelbe iſt, daß jedes Subject, welchem auch immer wir das
Prädicat des Seyns beilegen mögen, als Subject ſelbſt ſchon ſeyn, alſo
das Prädicat ſchon haben muß, daß alſo Eines und Daſſelbige zugleich
Prädicat und Vorausſetzung aller Prädicate, zugleich Prädicat und
Subject ſeyn ſoll.

§ 21. Iſt nun aber das Seyn nur der Geſammtſtoff unſrer
unterſcheidenden Thätigkeit, ſo folgt unmittelbar, daß es nothwendig
in ſich unterſchieden iſt (nur als unterſchieden gedacht
werden kann), und zwar urſprünglich und von Anfang an
unterſchieden in das Seyn als gegebener Stoff und in die unter=
ſcheidende Thätigkeit, der dieſer Stoff gegeben iſt. Mit andern
Worten: das Seyn iſt nothwendig und urſprünglich ein objecti=
ves und ſubjectives, reelles und ideelles. | Denn Object
nennen wir Alles, das als Stoff unſrer unterſcheidenden (auffaſſen=
den) Thätigkeit ſich darbietet, Subject dagegen nur dasjenige Weſen,
das unterſcheidet, auffaſſt, vorſtellt (Bewußtſeyn und Selbſtbewußtſeyn
hat), und das daher allem objectiven Seyn gegenüberſteht, zugleich
aber ſelber ſeyn, und ſich ſelber als ſeyend faſſen muß, indem es im
Unterſcheiden und Auffaſſen des Objects zugleich implicite ſich ſel=
ber Stoff ſeiner Selbſtunterſcheidung und Selbſtauffaſſung iſt.
Alles, was dieſen Stoff bildet oder zu ihm gehört, iſt ein ſub=
jectives, alles Andre ein objectives Seyn. Reell dagegen nennen
wir Alles, das als Stoff unſrer unterſcheidenden Thätigkeit nicht nur
ſich darbietet, ſondern auch beſtehen bleibt, geſetzt auch daß wir

unſre unterſcheidende Thätigkeit von ihm abwendeten oder ihm gar
nicht zuwendeten, — dasjenige alſo, was unabhängig von unſerm
Unterſcheiden, Auffaſſen, Vorſtellen iſt, gleichgültig dagegen ob
wir es vorſtellen oder nicht, dasjenige, das wir ſelbſt als ein ſolches
Unabhängiges, Selbſtändiges vorſtellen müſſen, und das wir daher
von dem ideellen Seyn unſrer Vorſtellungen und Gedanken unter=
ſcheiden. Denn letztere ſind nur Stoff unſrer unterſcheidenden Thä=
tigkeit wenn und indem wir ſie unterſcheiden, ſie als Vorſtellun=
gen (im Unterſchied von den vorgeſtellten Objecten) uns zum Be=
wußtſeyn bringen. Es kommt ihnen alſo nur Seyn zu, ſofern
und indem wir ſie vorſtellen; ſie exiſtiren mithin nicht ſelbſtändig
und unabhängig, ſondern nur in und mit unſrem Denken, nur durch
unſre unterſcheidende (vorſtellende) Thätigkeit. — Nur als ſo in ſich
unterſchieden vermögen wir uns das Seyn vorzuſtellen, den Ge=
danken (Begriff) des Seyns zu faſſen. Denn es iſt, wie gezeigt,
ſchlechthin unmöglich, uns überhaupt irgend Etwas vorzuſtellen, ohne
es — wenn auch zunächſt unbewußt — von uns ſelbſt, von unſrer
vorſtellenden, percipirenden, empfindenden Kraft oder Thätigkeit
(Seele) zu unterſcheiden. Und folglich können wir auch das Seyn
uns nicht vorſtellen, ohne es von dem Seyn unſrer vorſtellenden
Thätigkeit zu unterſcheiden, d. h. ohne es — wenn auch zunächſt nur
implicite und unbewußt — als in ſich unterſchieden zu faſſen. Eben
darum iſt, wie gezeigt, die ſ. g. abſolute Einheit oder Identität,
das ſchlechthin Eine und Alleinige (Einerleie), das weder in ſich un=
terſchieden noch von irgend einem Andern unterſcheidbar wäre,
ſchlechthin undenkbar, keine wirkliche Vorſtellung, ſondern ein bloßer
Name, der nicht das Object oder den Inhalt einer Vorſtellung, ſon=
dern nur die Gränze und das Ende unſres willführlich von aller
Unterſchiedenheit abſtrahirenden Denkens bezeichnet. | Das Seyn be=
grifflich mit dieſer abſoluten Einheit (Ununterſchiedenheit, Unbeſtimmt=
heit, Unmittelbarkeit) identifiren, heißt daher nur eine contradictio
in adjecto aufſtellen, — von etwas reden, das undenkbar iſt. ¶

§ 22. Nur darum, weil das Seyn nur als Stoff unſrer un=
terſcheidenden Thätigkeit und zwar ſchon in ſich unterſchiedener Stoff
gedacht werden kann, nur darum iſt der Begriff des Seyns zugleich
eine Kategorie. | Denn iſt das Seyn überhaupt (alles Seyn als
ſolches) in ſich unterſchieden, ſo folgt, daß auch jedes Seyende (jedes

Object der unterscheidenden Thätigkeit) i n Beziehung auf das
Seyn, das ihm zukommt, unterschieden seyn und unterschieden wer=
den muß. Nur darum, weil jedes i n Beziehung auf das Seyn
unterschieden ist und ein Andres sich gegenüber hat, ist es nicht
Seyn=überhaupt, sondern ein Seyendes. Und nur indem wir die
Objecte i n Beziehung auf das Seyn unterscheiden, können wir
jedes als ein Seyendes fassen, d. h. es vom Seyn=überhaupt
unterscheiden und ihm doch zugleich das Prädicat des Seyns beilegen.
Man kann dieß auch so ausdrücken, daß wir nothwendig alle Ob=
jecte i n Beziehung darauf unterscheiden, ob sie setzen oder
n i c h t setzen, also in Beziehung auf Setzen und Nichtsetzen. Nur ist
das Nichtsetzen, das wir dabei einem Objecte (z. B. unsrer bloßen
Vorstellung) im Unterschied von einem andern beilegen, nicht reelles
Nichtsetzen (Nichts), sondern in Wahrheit nur ein andres Setzen als
dem andern zukommt, das wir von ihm unterscheiden. Ja der Be=
griff des Seyns ist insofern eine fundamentale oder Urkategorie
als wir ihm gemäß die Objecte immer schon implicite unterschieden
h a b e n müssen, ehe wir sie nach irgend einer andern Kategorie zu
unterscheiden vermögen. Denn wir müssen ja, wie schon bemerkt,
jedes Object, worin es auch bestehen möge, nothwendig von uns
selbst unterscheiden, um es uns überhaupt vorstellig zu machen; eben
damit aber unterscheiden wir es implicite in Beziehung auf das
Seyn (als ein objectiv=Seyendes von unserm subjectiven Seyn und
resp. als ein reelles von unsrer Vorstellung). Selbst das unmündige
Kind, das eben erst zum Bewußtseyn zu kommen beginnt, vollzieht
schon implicite und unbewußt diese Unterscheidung. Denn die bloß
vorgestellte Milch oder Semmel, nach der es verlangt, ist ihm kei=
neswegs dieselbe mit der wirklichen Milch die es vor sich hat; nur
bei dem Anblick der letzteren beruhigt es sich, d. h. es unterscheidet
sehr wohl sein subjectives Seyn, seine Begierde und seine von ihr
hervorgerufene (vielleicht noch sehr dunkle) Vorstellung des Gegen=
standes von dem reellen objectiven Seyn desselben. Das Gleiche
thun wir — wenn auch nur implicite und unbewußt — bei allem
Wahrnehmen und Vorstellen stets und überall. Unser Bewußtseyn
und Selbstbewußtseyn hängt an dieser Unterscheidung. Denn wenn
sie nicht überall zuerst und vor allen andern vollzogen würde, würde
unser Bewußtseyn die größte Aehnlichkeit mit dem Paroxysmus des

Fieberkranken haben, für welchen subjectives und objectives, ideelles und reelles Seyn unterschiedslos in einander fließt. —

§ 23. Indem nun aber die unterscheidende Thätigkeit jedes Object gemäß der Kategorie des Seyns unterscheidet und damit als ein (objectiv= oder subjectiv=)Seyendes faßt, wendet sie zugleich nothwendig eine andere Kategorie an. | Denn sie kann das Object nur als ein Seyendes fassen, indem sie es von einem andern Seyenden unterscheidet. Eben damit aber setzt sie jedes von beiden nicht nur positiv als ein Seyendes, sondern zugleich negativ als ein relativ= Nichtseyendes (§ 2). | Und eben damit wiederum wird jedes zugleich als Eines oder als eine Einheit, weil implicite als mit sich identisch gesetzt (§ 5). Aber indem jedes Seyende von der unterscheidenden Thätigkeit eben damit daß sie es unterscheidet (auffaßt), als Einheit gesetzt wird, so muß auch jedes zugleich als Eines vom andern als Einem unterschieden werden. Denn sonst würden eben nicht unterschiedliche Einheiten, also auch nicht unterschiedliche Seyende, und folglich überhaupt kein Unterschied gesetzt. Darum vermögen wir uns schlechthin nichts vorzustellen, ohne es als ein Eines im Unterschiede von anderm Einen zu fassen. | Selbst eine zusammenhangslose Mehrheit von Dingen vermögen wir uns als solche nur vorzustellen, indem wir sie als Mehrheit von irgend einem Einzelnen oder einer andern Mehrheit unterscheiden, d. h. indem wir die Mehrheit unter Eine Vorstellung und damit zur Einheit zusammenfassen. Darum erscheint uns Alles was uns erscheint (was wir percipiren, wahrnehmen) nur unter der Form der Einheit, als ein Eines: denn nur als ein solches kann es Inhalt unsres Bewußtseyns werden. | Und wenn es eine Vielheit von Dingen=an=sich realiter giebt, so müssen auch sie reelle Einheiten seyn, weil sie nur als solche eine Vielheit seyn können. | Eben damit aber ist ausgesprochen und anerkannt, daß der Begriff der Einheit (der Identität mit sich) eine allgemeine, das Seyn wie das Denken, die Dinge wie die Gedanken umfassende Kategorie ist. | Denn so gewiß die unterscheidende Thätigkeit indem sie überhaupt unterscheidet, jedes Seyende als Eines im Unterschied von andrem Einen setzen muß, und so gewiß sie damit jedes als ein von andern unterschiedenes Eines setzt, so gewiß vermag sie dieß nur zu thun, sofern und indem sie implicite jedes in Beziehung auf Einheit, gemäß dem kategorischen Begriff der

Einheit unterscheidet. Und sind die Dinge-an-sich eine reelle Vielheit und somit jedes realiter Eines, so müssen sie auch an sich gemäß dem kategorischen Begriff der Einheit-überhaupt unterschieden seyn.

Wie der Begriff des Seyns, so ist auch diese Kategorie eine fundamentale oder Urkategorie. Denn sofern wir in allem Unterscheiden zunächst und vor Allem — wenn auch nur implicite — wenigstens zwei Objecte setzen und als zwei fassen müssen, um überhaupt einen Unterschied zwischen ihnen machen (auffassen) zu können, und sofern wir eben damit jedes als eine Einheit dem andern als einer Einheit gegenüberstellen, so erweist sich eben damit daß wir die Kategorie der Einheit immer schon angewendet haben müssen, ehe wir die Objecte anderweitig unterscheiden können.

§ 24. Der kategorische Begriff der Einheit (der als solcher nur die Form aller Einheit bezeichnet) ist das in allen Einheiten Eine und Identische, und dieß Allgemeine besteht darin, daß jedes Eine in seinem positiven Seyn zugleich relatives Nichtseyn, also die Einheit dieser beiden Momente und eben darum mit sich identisch ist. Sonach aber fällt der Begriff der Einheit (der Identität mit sich) sowohl mit dem des Seyns wie mit dem der Gleichheit (der Identität mit Anbrem) insofern zusammen, als das in allen Einen Identische zugleich auch das in allen Seyenden Identische und damit dasjenige ist, worin nothwendig alle Seyenden einander gleich sind. Denn jedes Seyende ist nur Seyendes, weil und sofern es in seinem positiven Seyn zugleich relatives Nichtseyn ist. Der Begriff der Einheit ist aber auch zugleich von dem des Seyns unterschieden. Denn alles Seyende ist zugleich seinem Begriffe nach Stoff der unterscheidenden Thätigkeit. Diesen Stoff unterscheidet letztere zunächst gemäß der Kategorie der Einheit. Eben damit aber erhält jedes Seyende die Bestimmtheit, eine Einheit zu seyn. Einheit und Seyn sind mithin begrifflich ganz so unterschieden wie die Bestimmtheit und der Stoff, dessen Bestimmtheit sie ist. Eben darum aber sind sie zugleich auch ganz so Eins und untrennbar wie der Stoff und seine Bestimmtheit.

So als relativ identisch mit dem Seyn ist die Einheit das Ansichseyn des Seyenden, d. h. sie ist das Seyende selbst, sofern es mit sich identisch, also auf sich selbst bezogen ist (oder sich auf sich bezieht) und resp. in dieser Beziehung auf sich gedacht, also von seiner Beziehung auf Andres abgesehen wird. Und wiederum ist das **Ansichseyn** dasselbe mit dem unmittelbaren **Fürsichseyn** jedes Seyenden. | Denn in seinem **Ansichseyn** verhält sich jedes negativ gegen seine Beziehung auf Andres, und eben diese Negativität gegen seine eigne Beziehung auf Andres ist das unmittelbare Fürsichseyn eines jeden. | Darum **erscheint** uns jedes **Ding** als ein an sich seyendes: denn nur als mit sich identisch, auf sich bezogen, kann es Inhalt unsres Bewußtseyns werden. Und darum muß jedes erscheinende Ding zugleich ein Seyn=an=sich **seyn** (es muß jeder Erscheinung ein **Etwas** zu Grunde liegen das in ihr erscheint): denn es kann überhaupt nur seyn, sofern es ein Eines, mit sich Identisches, auf sich Bezogenes (oder Sichbeziehendes) ist. Darum endlich vermögen **wir schlechthin kein Ding** vorzustellen, ohne es als ein an sich **Seyendes** zu fassen und als solches von Andrem und resp. von seinem eignen Seyn=für=Andres zu unterscheiden.

Anmerkung. Es gilt als ein Gesetz der wissenschaftlichen Forschung, daß sie jedes Ding als das, was es an sich ist, zu erfassen suche, d. h. es nicht bloß so, wie es uns erscheint und sich zu uns verhält, noch in Beziehung auf den Werth oder Nutzen, den es für uns hat, sondern es in seiner Selbstheit, seiner Einheit mit sich und Beziehung auf sich zu erfassen. Der **Mathematiker** behauptet: an sich sind bei jedem Kreise alle Punkte der Peripherie vom Mittelpunkt gleich weit entfernt, d. h. bei jedem Kreise, der rein als solcher gedacht wird, abgesehen von den unvermeidlichen Ungleichheiten, die bei einem wirklich gezogenen oder aus irgend einem Stoff verfertigten Kreise (einem Rade, einer Drehscheibe ꝛc.) vorkommen mögen. Ebenso behauptet der **Physiker:** an sich geht jede Bewegung in derselben ursprünglichen Richtung und Geschwindigkeit in's Unendliche fort, an sich, d. h. abgesehen von den Hemmungen, Störungen ꝛc. die sie im Verhältniß zu andern Kräften, durch Einwirkung andrer Dinge erfahren mag. Gott, lehrt die Theologie des Christenthums, ist an sich selbstbewußter (persönlicher) Geist, d. h. er ist es in seiner Identität mit sich, in seiner Beziehung auf sich, ganz abgesehen von der Welt und vom Menschen. — Diese Beispiele zeigen, daß der wissenschaftliche Sprachgebrauch mit unsrer Begriffsbestimmung übereinstimmt.

§ 25. Das Ansichseyn jedes Seyenden ist aber nur ein relatives: kein Seyendes bezieht sich bloß und rein auf sich. Denn jedes ist nur Seyendes und mithin nur an sich, weil und sofern es von Andrem unterschieden ist (oder sich unterscheidet), also in Beziehung zu Andrem steht. | Sein Bezogenseyn auf Andres gehört da-

her ebenso nothwendig zu ihm selbst als Seyendem wie sein Be-
zogenseyn auf sich.*) | Damit aber ist nur gesagt, daß auch die
Unterschiedenheit als solche d. h. der formale Begriff des Unter-
schieds-überhaupt insofern eine Kategorie und zwar eine Urkategorie
ist, als wir, um ein Ding vom andern in irgend einer bestimmten
concreten Beziehung (z. B. nach Qualität oder Quantität) unterscheiden zu können, beide schon vorher als zwei und somit als un-
terschieden-überhaupt gefaßt haben müssen. | Andrerseits ist die
Unterschiedenheit ganz ebenso nothwendig wie die Einheit eine allgemeine Bestimmtheit alles Seyenden, welche mit dem Seyn
als Stoff ganz ebenso untrennbar Eins und zugleich von ihm unterschieden ist wie die Einheit. \ Denn jedes Seyende ist eben nur ein
Seyendes und kann nur als ein Seyendes gedacht werden, sofern es
von andrem unterschieden ist und unterschieden wird; und eben damit
kommt ihm die Unterschiedenheit überhaupt als Bestimmtheit zu. \
Aber die Unterschiedenheit ist eine andre Bestimmtheit als die Einheit. Denn während letztere in ihrer relativen Identität mit dem
Seyn begrifflich (formal) das Ansichseyn des Seyenden ausmacht, ist
die Unterschiedenheit in ihrer relativen Identität mit dem Seyn
vielmehr das Andersseyn des Seyenden. | Denn jedes Seyende
ist als unterschieden von Andrem selbst ein Andres als die andern,
also ein Andersseyendes. Als Andersseyendes ist zugleich jedes für
Andres. Denn ein Andres ist es nur in seinem Bezogenseyn auf
Andres, und das auf Andres Bezogene ist als solches nicht für
sich, sondern für das Andre, auf das es bezogen ist (oder sich bezieht). Dieß gegenseitige Bezogenseyn jedes Seyenden auf das
andre ist das Für-einander-Seyn aller.| — Darum erscheint
uns schlechthin jedes Ding anders als die andern: es giebt schlechthin nicht zwei erscheinende Dinge, die einander vollkommen (in jeder
Beziehung) gleich wären. Denn nur als ein Andres — als unterschieden und durch Unterscheidung von Andrem — kann ein Ding
Inhalt unsres Bewußtseyns werden. Und wenn eine Mehrheit von
Dingen-an-sich besteht, so ist nothwendig jedes an sich, realiter
ein andres als die andern: denn nur als ein solches kann es mit
andren Dingen zusammen bestehen.

---

*) Auch Gott — an und für sich betrachtet, abgesehen von der Welt — unterscheidet
als absoluter Geist Sich von seinen Gedanken, und tritt damit in Beziehung zu einem
Andern, von seinem absoluten Selbst unterschiedenen.

Anmerkung. Das Andersseyn ist nur ein andrer Name für die Unter=
scheidenheit der Dinge, der nur ausdrücken soll, daß ihre Unterschieden=
heit zu ihrem Seyn gehört und nicht etwa ihnen bloß äußerlich ange=
heftet oder von außen beigebracht ist. Und ebenso besagt das Seyn=
für=Andres nur, daß gleichermaaßen auch ihre Beziehung auf einan=
der zu ihrem Seyn gehört, daß sie nur zusammen bestehen können,
keines ohne die andern zu existiren vermag.) Auch Gott als Schöpfer
der Welt bezieht sich auf ein Andres und ist damit für ein Andres. Und
diese Beziehung involvirt nur darum keine Bedingtheit oder Abhängig=
keit, weil sie absolute (freie) Selbstbeziehung ist, kein Bezogenseyn durch
Andres, sondern ein Sich=beziehen, kurz eine Beziehung, die er selbst
setzt und bestimmt und deren er daher schlechthin mächtig bleibt. —

§ 26. Die bisher dargelegten Kategorieen wendet die unter=
scheidende Thätigkeit — d. h. die Seele als unterscheidend thätig —
unmittelbar und implicite eben damit an, daß sie überhaupt thätig
ist, daß sie überhaupt gegebene Objecte — seyen sie Gedanken oder
Dinge — von einander unterscheidet.) Aber sie kann, wie gezeigt,
kein Object vom andern unterscheiden (kein Object auffassen), ohne
zugleich und implicite beide von sich selbst — von sich als em=
pfindender, fühlender, percipirender, unterscheidender Seele — zu
unterscheiden.) Auch für dieses Unterscheiden giebt es gewisse Ka=
tegorieen, Grund= oder Urkategorieen, die wir immer schon (implicite)
angewendet haben müssen, bevor wir die Dinge nach andern Katego=
rieen zu unterscheiden vermögen. Indem nämlich die Seele zuvör=
derst ihre Empfindungen, Gefühle ꝛc. von sich selber unterscheidet,
setzt sie eben damit ihre Empfindungen als ihre — wenn auch nicht
von ihr allein hervorgerufenen — Thaten (Producte) im Unter=
schied von sich selber als der sie hervorbringenden Kraft oder
Thätigkeit.) Sie thut dieß Anfangs völlig unbewußt und unwill=
kührlich: denn erst durch dieß Unterscheiden kommen ihr ihre Empfin=
dungen und resp. sie selbst als empfindendes Subject sich zum Bewußt=
seyn, erst dadurch gewinnt sie überhaupt ein Bewußtseyn. Aber sie kann
jenen Act nicht vollziehen, ohne implicite sich selbst und ihre Empfin=
dungen, Gefühle ꝛc. in Beziehung auf Thätigkeit (Thun) und
That zu unterscheiden, ohne von diesem Gesichtspunkt, dieser Norm
bei ihrem Unterscheiden geleitet zu werden.) Denn nur wenn sie
dieser Norm gemäß verfährt, kann sie dazu gelangen, die Empfin=
dung als ihre Empfindung und sich selbst als Subject der Em=
pfindung zu fassen: kein andrer Gesichtspunkt, keine andre Norm der

Unterscheidung könnte dieses Resultat ergeben. Denn wäre die Em=
pfindung n u r der Effect einer a n d e r n fremden Kraft oder Thätig=
keit, also nur eine der Seele ä u ß e r l i ch beigebrachte Bestimmt=
heit und würde demgemäß von ihr auch nur von andern Be=
stimmtheiten unterschieden, so würde sie sich der Empfindung zwar
bewußt werden, aber nicht als eines Momentes i h r e r s e l b s t, sondern
nur als eines f r e m d e n, ihr von außen angefügten Elementes, als
eines zu ihr selbst n i ch t gehörigen Zusatzes. Dasselbe gilt hinsichtlich
a l l e r Gedanken, seyen sie bloße (subjective) Gefühle oder (objective)
Wahrnehmungen, Phantasiegebilde oder gegebene Anschauungen, Ein=
zelvorstellungen oder Begriffe und Ideen, bloße Neigungen (Stre=
bungen) oder bestimmte Willensentschlüsse. Eben damit daß sie uns
als unsre Gedanken, Gefühle ꝛc. zum Bewußtseyn kommen, werden
sie nothwendig implicite — wenn auch anfänglich unbewußt — als
Thaten im Unterschiede von der sie hervorrufenden Thätigkeit der
Seele gesetzt. — Aber unsere Sinnesempfindungen entstehen durch
eine doppelte Thätigkeit: durch die Einwirkung der reellen Dinge
auf unsre sensiblen Nerven und mittelst dieser auf unsre Seele, und
durch die reagirende Thätigkeit der letztern, mittelst deren sie aus
oder infolge jener Einwirkung eine Empfindung producirt. Wenn
wir daher weiter zur Unterscheidung der r e e l l e n Dinge fortgehen
oder vielmehr wenn wir überhaupt nur eines reellen, an sich vor=
handenen Daseyns uns bewußt werden sollen, so müssen wir wie=
derum implicite, wenn auch zunächst unbewußt, das Reelle als mit=
wirkende Thätigkeit von unsern durch dasselbe hervorgerufenen
Sinnesempfindungen und Gefühlen als seinen Thaten unterscheiden.
Denn nur durch die Thätigkeit (Einwirkung), die ein Reelles auf
unser Empfindungs= und Perceptionsvermögen ausübt, giebt es sich
uns a l s ein Reelles kund und nöthigt uns (kraft des Gesetzes der
Causalität) den Gedanken seines reellen Daseyns auf. Und i n d e m
wir es als ein Reelles fassen, fassen wir es eben als ein Solches,
das in und mittelst einer Sinnesempfindung s i ch s e l b s t uns kund
giebt, d. h. wir fassen es implicite als Thätigkeit: denn eben dieß
Sich=selbst=kundgeben, diese seine eigne Thätigkeit, ist sein reelles
Daseyn. Wiederum also werden wir uns des Daseyns reeller Dinge
nur bewußt, sofern und indem wir dieselben — implicite und unbe=
wußt — von unsern Sinnesempfindungen in B e z i e h u n g auf

Thätigkeit und That unterscheiden. Und ebenso klar ist, daß wir uns der Verschiedenheit der reellen Dinge nur bewußt werden können, sofern und indem wir sie als verschiedene Thätigkeiten fassen, d. h. in Beziehung auf Thätigkeit=überhaupt sie von ein= ander unterscheiden. Das Causalitätsgesetz endlich nöthigt uns, daß wir (nachdem wir mittelst der unbewußten Wirksamkeit desselben zum Bewußtseyn des Daseyns reeller Dinge gelangt sind) überall, wo wir im reellen Seyn ein Geschehen, eine Bewegung, eine Ver= änderung der reellen Dinge selbst bemerken, auch eine Thätigkeit als Ursache davon voraussetzen, und somit die reellen Dinge nicht bloß als Thätigkeiten, sondern auch als Thaten fassen, d. h. sie in Be= ziehung auf Thun und That an sich selbst, abgesehen von ihrem Verhalten zu uns, unterscheiden.

§ 27. Sonach aber ergiebt sich: wir vermögen schlechthin nichts zu denken, ohne es von Andrem — wenn auch nur implicite und unbewußt — in Beziehung auf Thätigkeit und That zu unterschei= den; und insbesondre vermögen wir uns kein reelles Daseyn zu denken, ohne es — wenn auch zunächst wiederum nur implicite und unbewußt — als ein Thätiges, weil als mitwirkende Ursache unsrer Sinnesempfindung, Perception, Vorstellung zu fassen und von andrem Reellen in Beziehung auf Thätigkeit zu unterscheiden. Die allge= meinen formalen Begriffe von Thätigkeit und That müssen mithin nothwendig als Grund= und Urkategorieen unsres Denkens betrachtet werden. Thätigkeit ist nun aber Uebergehen (Bewegung) von Thun in That. Alle Thätigkeit involvirt mithin ein Unterscheiden oder setzt unterscheidende Thätigkeit voraus. Denn wie und wodurch auch immer die That von der Thätigkeit unterschieden seyn möge, die Thätigkeit kann nur etwas thun, wenn und sofern die That vom Thun unterschieden ist oder wird: sonst wäre ja offenbar nur Einer= lei, nur Thätigkeit, aber keine That vorhanden, also eine Thätig= keit die nichts thut, eine Ursache ohne Wirkung. Die That als unterschieden von der Thätigkeit ist das relative Nichtseyn jener, also relative Unthätigkeit; aber nur relative Unthätigkeit, an sich eben= falls Thätigkeit, weil eben nur relatives Nichtseyn, das an sich zu= gleich Seyn ist. Mit andern Worten: die That ist das Andersseyn der Thätigkeit. Und ist alles Seyende als solches nothwendig thä= tig, so müssen im Grunde Seyn und Thätigkeit Eins und dasselbe seyn, nur zwei verschiedene Namen Einer und derselben Sache, von denen der Eine nur bezeichnet, was das Seyende f ü r die un= terscheidende Thätigkeit ist (nämlich Stoff derselben), der andre da= gegen, was es a n s i ch und zugleich d u r ch die unterscheidende Thätigkeit ist. Sonach aber kann man sagen: die Thätigkeit sey dasselbe was das Ansichseyn des Seyenden, aber als übergehend in Andersseyn, die That das Andersseyn des Seyenden, aber als Ende (relative Negation) jenes Uebergehens, als bestimmt durch dasselbe, — d. h. die Thätigkeit als bloßes Uebergehen in That ist zunächst nichts andres als V e r ä n d e r u n g überhaupt, A n d e r s w e r d e n im Unterschied vom Andersseyn, die That das in diesem Andersswerden G e w o r d e n e. — Daher e r s ch e i n e n uns alle reellen Dinge als Thätigkeiten und resp. Thaten, als sich verändernd, anderswerdend und andersgeworden: denn nur s o f e r n sie thätig sind, können sie als reelle Dinge uns zum Bewußtseyn kommen. Und darum s i n d nothwendig die Dinge=an=sich r e a l i t e r thätig und nach Thun und That unterschieden, weil wir sonst nicht nur nichts von ihnen wissen könnten, sondern auch schlechthin keine Vorstellung von ihnen als Dingen = a n = s i ch zu haben vermöchten.

A n m e r k u n g. Es giebt keine bloße That, keine reine Unthätigkeit, nichts das als ein b l o ß Gethanes und damit Abgethanes, schlechthin Fertiges, Ruhendes angesehen werden könnte. Selbst das was uns gemeinhin so erscheint, z. B. der Felsblock, der heute wie gestern aussieht und unbe= weglich seine Stelle einnimmt, ist doch fortwährend thätig, indem er vermöge der Schwerkraft fortwährend einen Druck ausübt. Und indem wir seine Unbeweglichkeit, Festigkeit, Härte wahrnehmen, zeigt er sich uns als thätig: denn Widerstandleisten ist eine Kraftäußerung, also Thätigkeit, und wenn wir von der Härte d. h. der Widerstandskraft des Steins sprechen, reden wir mithin nur von seiner Thätigkeit. Aber auch unsre Vorstellungen — selbst die willführlichen Gebilde unsrer Phan= tasie — sind keine bloßen Thaten, keine ruhenden Erzeugnisse unsrer Denkthätigkeit, sondern üben zugleich ihrerseits eine Thätigkeit aus. Es ist allbekannt, daß die bloße Vorstellung (z. B. die Nachricht von einem geschehenen Unglück) einen reizbaren Menschen tödten kann. Und bei näherer Betrachtung finden wir, daß nicht bloß einige, sondern alle unsre Vorstellungen, auch der anscheinend gleichgültigsten Dinge, von einem wenn auch noch so leisen Gefühl des Angenehmen oder Unangenehmen, Sympathischen oder Antipathischen begleitet sind, das sie offenbar selbst hervorrufen. Es giebt mithin keine Ausnahme: alles Seyende er= scheint thätig und muß als r e a l i t e r thätig gedacht werden (möge es

auch immerhin bloß bedingte Thätigkeit, d. h. bloße Kraft seyn, die der
Anregung oder Mitwirkung seitens einer andern Kraft und Thätigkeit
bedarf: — sofern eine solche Ein= oder Mitwirkung sich immer und
überall findet, ist es auch stets in irgend einer Beziehung thätig). —
Gleichwohl vermögen wir nicht zu sagen, was Thätigkeit rein als
solche sey; wir vermögen keine Definition des Worts zu geben.' Denn
obwohl jede Thätigkeit ein Uebergehen von Thun in That ist, so ist doch
damit keine Definition von Thätigkeit=überhaupt gegeben, weil dieß
Uebergehen selbst Thätigkeit ist und ebenso das Thun nur ein andres
Wort für Thätigkeit ist.] Wir wollten mit jenem Satze auch nur darauf
hinweisen, daß alle Thätigkeit, sofern sie etwas thut, ein Unterscheiden
involvirt oder voraussetzt, und daß mithin die unterscheidende Thä=
tigkeit als die Ur= und Grundthätigkeit gefaßt werden muß, weil
eben durch sie erst wie überhaupt alle Unterschiedenheit, so auch der
Unterschied zwischen Thun und That, die Verschiedenheit zusammen= und
gegeneinanderwirkender Kräfte, und damit die Möglichkeit gesetzt wird,
daß von irgend einem Thun eine That, von einer Ursache eine Wirkung
ausgehe.' Man kann wohl sagen: Thätigkeit rein als solche sey Selbst=
bewegung. Allein Selbstbewegung, Bewegung=überhaupt ist nur ein
andres Wort für Thätigkeit: Bewegung rein als solche ist Thätigkeit
oder beruht auf Thätigkeit. Denn sie ist nur denkbar als Bewegung
eines Sichbewegenden oder als Bewegung eines von einem Andern Be=
wegten. Das Sichbewegende aber ist dieß nur durch seine Thätigkeit,
das Bewegte ist dieß nur durch die Thätigkeit (Kraft) eines Andern.
Bewegung rein als solche ist auch keineswegs immer und nothwendig
Ortsveränderung oder räumliche Bewegung. Der um sich selbst sich
drehende Punkt, der um sein Centrum sich bewegende Kreis, wenn auch
im s. g. Raume gedacht, verändert doch nicht seinen Ort. Was von
der Bewegung rein als solcher gilt, muß mithin auch von der Thätig=
keit rein als solcher gelten. Nun hat aber nicht nur Trendelenburg
(in seinen logischen Untersuchungen) bereits dargethan, daß alle bisher
versuchten Definitionen von Bewegung das zu Definirende vielmehr als
bekannt voraussetzen und also keine Definitionen sind; sondern es
läßt sich auch zeigen, daß und warum es schlechthin unmöglich ist, eine
Definition von Bewegung oder Thätigkeit=überhaupt zu geben. Einer=
seits nämlich setzt alles Definiren voraus, daß sein Object sich von ir=
gend einem andern unterscheiden lasse: denn nur dadurch erhält es eine
Bestimmtheit und läßt seine Bestimmtheit sich angeben.] Allein Bewe=
gung rein als solche läßt sich nur von Ruhe, Thätigkeit rein als solche
nur von Unthätigkeit unterscheiden. Aber Ruhe, Unthätigkeit können
umgekehrt wiederum nur von Bewegung und Thätigkeit unterschieden
werden: Ruhe ist nur Nicht=Bewegung, Unthätigkeit nur Nicht=Thätig=
keit; sie sind negative Begriffe, die als solche das Positive, das sie

negiren, vorauszusetzen. Ich muß also bereits wissen, was Bewegung ist, um angeben zu können was Ruhe sey. Andrerseits ist Thätigkeit, Bewegung, rein als solche ein durchaus Einfaches, so einfach wie unsre ersten unmittelbaren Perceptionen von einzelnen Farben, Tönen ꝛc., die ebenfalls undefinirbar sind. Sie läßt sich durchaus nicht in Momente oder Theile zerlegen, weil sie durchaus keine hat. | Denn obwohl die Bewegung den Unterschied eines Bewegenden und Bewegten involvirt, so beweist dieß doch einerseits wiederum nur, daß auch der Bewegung=überhaupt wie der bestimmten Bewegung des Uebergehens von Thun in That eine unterscheidende Thätigkeit als die Alles bedingende Ur= und Grundthätigkeit vorauszusetzen ist; andrerseits aber fällt dieser Unterschied nicht in die Bewegung, sondern vor dieselbe, hebt also ihre Einfachheit keineswegs auf. | Entschieden irrig ist es, die Bewegung begrifflich in eine sie bedingende Beziehung zu Raum und Zeit zu stellen. Sie steht an sich so wenig in einer solchen Beziehung, daß vielmehr umgekehrt die Begriffe von Raum und Zeit den der Bewegung voraussetzen. | Denn die leere abstracte Zeit, in welcher vermeintlich die Dinge sich folgen (während sie, wie sich zeigen wird, in Wahrheit nur das allgemeine Nach=einander der Dinge selbst ist), ist als solche nur die Bewegung dieses Aufeinanderfolgens; und der s. g. leere Raum, in welchem vermeintlich die Dinge sich befinden (während er in Wahrheit nur ihr allgemeines Neben=einander ist), ist als solcher nicht ruhende, sondern in's Unendliche sich ausdehnende Leere. | Aber selbst die Bewegung in diesem Raume, die räumliche Bewegung als solche ist ein durchaus Einfaches, und involvirt an sich keineswegs den Unterschied von Hier und Dort, aus welchem Zeno bereits deducirte, daß sie eben damit einen Widerspruch involvire, indem Eines und Dasselbige nicht zugleich hier und dort (nicht=hier) seyn könne. Denn gesetzt auch wir wollten sie nur als ein Uebergehen von Hier in Dort fassen, so setzen wir ja eben damit in diesem „Uebergehen" die Bewegung rein als solche d. h. Bewegung, die mit dem Unterschied von Hier und Dort noch nicht behaftet ist, wiederum voraus. Außerdem aber sind wir es allein, die diesen Unterschied im Hinblick auf die unterschiedlichen Dinge machen und willkührlich mit der Bewegung verknüpfen. Wir setzen ein Hier und unterscheiden von ihm ein Dort; an sich giebt es im reinen Raume, in der unterschiedslosen Leere weder das Eine noch das Andre, und folglich auch nicht in der räumlichen Bewegung rein als solcher. | Dasselbe gilt aus denselben Gründen von der zeitlichen Bewegung. Auch sie ist eine schlechthin einfache Anschauung, die wir bereits haben müssen, wenn wir uns ein Uebergehen (Bewegung) von Einst in Jetzt ꝛc. vorstellen wollen; auch bei ihr schieben wir nur im Hinblick auf die unterschiedlichen Dinge den Unterschied von Jetzt und Einst in die Bewegung ein: an sich (abgesehen

von ben einzelnen Dingen) ift bie Zeit reine Bewegung, bie fchlechthin
continuirlich, ohne Unterfchiebenheit und ohne Unterbrechung fortläuft,
b. h. an fich ift fie baffelbe was die räumliche Bewegung. Die unter=
fcheibenbe Thätigfeit und refp. bie burch fie gefetzte (räumliche und
zeitliche) Unterfchiebenheit ber Dinge ift baher wiederum bie Vor=
ausfetzung, ber Grund, nicht nur baß es einen Unterfchieb zwifchen
räumlicher und zeitlicher Bewegung=überhaupt wie zwifchen folcher Be=
wegung und ber Thätigfeit im engern Sinne, fondern auch baß es
unterfchiebliche Raum= und Zeitpunfte (ein Hier und Dort, Jetzt und
Einft) giebt. Durch fie alfo ift und wird bie räumliche Bewegung erft
eine Ortsveränberung, bie zeitliche ein Zeitverlauf, b. h. eine Bewegung
zwifchen zwei verfchiedenen (beftimmten) Punkten des Raums und ber
Zeit. Aber felbft biefe Bewegung wird als Bewegung von jenem
Unterfchied feinesvegs tangirt ober alterirt: fie verläuft als räumliche
wie als zeitliche zwifchen ben beftimmten Punkten in berfelben unter=
fchiedslofen Einfachheit und ununterbrochenen Continuität, die ihr an
fich zufommt. — Sonach aber ergiebt fich das für die Logif höchft be=
beutfame Refultat, baß bie weit verbreitete (auch von Hegel wieder ver=
tretene) Meinung, als involvire bie Bewegung einen unvermeiblichen
Wiberfpruch, nur ein alter, auf ben Mangel an fcharfer Unterfcheidung
ruhenber Irrthum ift, und baß man mithin nicht mehr auf bie Vor=
ftellung ber Bewegung fich berufen fann, um die Allgemeingültigfeit des
logifchen Gefetzes der Identität und bes Wiberfpruchs, welches bas Sich=
wiberfprechenbe für unbenfbar erflärt, zu negiren, — womit die Logif
felbft negirt und alles Wiffen in ein bialeftifches b. h. fophiftifches
Spielen mit Begriffen aufgelöft wird. Es ergiebt fich aber auch, warum
wir Thätigfeit, Bewegung rein als folche nicht zu befiniren vermögen.
Denn unfre einfachen Anfchauungen find bie Elemente unfres
Denfens, bie gegeben feyn müffen, um uns complicirte Vorftellungen,
Begriffe, Sätze, Urtheile bilden zu fönnen, von benen alfo jebe Defini=
tion unmöglich ift, weil fie eben bie Vorausfetzungen alles Definirens
wie aller Begriffsbeftimmung find. Nichtsbeftoweniger wiffen wir fehr
wohl, was Thätigfeit, Bewegung ift: benn wir erfahren es unmittelbar
burch die Anfchauung und burch unfer eignes Thun; aber jeder weiß es
nur burch feine eigene Anfchauung, b. h. baburch, baß er gemäß ben
Kategorieen von Thätigfeit und That und refp. gemäß ben Kategorieen
von Raum und Zeit bie erfcheinenben Veränberungen ber Dinge unter=
fcheidet. Damit entfteht ihm zwar nur bie Vorftellung eines beftimm=
ten Thuns (Gefchehens), einer beftimmten Bewegung, aber biefe
Vorftellung involvirt nothwendig die Einfachheit, bie jeber Thätig=
feit, jeber Bewegung rein als folcher zufommt.

§ 28. Jebes Thätige als folches, b. h. jebe Thätigfeit, fofern
fie von Thun in That übergeht, jebe Kraft, bie eine Wirfung hat,

ist und involvirt in sich selbst ein Anderswerden, eine Veränderung ihrer selbst, in welcher ihr Ansichseyn in Andersseyn übergeht. Es ist damit insofern nichts Neues gegeben, sondern eben nur eine Ver= änderung des Vorhandenen eingetreten, als die Thätigkeit nur die Form des Andersseyns (der That) annimmt, ohne damit aufzuhören Thätigkeit zu seyn. Denn die That ist eben nur relative Unthätig= keit (an sich ebenfalls Thätigkeit). Insofern also bleibt dasselbige Seyende nur als anderswerdend und resp. andersgeworden bestehen. Ist dagegen die Thätigkeit nicht die bloße Bewegung des Ueber= gehens in That, sondern ist zugleich das Thätige als solches entwe= der durch seine eigne oder durch eine andre unterscheidende Thä= tigkeit dergestalt bestimmt, daß es nicht nur von seiner That sondern auch von seinem eignen Thun implicite sich unterscheidet, so ist jenes Uebergehen kein bloßes Anderswerden, sondern das Werden eines Andern, Werden im engern Sinne, Entstehen. Denn damit daß das Thätige, indem es von Thun in That übergeht, zu= gleich von seinem Thun wie von seiner That sich unterscheidet oder unterschieden wird, geht es nicht in die That (und damit in sein Andersseyn) völlig ein und auf, sondern bleibt ihr zugleich unter= schiedlich gegenüberstehen: seine That tritt damit als ein von ihm unterschiedenes Neues in's Daseyn. Dasselbe findet nothwendig statt, wenn unterschiedliche Seyende wegen der in ihrer Unterschieden= heit liegenden Beziehung auf einander gegenseitig auf und mit einander thätig sind, oder dadurch, daß sie in Folge ihrer Thä= tigkeit sich verändern, zur Einheit zusammengehen, was nothwen= dig geschieht, wo durch ihr Anderswerden die Sonderung, die bisher zwischen ihnen bestand, sich aufhebt. Auch hier ist das Resultat etwas Neues, das durch die Thätigkeit der Seyenden erst in's Da= seyn tritt. Daseyendes aber ist jedes Seyende, welches durch ein Werden vermittelt, ein Gewordenseyn ist. — Sofern die man= nichfaltigen Dinge nicht bloß wirken und thätig sind, sich nicht bloß verändern, sondern auch entstehen und (durch Wiederauflösung der entstandenen Einheiten) vergehen, so müssen sie nothwendig in Be= ziehung auf Veränderung, Werden und Daseyn unterschieden seyn und werden. Wir müssen sie gemäß diesen Kategorieen unterschei= den, wenn wir sie als sich ändernd 2c. uns zur Vorstellung bringen wollen; und die Dinge müssen an sich nach denselben Kategorieen unterschieden seyn, wenn sie realiter thätig sind und auf und mit einander wirken. Denn diese Thätigkeit involvirt in sich eine Ver=änderung, und das Zusammenwirken mehrerer ergiebt nothwendig eine Wirkung, die von jeder der zusammenwirkenden Kräfte verschie=den, und somit ein Besondres, Neues, vorher nicht Vorhandenes ist. Ja wir müssen jene Kategorieen, wenn auch implicite und unbewußt, immer schon angewendet haben, um irgend Etwas als That (Pro=duct, Folge, Wirkung) von andern Thaten unterscheiden zu können. Denn ein solches Etwas setzt eine Veränderung, eine Thätigkeit die in That, und resp. ein Werden das in Daseyn übergeht, voraus, und kann mithin als ein bestimmtes (von andern Thaten unterschie=denes) nur aufgefaßt werden, sofern es gemäß den Kategorieen der Veränderung, des Werdens und resp. Daseyns schon vorher unter=schieden und damit als That=überhaupt aufgefaßt ist.

Anmerkung. ‖ Jeder Stein, jede Pflanze, jedes Thier, Jeder von uns, verändert sich infolge der eignen Thätigkeit und des Aufeinanderwirkens der Dinge; und doch bleiben sie und wir zugleich insofern dieselben, als mit der bloßen Veränderung kein neuer Stein, keine neue Pflanze ꝛc. entsteht. ‖ Dagegen entstehen unsre Vorstellungen erst, indem wir unsre Sinnesempfindungen von einander und von uns selbst unterscheiden und sie damit uns selber immanent gegenüberstellen. ꞌEbenso entstehen alle Werke des Menschen, weil der Mensch überall sich nicht nur von seiner That, sondern auch von seiner Thätigkeit unterscheidet und ihr gegenüber (als Grund der Thätigkeit, als Kraft) bestehen bleibt. Es entstehen durch Befruchtung, Zeugung. Geburt in mannichfaltiger Form Pflanzen und Thiere, weil durch den Lebensproceß eine Unterscheidung und weiter eine Absonderung der Geburt von der Mutter hervorgerufen wird. Es entstehen aber auch Wasser, Salze und die mannichfaltigsten unorgani=schen Stoffe, wenn die ursprünglichen Substanzen (die elementaren Atome) durch ihr Anderswerden im chemischen Processe sich zu Einheiten verbin=den, die insofern als ein Besondres, Neues angesehen werden müssen, weil sie ganz andre Eigenschaften, Kräfte, Wirkungen zeigen als die ein=fachen Stoffe vor ihrer Verbindung. — Schon das unmündige Kind, wenn es die Blume, die Frucht, die es wachsen sieht, als ein Sichver=änderndes und resp. als ein Entstandenes fassen will, muß, wenn auch implicite und unbewußt, die obigen Kategorieen angewendet haben. Denn es kann die Frucht nicht als Frucht (Product) fassen, ohne sie von einer Kraft oder Thätigkeit, von einer Bewegung des Werdens zu unterschei=den, durch die sie allgemach anders geworden, gewachsen, entstanden ist. —

§ 29. Indem die Seyenden nur überhaupt als Seyende ge=faßt d. h. in Beziehung auf ihr Seyn, Ansichseyn ꝛc. von einander unterſchieden werden, werden ſie zugleich implicite, aber nothwendig als neben einander vorgeſtellt, d. h. mit der erſten Unterſcheidung zweier Objecte von einander und alſo mit der Bildung unſrer erſten Vorſtellungen überhaupt entſteht zugleich implicite die Raum vor= ſtellung. Denn indem wir zwei gleichzeitige Sinnesempfindungen von einander unterſcheiden und ſie damit zu Vorſtellungen erheben, ſcheiden wir ſie, wie gezeigt, von einander, verknüpfen ſie aber auch zugleich mit einander indem wir ſie auf einander beziehen, und ſtellen ſie beide unſerm Selbſt gegenüber. Dieſe Scheidung, weil ſie eben zugleich Verknüpfung iſt, involvirt zwar noch keine beſtimmte Son= derung, keine Begränzung der Setzenden; wohl aber involvirt ſie das Nebeneinander derſelben. Denn Das, was vom Andern geſchieden und zugleich mit ihm verknüpft erſcheint, erſcheint eben damit neben dem Andern. Schon das unmündige Kind, indem es den Stuhl als neben ſeinem Bett und dieſes als neben der Wand ſich vorſtellt, d. h. indem es dieß Nebeneinander zum Object ſeiner Unterſcheidung (Auffaſſung) macht, bildet ſich daher eine Raumvorſtellung, die zwar nur auf den Kreis ſeiner Umgebung ſich bezieht, aber die weſentlichen Elemente des Begriffs involvirt. Denn eben darin, daß alle Dinge nothwendig neben einander ſeyn und als neben einander vorgeſtellt werden müſſen, beſteht das, was wir Räumlichkeit nennen: der Raum= überhaupt iſt nichts andres als das allgemeine Nebeneinander der Dinge. Er beſteht nothwendig realiter als eine allgemeine Form der Exiſtenz der Dinge, die ſie erhalten indem ſie unterſchieden ſind und werden, weil auch die Dinge=an=ſich, ſo gewiß ſie mehrere und ſomit unterſchiedene ſind, nothwendig neben einander ſeyn müſ= ſen. Und er beſteht ebenſo nothwendig idealiter als eine allge= meine Form des Daſeyns unſrer Vorſtellungen, die ſie erhalten in= dem ſie durch Unterſcheidung entſtehen, weil wir uns ſchlechthin nichts vorzuſtellen vermögen ohne es von Andrem zu unterſcheiden und damit neben Andres zu ſtellen. Er iſt aber auch nothwendig ein kategori= ſcher Begriff, d. h. eine allgemeine Norm der unterſcheidenden Thätigkeit. Denn ſo gewiß jedes Setzende neben irgend einem An= dren ſeyn und vorgeſtellt werden muß, ſo gewiß iſt jedes dadurch vom andern unterſchieden, daß es neben andern Setzenden als das andre ſich befindet. Eben damit nimmt jedes einen andern, unter= ſchiedenen und ſomit beſtimmten Raum, einen Ort ein. Unterſchied=

liche Räume aber können als unterschiedliche nur gesetzt und aufge=
faßt werden, sofern die unterscheidende Thätigkeit die Objecte in
Beziehung auf den Raum = überhaupt, gemäß dem allgemeinen
formalen Begriffe der Räumlichkeit als allgemeiner Form des Da=
seyns unterscheidet.

Anmerkung. Die Vorstellung eines leeren Raumes bildet sich erst
(viel später), wenn wir beginnen die Dinge hinsichtlich ihres Umfangs
und resp. ihrer Entfernung von einander zu unterscheiden, und sie dem=
gemäß, von aller ihrer anderweitigen Bestimmtheit absehend, nur in
Bezug auf ihre Umgränzung oder Entfernung in's Auge fassen: die
bloße Umgränzung, die bloße Entfernung, abgesehen von den sie aus=
füllenden Dingen, ist ein leerer Raum. Dieser leere Raum hat aller=
dings, wie jedes Ding, nothwendig irgend eine Ausdehnung, einen Um=
fang. Aber der Begriff der Ausdehnung ist keineswegs mit dem des
Raumes identisch. | Die Vorstellung der Ausdehnung entsteht vielmehr
erst durch Anwendung der Kategorie der Quantität auf die Räum=
lichkeit und die räumliche Disposition der Dinge, d. h. erst dadurch, daß
wir die Dinge in Beziehung auf die Größe ihres Umfangs und resp.
auf die Größe ihrer Entfernung von einander zu unterscheiden begin=
nen. Denn die Ausdehnung ist selbst nichts andres als die räumliche
Größe (vgl. unten § 38 f.). Eben darum aber hat sie den Raum
zu ihrer Voraussetzung.| Nur sofern die Dinge außer und neben
einander sind, können sie eine Ausdehnung haben; und nur dasjenige
können wir als ausgedehnt vorstellen, an welchem wir wenigstens zwei
Punkte neben einander noch zu unterscheiden vermögen. Fällt diese
Möglichkeit hinweg, so fällt die Vorstellung der Ausdehnung mit hin=
weg. Je mehr Punkte wir zwischen den Gränzen einer Ausdehnung zu
unterscheiden vermögen, desto größer erscheint uns die Ausdehnung. Die
schlechthin gränzenlose Ausdehnung dagegen ist undenkbar. Denn zu=
nächst vermögen wir jede Ausdehnung als solche nur vorzustellen und
anzuschauen, sofern und indem wir sie mit dem Auge vom einen Ende
zum andern Punkt für Punkt durchlaufen, was bei der gränzenlosen
Ausdehnung unmöglich ist. | Sodann aber wäre ja das schlechthin Un=
begränzte (das nur negativ Unendliche) ein rein negativer Begriff,
der das, was er negirt, also die Gränzen vielmehr voraussetzt; und
andrerseits läßt sich das schlechthin Gränzenlose von nichts Andrem un=
terscheiden, weil jeder Unterschied eine Negation und zugleich das Ne=
beneinander der Unterschiedenen, eben damit aber räumlich eine Gränze
involvirt. | Die gewöhnliche Begriffsbestimmung des Raums als einer
gränzenlosen leeren Ausdehnung, in welcher die Dinge sich befinden und
von welcher jedes einen bestimmten Theil ausfüllt, ist daher kein Ge=
danke, kein Begriff, sondern vielmehr eine Begriffsverwechslung, eine
Gedankenlosigkeit, infolge deren das bloße Ende unsrer abstrahirenden

Thätigkeit, unſers Abſehens von jeder beſtimmten Räumlichkeit und jeder beſtimmten Ausdehnung, das ſchlechthin Unbeſtimmte, Unbeſtimmbare und Unvorſtellbare, das damit übrig bleibt, doch als Inhalt einer Vorſtellung genommen und mit dem Unendlichen identificirt wird. Gleichwohl kann der Raum als das allgemeine Nebeneinander der Dinge inſofern unbegränzt genannt werden, als er einerſeits das Nebeneinander ſchlechthin aller Seyenden iſt und ſomit nicht an irgend einem Andern, ſondern nur an und in ſich ſelbſt ſeine Gränze haben kann, und als andrerſeits wir dieſe ſeine Umgränzung in ihrer Beſtimmtheit nicht zu erfaſſen vermögen. | Ebenſo kann man ſagen, daß jedes Ding im Raume ſey. Denn das allgemeine Nebeneinander aller Seyenden iſt zugleich ihr allgemeines Beiſammen, und dieß Beiſammen umfaſſt jedes Einzelne, weil es eben das Allgemeine iſt, das alle einzelnen in ihrem Nebeneinander unter ſich begreift. | Nehmen wir ihn von dieſer Seite als dieſes Alles Umfaſſende (Umfangende), und ſehen dabei von den Dingen, die er umfaſſt, völlig ab, ſo fällt der Begriff des Raums allerdings mit der Anſchauung der reinen Ausdehnung oder des allgemeinen Umfangs alles Seyns in Eins zuſammen. Und inſofern, aber auch nur inſofern kann man mit Kant ſagen, der Raum rein als ſolcher ſey eine reine Anſchauung.

§ 30. Indem die Dinge in Beziehung auf ihr Nebeneinander d. h. räumlich unterſchieden werden, womit jedes ſeinen beſtimmten Ort und ſeine beſtimmte Räumlichkeit erhält, werden ſie zugleich nothwendig nach den ſ. g. Dimenſionen des Raums unterſchieden. | Dieſe bezeichnen nämlich nur die möglichen allgemeinen Richtungen, in denen die Dinge neben einander ſeyn können. Die Richtung aber iſt begrifflich diejenige Beziehung eines Dinges zum andern, welche wir implicite ſetzen, indem wir die Dinge räumlich von einander unterſcheiden, ſie alſo räumlich auf einander beziehen, und damit ihren Ort beſtimmen. | Denn dieſe Beziehung iſt nothwendig ſelber eine räumliche, und die räumliche Beziehung eines Dinges (Punktes) zum andern iſt die Richtung. | Richtungen wird es mithin ebenſo viele und mannichfaltige geben müſſen, als es verſchiedene Oerter (Punkte — Dinge) im Raume giebt. Jede dieſer Richtungen iſt nothwendig an ſich eine gerade Linie oder wird nothwendig als eine gerade Linie vorgeſtellt (angeſchaut): denn ſie geht eben nur von Einem Punkte zu Einem beſtimmten andern hin, und die nur durch Einen Punkt beſtimmte Richtung (Bewegung) iſt nothwendig auch unveränderlich dieſelbe, Eine, ſich gleich bleibende, d. h. eine geradlinige (während die durch mehrere verſchiedene Punkte beſtimmte Richtung nothwendig

auch selbst eine verschiedene, ungleiche, wechselnde d. h. eine krumme
Linie seyn wird). Allein diese vielen unterschiedlichen Richtungen
können nur unterschiedene seyn und als solche aufgefaßt werden, wenn
es gewisse Gesichts= oder Beziehungspunkte giebt, worin sie unter=
schieden und resp. gleich sind: sonst wäre ihre Unterschiedenheit un=
denkbar. Es muß mithin, wie für alle Unterschiedenheit von Ob=
jecten überhaupt, so auch für die Unterschiedenheit der Richtungen
Kategorieen geben, nach denen sie unterschieden sind und durch die
sie ihre Bestimmtheit haben. Eine solche Specialkategorie für die
mannichfaltigen Richtungen im Raume ist die Dimension, d. h. die
Dimension ist eine allgemeine Richtung, welche die mannichfalti=
gen, ihr gemäß unterschiedenen (bestimmten) Richtungen unter sich
befaßt. |Eben damit ist sie zugleich das in ihnen Eine und Gleiche,
ihnen allen Gemeine, worin sie alle auf dieselbe gleiche Weise von
einer Mehrheit andrer Richtungen unterschieden sind. | So können
wir uns eine unbestimmbare Anzahl von Linien (Richtungen) denken,
welche irgend eine andre gerade Linie in den verschiedensten Winkeln
schneiden: insofern sind sie selbst unter einander verschieden, zugleich
aber sind sie darin alle gleich, daß sie sämmtlich jene andre Linie
schneiden. Dieß ihnen allen Gemeine, relativ Identische ist die
Dimension, die ihnen zukommt. |Durch sie unterscheiden sie sich auf
die gleiche Weise von allen den Linien, welche mit der Grundlinie
parallel laufen. Diesen Parallelen kommt eine andre Dimension
zu, weil sie, obwohl in verschiedener Entfernung und in verschiedener
Lage um die Grundlinie herumliegend, doch insofern alle gleich sind,
als sie weder die Grundlinie noch einander schneiden. | Die dritte
Dimension beruht darauf, daß von jenen ersten die Grundlinie
schneidenden Linien wiederum eine unbestimmbare Anzahl zwischen je
zwei Parallelen (und somit in derselben Fläche) liegen können:
alle diese sind eben darin einander gleich, und von denen zwischen
andern Parallelen (in andern Flächen) liegenden auf die gleiche Weise
unterschieden. — |Warum aber giebt es nur drei Dimensionen?
Wir könnten uns mit der Antwort begnügen: weil nun einmal that=
sächlich die mannichfaltigen Richtungen im Raum nur nach 3 Spe=
cialkategorieen unterschieden sind. | Allein wenn wir darauf reflectiren,
wie überhaupt unsre Raumvorstellung zu Stande kommt, so läßt
sich doch so viel darthun, daß und warum nur die drei Dimensionen,

nicht mehr und nicht weniger, denkbar ſind. Indem wir nämlich im
Unterſcheiden das Object nothwendig unſrem Ich gegenüber ſtellen,
ſetzen wir eben damit nothwendig (implicite) eine gerade Linie.
Denn das Gegenüber involvirt die Richtung (Beziehung) vom Ob=
ject zu unſerm Ich, welche von Einem Punkte ausgehend, durch einen
einzigen andern Punkt beſtimmt wird. Und indem wir das Object
von einem andern Object unterſcheiden, ſetzen wir ebenſo nothwen=
dig eine zweite gerade Linie als diejenige Richtung, welche von dem
einen Gegenſtande (Punkte) ausgehend, durch den einzigen andern auf
den ſie hinzielt, beſtimmt wird. Beide Linien ſchneiden ſich nothwen=
dig und bilden einen Winkel, d. h. damit ſind implicite die beiden
erſten Dimenſionen geſetzt und in ihrer Nothwendigkeit dargethan.
Die dritte aber beruht darauf, daß die Objecte welche wir im Un=
terſcheiden unſerm Ich gegenüberſtellen, keine mathematiſchen Punkte,
ſondern eben Oerter im Raum ſind, welche in einem beſtimmten Ne=
beneinander von Theilen (Raumpunkten) beſtehen. Daraus folgt,
daß die Richtung, welche von einem Object zum andern geht, nicht
als Eine mathematiſche Linie, ſondern als eine Fläche oder eine
Mehrheit von geraden Linien angeſchaut werden muß, und daß mit=
hin die Figur, die in und mit unſrer Raumvorſtellung=überhaupt
implicite entſteht, nicht ein bloßes Dreieck, ſondern eine Pyramide
iſt, deren Einen Spitzpunkt das Ich bildet, während die Spitzpunkte
der ihm gegenüberliegenden Fläche das Nebeneinander der von ihm
unterſchiedenen Objecte darſtellen. In und mit dieſer Pyramide
ſind die 3 Dimenſionen des Raums gegeben. —

Anmerkung. Auf der dargelegten Nothwendigkeit der 3 Dimen=
ſionen des Raums und auf der gleichen Nothwendigkeit, daß in
und mit allem Unterſcheiden (Auffaſſen — Vorſtellen) implicite der
Begriff der geraden Linie und die Raumfigur eines gerablinigen
Dreiecks und reſp. einer Pyramide geſetzt wird, beruht die Gewißheit
und Evidenz der geometriſchen Sätze und damit die Wiſſenſchaftlichkeit
der Mathematik als Geometrie und Stöchiometrie. | Denn das Dreieck
iſt eine Grundfigur der Mathematik, die einfachſte gerablinige Figur,
aus der alle übrigen zuſammengeſetzt oder als zuſammengeſetzt gedacht
werden können. Aus der Nothwendigkeit, mit der dieſe Grundfigur
überhaupt ſich bildet und die ihr daher gleichſam innerlich anhaftet, er=
klärt ſich die weitere beſondre Nothwendigkeit, die nothwendige Be=
ſtimmtheit, die ihren Theilen, den Linien und Winkeln, in ihrem Ver=
hältniß zu einander zukommt (— daß je 2 Linien nothwendig größer

als die dritte, die 3 Winkel nothwendig = 2 R sind —). | Aber auch die erste fundamentale Figur aller sphärischen Constructionen der Mathematik, der Kreis, involvirt und gründet sich auf dieselbe Nothwendigkeit. Denn wie wir zunächst im Unterscheiden bloß zweier Objecte von einander implicite ein gerabliniges Dreieck construiren, | ebenso nothwendig beschreiben wir implicite einen Kreis, indem wir nach einander alle die mannichfaltigen Objecte, die wir percipiren, nicht nur von einander, sondern eben damit von unserm Ich unterscheiden und somit ihm gegenüberstellen. Dabei bildet das Ich den festgehaltenen (fixirten) Punkt, von dem die unterscheidende Thätigkeit aus und auf die Objecte hingeht, und die Objecte, indem sie nach einander aufgefaßt, um diesen Punkt sich herumordnen, bilden ein Nebeneinander von Punkten, das nothwendig die streng mathematische Form eines Kreises (und resp. einer Kugel) annimmt. | Denn das unterscheidende Ich ist an sich von jedem dieser Objecte (Punkte) gleich weit entfernt, weil ja an sich jedes derselben nur eine bestimmte Sinnesempfindung (Perception) unsrer Seele ist, welche die unterscheidende Thätigkeit von ihr sondert und ihr gegenüberstellt. Dem Kinde erscheinen daher auch ursprünglich alle äußern Gegenstände gleich nahe: sonst würde es nicht nach dem Monde greifen. (Vgl. Glauben und Wissen ꝛc. S. 109 ff.)

§ 31. Dem kategorischen Begriffe des Raums tritt correspondirend der Begriff der Zeit unmittelbar zur Seite. | Die Zeitvorstellung gewinnen wir (wie die Entwicklung des Kindes zeigt) zwar später als die Raumvorstellung, erst dann, wenn wir nicht mehr bloß die Erscheinungen (Perceptionen) von einander, sondern auch ihr Kommen und Gehen, den Wechsel unsrer Wahrnehmungen und Vorstellungen, von unserm ihnen gegenüber stehen bleibenden Ich unterscheiden. | Damit erst kommt uns die Aufeinanderfolge derselben zum Bewußtseyn, d. h. wir erhalten eine Vorstellung von dem Nacheinander unsrer Perceptionen und Vorstellungen. | Aber an sich ist die Zeit bereits damit in unserm Denken gesetzt, daß wir mit unsrer unterscheidenden Thätigkeit von Object zu Object fortschreiten, daß wir nicht bloß A von B, sondern auch B von C u. s. w. unterscheiden, und daß schon in unserm Unterscheiden selbst ein Vorher und Nachher, ein Prius des Thuns und ein Posterius der That implicite gegeben ist. | Eben darin, daß nicht nur unsre Seele, sondern überhaupt alles Seyende als solches zugleich thätig (ein Centrum von wirkenden Kräften) und somit nach Thun und That, Veränderung, Werden und Gewordenseyn unterschieden ist, liegt es unmittelbar, daß auch die Zeit eine allgemeine Form des Seyenden-über-haupt ist. Sie besteht nothwendig realiter so gewiß die Dinge-an-sich thätig sind, weil sie eben damit aus Thun in That über-gehen und weil das Thun nothwendig das Prius der That, das Anderswerden das Prius der Veränderung, das Werden das Prius des Gewordenseyns ist. Sie besteht ebenso nothwendig idealiter als allgemeine Form unsres Bewußtseyns, weil nur durch die unterschei-dende Thätigkeit uns etwas zum Bewußtseyn kommt, und weil wie-derum das Unterscheiden nothwendig das Prius des gesetzten Unter-schieds, das Denken (Auffassen) das Prius des Gedankens ist. Sie beruht mithin im letzten Grunde auf dem im Wesen der Thä-tigkeit liegenden Unterschiede von Thun und That, d. h. sie besteht nothwendig als allgemeine Form des reellen wie ideellen Seyns, weil alle Thätigkeit ein Uebergehen von Thun in That, und der Unterschied von Thun und That nothwendig den Unterschied von Vorher und Nachher involvirt. Das Vorher fällt in Eins zusam-men mit dem Thun, das Nachher mit der That. Das Vorher geht mithin nothwendig in Nachher über; und sofern die That (das Ge-wordene, Entstandene) wiederum ihrerseits thätig ist, und somit in Thun übergeht, so wird das Nachher nothwendig zu einem Vorher für ein andres Nachher. Diese Bewegung des Uebergehens von Vor-her in Nachher und Nachher in Vorher, die durch den Unterschied beider continuirlich hindurchgeht, ist die Zeit als das allgemeine Vor- und Nach-einander der Dinge. Wie der Raum, ist aber auch die Zeit ein allgemeiner kategorischer Begriff. Denn so gewiß die Dinge nach Thätigkeit und That, nach Veränderung, Werden und Gewordenseyn unterschieden sind, so gewiß müssen sie auch in Be-ziehung auf das Vorher und Nachher, das in und mit allem Ge-schehen gegeben ist, unterschieden seyn und werden. Eben damit aber sind und werden sie in Beziehung auf die Zeit unterschieden. Jedes hat seine Zeit, d. h. jedes erhält und occupirt nothwendig in jener Bewegung, im allgemeinen Vor- und Nacheinander einen Punkt (Stand), der dadurch von allen andern unterschieden, ein bestimmter Punkt ist, daß es zwischen einem andern Vorher und Nachher steht als die andern Dinge. Die Dinge in Beziehung auf die Zeit un-terscheiden, heißt ihnen diesen Standpunkt anweisen und resp. den ihnen zukommenden (gegebenen) Standpunkt auffassen. Wir müssen die Dinge n o t h w e n d i g nach dieser Kategorie unterscheiden, weil wir sie sonst nicht als Thätigkeiten und Thaten, als sich verändernd, als werdend und geworden auffassen können, und wir müssen sie immer schon i m p l i c i t e, wenn auch unbewußt, nach dieser Kategorie unterschieden haben, i n d e m wir sie als thätig ꝛc. auffassen. | Ebenso nothwendig müssen die Dinge a n f i ch in Beziehung auf die Zeit unterschieden seyn, weil sie sonst nicht mannichfaltig thätig, sich verändernd ꝛc. seyn könnten. |

A n m e r k u n g. Mit dem Begriff der D a u e r steht der Begriff der Zeit ebenso wenig in unmittelbarem Zusammenhang als der Begriff des Raums mit dem der Ausdehnung. | Von der Dauer einer Erscheinung weiß das Kind, obwohl es bereits den Wechsel der Erscheinungen bemerkt hat, zunächst ebenso wenig wie von der Ausdehnung oder Entfernung der Gegenstände. Jene Vorstellung bildet sich erst durch Unterscheidung eines u n m i t t e l b a r e n Nacheinander von einem durch Zwischenglieder v e r = m i t t e l t e n, d. h. infolge der Bemerkung, daß die eine Erscheinung unverändert bestehen bleibt, während andre sich ändern oder vergehen. — Den B e g r i f f der Zeit selbst aber gewinnen wir nicht, wie gewöhnlich angenommen wird, durch bloßes Abstrahiren von der Bestimmtheit der einander folgenden Erscheinungen. | Denn dadurch erhalten wir wohl die A n s c h a u u n g einer leeren continuirlichen Folge von unbestimmten oder beliebig bestimmbaren Momenten, aber nicht die Vorstellung dessen, was in allem und jedem Nacheinander der Dinge das Eine und Gleiche, allen Gemeine ist. | Diese Vorstellung bildet sich uns erst, wenn wir das N a ch einander der Dinge rein als solches von ihrem ruhigen Nebeneinander unterscheiden. | Dadurch erst kommt es uns zum Bewußtseyn, daß die Zeit eine Bewegung involvirt, die von der Ortsveränderung oder der räumlichen Bewegung unterschieden ist. | Allein dieser Begriff der Zeit fällt als Vorstellung, formell, in Eins zusammen mit jener Anschauung einer leeren Folge beliebiger Vorstellungsobjecte, und insofern kann auch die Zeit als eine reine Anschauung betrachtet werden. + Sofern das a l l g e m e i n e Nacheinander der Dinge jeden e i n z e l n e n Zeitpunkt und damit alle einzelnen Dinge in sich befaßt, kann man wie beim Raume, so auch hier sagen, daß alle einzelnen Dinge in der Zeit seyen. | Und sofern die Bewegung der Aufeinanderfolge der Dinge rein als solche keine bestimmbaren Gränzen hat, sofern wir sie vielmehr nur als begränzt ansehen können, wenn wir anderweitige Gründe haben anzunehmen, daß sie in einem Kreislaufe zu ihrem Ausgangspunkte (Gott) zurückkehre, kann man die Zeit als unendlich bezeichnen. Nur involvirt diese Bezeichnung keineswegs die Vorstellung eines schlechthin Gränzenlosen, sondern nur die Vorstellung eines fortwährenden Hinausrückens der Gränzen, einer fortwähren=

den Vermehrung des Gegebenen durch Hinzufügung neuer Zeitmomente (Entſtehung neuer Dinge).

§ 32. Auch die Zeit hat nothwendig drei Dimenſionen. Denn indem wir das Vorher vom Nachher unterſcheiden und wiederum das Nachher als ein Vorher für ein andres Nachher faſſen, unterſcheiden wir die Vergangenheit von der Zukunft und von beiden die Gegenwart als den Uebergangspunkt der einen in die andre. Vergangenheit, Gegenwart und Zukunft ſind die Specialkategorieen für die Unterſcheidung der Dinge in Beziehung auf die Zeit. Denn die Vergangenheit iſt das allgemeine Vorher, das die ganze Vielheit und Mannichfaltigkeit der Dinge, trotz ihrer verſchiedenen Zeitdauer und der Verſchiedenheit des beſtimmten Vorher und Nachher, zwiſchen welchem jedes ſteht, unter ſich begreift und von dem ihm folgenden allgemeinen Nachher ſcheidet. Die Zukunft iſt das allgemeine Nachher, das trotz der gleichen Verſchiedenheit die Geſammtheit der einem allgemeinen Vorher folgenden und alſo erſt werdenden, entſtehenden, zu erwartenden Dinge umfaſſt. Die Gegenwart iſt der allgemeine Uebergangspunkt, auf dem die mannichfaltigen Dinge zwiſchen jenem Vorher und dieſem Nachher ſtehen. Alle drei Begriffe drücken die Gleichzeitigkeit einer Vielheit von Dingen aus, d. h. ſie bezeichnen das in den mannichfaltigen Dingen Eine und Gleiche, allen Gemeine ihrer Stellung im Laufe der Zeit, die Vergangenheit das gleiche Vorher, die Zukunft das gleiche Nachher, die Gegenwart den gleichen Uebergangspunkt zwiſchen beiden. Wir können die unermeßliche Vielheit und Mannichfaltigkeit der Dinge in Beziehung auf die Zeit und ihre Zeitſtellung nur unterſcheiden, wenn und indem wir implicite dieſe Specialkategorieen anwenden. Und die Dinge müſſen ihnen gemäß an ſich unterſchieden ſeyn, weil ihr Nebeneinander, ihr räumliches Beiſammen unmittelbar involvirt, daß ſie auch zeitlich beiſammen ſeyn müſſen, d. h. daß ihnen Gleichzeitigkeit hinſichtlich ihrer Stellung im Laufe der Zeit zukommen muß. Mit der Unterſcheidung und Unterſchiedenheit der Dinge in Beziehung auf Thätigkeit und That, Werden und Gewordenſeyn, d. h. mit der Zeit, ſind mithin nothwendig implicite die 3 Dimenſionen der Zeit geſetzt, — gerade ſo wie mit dem Raume die drei räumlichen Dimenſionen. —

Anmerkung. Die weitverbreitete Meinung, daß jedes Nebeneinander

der Dinge schon den (leeren, allumfaffenden) Raum, in welchem die Dinge seyen, und ebenso jedes Vorher und Nachher schon die (leere, allumfaffende) Zeit, als wirklich oder als bloß vorgestellt, voraus= setze, widerlegt sich selbst. \Denn der Raum als etwas Besondres ge= faßt und von den Dingen unterschieden, wird selbst zu einer Art von Ding, wenigstens zu einem (wirklichen oder vorgestellten) Seyenden, das als solches, jener Ansicht gemäß, wiederum in einem Raume seyn müßte; und da daffelbe von diesem zweiten Raume gälte, so wäre ein regressus in infinitum gegeben, der es gerade zu einem allumfaffenden Raume niemals kommen ließe. \Ebenso wäre die Zeit als Voraussetzung der zeitlichen Dinge, ein (wirkliches oder vorgestelltes) Seyendes, das, für sich bestehend und den mannichfaltigen zeitlichen Dingen voraus= gehend, nur als reine unterschiedslose Selbstbewegung, nicht aber als Zeit gefaßt werden könnte, da es in ihm, weil keinen Unterschied, kein Vorher und Nachher gäbe. Jedenfalls wäre diese angebliche Zeit, weil vor den Dingen gegeben, an sich ein Vorher, dem die Dinge als ein Nachher folgten, und das also, anstatt alles Vorher und Nachher zu umfaffen, vielmehr ein Nachher sich selber als bloßem Vorher gegen= über hätte. An diesen inneren Widersprüchen löst jene Ansicht sich sel= ber auf.\ —

§ 33. Die Begriffe von Raum und Zeit sind insofern primäre oder Urkategorieen, als wir ihnen gemäß die Objecte als seyende und resp. thätige immer schon — wenn auch nur implicite und unbe= wußt — unterschieden und aufgefaßt haben müssen, bevor wir sie gemäß den secundären concreten Kategorieen z. B. der Qualität, Quantität 2c. unterscheiden können. \ Sie sind aber insofern zugleich secundäre Kategorieen, als sie zu allgemeinen Formen des Seyenden erst werden und als Kategorieen erst anwendbar sind, nachdem die Unterscheidung und Unterschiedenheit des Seyns (nach den Katego= rieen der Einheit, des Ansichseyns und Andersseyns, der Thätigkeit und That 2c.) bereits Platz gegriffen hat, und damit eine Vielheit von Seyenden (an sich oder in der Vorstellung) gegeben ist. \ Im Hinblick auf diese Doppelstellung kann man sie als Zwischenkatego= rieen betrachten, die den Uebergang von den primären zu den secun= dären Kategorieen vermitteln. —

Zweiter Abschnitt.

Die einfachen Beschaffenheits=Kategorieen.

§ 34. Mit jedem Unterschiede wird, wie gezeigt, eine Bestimmt=
heit gesetzt. Denn die Bestimmtheit ist begrifflich eben nur der ge=
mäß irgend einer Kategorie gesetzte Unterschied. | Spinoza's be=
rühmter Satz: omnis determinatio est negatio, ist daher insofern
richtig, als jede Bestimmtheit nothwendig eine Negation involvirt,
weil mit dem gesetzten Unterschied zugleich ein relatives Nichtseyn an
dem Setzenden gesetzt ist. Aber der Satz ist insofern zugleich falsch,
als die Bestimmtheit keineswegs bloße Negation ist. Vielmehr ist
einerseits schon der Unterschied=überhaupt nur relatives Nicht=
seyn, das als solches zugleich relatives Seyn ist. | Andrerseits kann
ein Unterschied nur gesetzt werden, sofern und indem er zugleich
von andern Unterschieden unterschieden wird: es kann einzelne,
mehrere Unterschiede nur geben, sofern sie von einander wiederum
unterschieden sind. | Der von andern Unterschieden unterschiedene
Unterschied ist aber als solcher relatives Nichtseyn eines relativen
Nichtseyns, also Negation der Negation, und mithin jede Bestimmt=
heit zugleich eine Affirmation. Roth z. B. als von Blau unterschie=
den ist allerdings Nicht=blau, also relatives Nichtseyn, die Negation
von Blau; aber auch Gelb ist Nicht=blau und doch keineswegs =
Roth; Roth ist vielmehr auch zugleich die Negation von Gelb, und
da dieses die Negation von Blau ist, so ist Roth zugleich die Ne=
gation der Negation von Blau, d. h. es ist nicht bloß Nicht=blau,

kein bloß Negatives, sondern zugleich nothwendig ein Positives, weil zugleich die Negation der Negation von Blau und insofern dasselbe was Blau, d. h. weil es ebenso wie Blau eine bestimmte Farbe ist. — Umgekehrt ist jeder einzelne, gesetzte Unterschied ein bestimmter Unterschied: eben in seiner Unterschiedenheit von andern Unterschieden besteht seine Bestimmtheit. Denn letztere ist ihrem allgemeinen Begriffe nach, weil der gesetzte Unterschied, eben damit der Unterschied eines Unterschieds von andern Unterschieden. —

Können sonach überhaupt Unterschiede und damit Bestimmtheiten nur gesetzt werden, sofern und indem dieselben von einander unterschieden werden, so muß es auch besondre Kategorieen geben, vermittelst deren sie als unterschieden gesetzt und resp. aufgefaßt werden. Diese Kategorieen sind als die mittelbaren oder secundären zu bezeichnen. Denn durch die Urkategorieen wird zunächst nur das Seyn überhaupt unterschieden, d. h. durch sie werden überhaupt nur erst mannichfaltige Seyende gesetzt, und die damit gesetzten Unterschiede sind nur Bestimmtheiten jedes Seyenden als Seyenden = überhaupt, ganz abgesehen davon was jedes sey. Durch die secundären Kategorieen dagegen werden die Bestimmtheiten der einzelnen Seyenden als einzelner d. h. dasjenige gesetzt, was jedes als ein von den andern unterschiedenes Seyendes ist.

§ 35. Jedes Seyende ist als Seyendes zunächst nothwendig ein An = sich = seyendes (Eines), und in seinem Ansichseyn von den andern unterschieden. Aber mit dieser Unterschiedenheit ist nur gesetzt, daß das Ansichseyn des Einen nur überhaupt ein andres ist als das des Andern, nicht aber, worin der Unterschied ihres beiderseitigen Ansichseyns bestehe. Dieses Worin kann nur bestimmt und aufgefaßt werden, wenn die am Ansichseyn der Dinge gesetzten Unterschiede wiederum von einander unterschieden werden, d. h. wenn die Dinge in Beziehung auf ihre Qualität unterschieden werden. Darin nämlich, worin das Ansichseyn eines Dinges vom Ansichseyn des andern unterschieden ist, besteht seine an sich seyende Bestimmtheit, die Bestimmtheit die ihm an sich, in seiner Beziehung auf sich, abgesehen von allen andern, zukommt. Diese Bestimmtheit nennen wir seine qualitative Bestimmtheit. Denn nach allgemeinem Sprachgebrauche gelten nur diejenigen Bestimmtheiten für

Qualitäten, von denen angenommen wird, daß sie dem Dinge an und für sich und nicht bloß in seiner Relation zu andern Dingen zukommen. | Eben damit aber ist anerkannt, daß unter Qualitäten nur die am Ansichseyn der Dinge gesetzten Unterschiede zu verstehen sind. | Allein eine Qualität, durch welche A in seinem Ansichseyn von B oder C unterschieden ist, kann nur gesetzt und aufgefaßt werden, wenn B seinerseits eine andre Qualität erhält oder besitzt als A. Denn das Ansichseyn des Einen von dem gänzlich unbestimmten Ansichseyn des Andern zu unterscheiden, ist unmöglich. Qualitäten als die an sich seyenden Unterschiede der Dinge können mithin nur gesetzt werden oder was dasselbe ist, jenes Worin der an sich seyenden Unterschiedenheit der Dinge kann nur bestimmt und aufgefaßt werden, wenn die an sich seyenden Unterschiede der Dinge, indem sie gesetzt werden, zugleich von einander unterschieden werden. | Eben damit aber wird eine Qualität von der andern unterschieden, d. h. die Dinge sind und werden nothwendig in Beziehung auf Qualität=überhaupt unterschieden. | Der allgemeine formale Begriff der Qualität rein als solcher, das in allen den mannichfaltigen qualitativen Bestimmtheiten formal Eine und Gleiche, allen Gemeine, ist mithin nothwendig eine Kategorie, nach welcher wir die Dinge unterscheiden müssen, wenn wir auffassen (erkennen) wollen, was sie an sich sind, und nach welcher die realen Dinge realiter unterschieden seyn müssen, wenn sie an sich mannichfaltige, viele sind, d. h. wenn einem jeden von ihnen ein Ansichseyn zukommen soll. —

Anmerkung. Ob im einzelnen Falle eine Bestimmtheit qualitativer oder bloß quantitativer Natur sey, ist oft sehr schwer zu erkennen. | Die Flüßigkeit des Wassers z. B. ist im Grunde keine Qualität: denn sie hängt bekanntlich von der Menge der es umgebenden und von ihm aufgenommenen Wärme oder der s. g. Temperatur ab: wird diese bis auf einen bestimmten Punkt verringert, so gefriert das Wasser und hört auf flüßig zu seyn. Dagegen ist die Gasförmigkeit der s. g. perennirenden Gase, des Sauerstoffs, Wasserstoffs, Stickstoffs, als eine Qualität derselben zu betrachten, weil sie diesen Aggregatzustand ihrer Atome unter keinen Umständen aufgeben und weder durch Druck noch Kälte in festen oder flüßigen Zustand gebracht werden können. | Die Qualitäten der Dinge, soweit sie die Naturwissenschaft erforscht hat, beruhen auf den der Materie (den Stoffen — Atomen) ursprünglich inhärirenden Kräften und sind nur Aeußerungen oder Ausdruck dieser Kräfte an den Dingen

felbft.) Denn jedes Ding, dem eine beſtimmte Kraft zukommt, iſt eben
damit auch in ſeiner Aeußerung beſtimmt und giebt in und mit dieſer
Aeußerung ſeiner Kraft ſich Andern kund. | Dieſe Beſtimmtheit ſeiner
Aeußerung, ſofern ſie die unmittelbare Folge der ihr zu Grunde liegenden beſtimmten Kraft iſt und ſomit nur dieſe innere Kraft in beſtimm-
ter ſich gleich bleibender Weiſe darſtellt, iſt die Qualität. | So ſind
Schwere und Leichtigkeit, Härte und Weiche, Dichtigkeit und Lockerheit
ꝛc. nur Aeußerungen beſtimmter Kräfte, der Schwerkraft, der Wider-
ſtandskraft, der Cohäſionskraft ꝛc. | Auch die Klänge und Farben der
Dinge hat die Naturwiſſenſchaft auf die Aeußerung gewiſſer Kräfte (Bewegungen der Luft- und Aetheratome) zurückgeführt; und iſt auf dem
Wege, die ganze Mannichfaltigkeit der Naturerſcheinungen als das
wechſelnde und ſtetig ſich reprobucirende Reſultat verſchiedentlich beſtimmter Bewegungen oder zuſammen- und gegeneinander wirkender
Kräfte auszuweiſen. | Dieß widerſpricht indeß keineswegs unſern obigen
Begriffsbeſtimmungen. Es folgt daraus vielmehr nur, daß die Dinge
(Atome) an ſich beſtimmte Einheiten oder Centralpunkte von beſtimmten (unterſchiedenen) Kräften ſind, daß alſo, wie wir oben (§ 27) behauptet haben, Thätigkeit und reſp. Kraft (denn Kraft iſt nur bedingte
oder mögliche Thätigkeit) bloß ein andrer Name ſey für das, was das
Seyn an ſich und reſp. durch die unterſcheidende Thätigkeit iſt. | Wird
dieſes An-ſich des Seyenden als eines Centralpunktes von Kräften beſtimmt, d. h. vom An-ſich andrer unterſchieden, ſo erhält das Seyende
eben damit ſeine Qualität, d. h. eine an ſich ſeyende Beſtimmtheit, die
als Kraftbeſtimmung in beſtimmter Weiſe an ihm ſelbſt ſich äußert. |

§ 36. Wie die Qualitäten der Dinge geſetzt (aufgefaßt) werden,
indem das An-ſich-ſeyn jedes Seyenden beſtimmt wird, ſo ſind die
quantitativen Beſtimmtheiten damit gegeben, daß an dem Andersſeyn, welches jedem Seyenden als ſolchem zukommt und in welchem es zugleich für die andern und zuſammen mit den andern
iſt (§ 25), Unterſchiede geſetzt werden. / Der geſetzte Unterſchied,
durch welchen das Andersſeyn eines Seyenden vom Andersſeyn andrer
unterſchieden wird, iſt der quantitative Unterſchied, Beſtimmung ſeiner
Größe im weitern Sinne des Worts. | Indem nämlich das An-
dersſeyn der Seyenden beſtimmt wird, werden die Seyenden erſt
von einander geſondert. Denn damit erſt iſt jedes Seyende nicht
mehr bloß ein Andres-überhaupt, und ſomit daſſelbe was alle andern
(Eins mit ihnen), ſondern ein von allen andern unterſchiedenes
Andres; und kraft dieſer Unterſchiedenheit verhält ſich jedes gerade
in ſeinem Andersſeyn, in welchem es für die andern und zuſammen
mit ihnen iſt, negativ gegen alle andern (denn jeder Unterſchied iſt

eine relative Negation). Damit sind alle andern von ihm ausge=
schlossen, und wird jedes Setzende in dieser Weise bestimmt, so wer=
den damit alle Setzenden von einander gesondert. Erst mit dieser
Unterscheidung tritt ihre Sonderung ein. |Denn der qualitative, am
An=sich=seyn der Dinge gesetzte Unterschied involvirt zwar ebenfalls
die Negation, aber, da er nur dasjenige bestimmt, was jedes an sich
in Beziehung auf sich selbst ist, so wird das Für=einander=seyn,
das Zusammen der Setzenden gar nicht von ihm betroffen: die
Setzenden bleiben zusammen, ungesondert. | Die eintretende Sonderung
durch die Bestimmung des Andersseyns der Setzenden ist indeß kei=
neswegs eine Trennung, d. h. keineswegs eine völlige Aufhebung
ihrer Bezüglichkeit auf einander, ihres Für=einander= und Zu=
sammenseyns. Denn sie entsteht ja nur, indem das Anders=
seyn, in welchem gerade jedes für die andern und zusammen
mit ihnen ist, also indem ihr Für=einander=seyn bestimmt wird. Die
Sonderung geschieht also nur innerhalb des Vereins der Setzen=
den, nur ihr Zusammen selbst wird in sich unterschieden, bestimmt,
gegliedert. Und mithin ist die Sonderung nicht Trennung, sondern
nur Begränzung der Setzenden durch einander. |Denn die Gränze
ist dasjenige, wodurch ein Ding zwar vom andern gesondert (ausge=
schlossen), aber zugleich mit dem andern verbunden, weil eben von
ihm begränzt ist, d. h. sie ist — auch nach dem gemeinen Bewußt=
seyn — die zweien Dingen gemeinsame Negation, die als Ne=
gation beide sondert, als gemeinsam dagegen beide verbindet. (Oder
wie das gemeine Bewußtseyn sich ausdrückt: sie ist dasjenige, worin
das Ende von A mit dem Anfang von B in Eins zusammenfällt;
aber das Ende von A ist eben nur seine Negation in der Richtung
oder Beziehung zu B, und der Anfang von B, sofern er auch, nur
mit einem andern Worte, das Ende von B gegen A hin bezeichnet,
ist gleichermaaßen nur die Negation von B in seiner Beziehung zu
A, Anfang und Ende mithin nur die beiden gemeinsame Negation.)
Mit jedem am Andersseyn der Dinge gesetzten Unterschiede wird mit=
hin eine Gränze gesetzt; und sofern alle Dinge auf diese Weise un=
terschieden werden, sind sie alle von und gegen einander begränzt.
Ein solcher Gränzunterschied, eine Gränzbestimmung, kann nun aber
wiederum nur gesetzt werden, sofern er von andern Gränzunterschie=
den unterschieden wird: ohne diese Unterscheidung wäre er ein

ſchlechthin unbeſtimmter. Und eine Unterſcheidung der Gränzen (Be=
gränzungen) von einander iſt wiederum nur möglich, ſofern und in=
dem die Dinge in Beziehung auf ihre Begränztheit = überhaupt
unterſchieden werden. ‖Aber ſie in Beziehung auf ihre Begränztheit
unterſcheiden, heißt nur ſie nach ihrer Größe oder Quantität
unterſcheiden. ≀ Denn die Größe eines Seyenden iſt begrifflich nur
die Begränztheit deſſelben rein als ſolche, abgeſehen von ſeiner
Qualität, alſo von dem Seyenden ſelbſt gleichſam abgelöſt, als bloße
reine Gränzlinie gefaſſt. — ‖Der allgemeine formale Begriff der
Quantität iſt ſonach nothwendig eine Kategorie. Wir müſſen ihr
gemäß die Dinge unterſcheiden, um ſie überhaupt auffaſſen (vor=
ſtellen) zu können, weil wir das ſchlechthin Unbegränzte, Gränzenloſe
ſchlechthin nicht zu denken vermögen. ≀ Und die Dinge müſſen rea=
liter ihr gemäß unterſchieden ſeyn, weil ſie ſonſt nicht eine Man=
nichfaltigkeit beſtimmter Dinge ſeyn noch als ſolche erſcheinen könn=
ten, ſondern nur eine ineinanderfließende, völlig unbeſtimmte und un=
beſtimmbare Maſſe bilden würden.

Anmerkung. Eine reine abſolute Trennung giebt es nicht, und kann
es nicht geben. Denn wenn zwei Seyende ſchlechthin getrennt wären,
ſo daß nichts zwiſchen ihnen wäre, das ſie verbände, ſo wären ſie eben
durch nichts getrennt, d. h. ſie wären in Wahrheit ungetrennt. ≀ Die
neuere Naturwiſſenſchaft iſt im Allgemeinen geneigt anzunehmen, daß
die Urbeſtandtheile der Dinge (die Atome und reſp. Moleeüle) und
damit die Dinge ſelbſt durch einen leeren Raum von einander geſondert
ſeyen, d. h. daß die Gränze derſelben überall der leere Raum bilde.
Wir laſſen die Richtigkeit dieſer Annahme hier dahingeſtellt ſeyn: ſie
ändert nichts an der Gültigkeit unſrer obigen Grundbeſtimmungen.
Denn iſt jedes Seyende (Atom) unmittelbar vom leeren Raum begränzt,
ſo hat es zwar am leeren Raum, aber auch umgekehrt der leere Raum
an ihm ſeine Gränze, d. h. die Gränze iſt doch eben die beiden gemein=
ſame Negation, und die Seyenden wie die leeren Räume zwiſchen ihnen
müſſen daher auch irgend eine Größe haben.

§ 37. Die Mathematiker definiren gemeinhin die Größe als
dasjenige, was beliebig vermehrt und reſp. vermindert werden könne.
Allein Das was ſo nach Belieben ſoll vergrößert oder verkleinert
werden können, muß ſelbſt ſchon irgend eine Größe haben oder viel=
mehr irgend eine Größe ſeyn. ≀ Denn eben nur die Größe als ſolche
kann beliebig erhöht oder verringert werden: ſie eben iſt das beliebig
Vermehr= oder Verminderbare, dasjenige, dem dieſe Möglichkeit in=

härirt. Kurz die Vermehr= oder Verminderbarkeit ist nicht die Größe selbst, sondern nur ein Merkmal der Größe, und die Definition setzt mithin voraus was sie definiren will. ⏐ Gleichwohl hat es mit jenem Merkmal der Größe rein als solcher seine Richtigkeit. ⏐ Denn die Größe eines Dinges ist dem Dinge darum und insofern äußerlich und kann sich ändern, ohne daß das Ding selbst (an sich) ein andres wird, weil sie eben nur eine Bestimmtheit seines Seyns=für=Andre ist, und mithin nicht sein An=sich=seyn, sondern nur sein Bezogenseyn auf Andres betrifft. ⏐ Daraus folgt zwar keineswegs, daß die Größe jedes einzelnen bestimmten Dinges beliebig verändert werden kann; — denn ob dieß möglich sey, hängt zugleich von der Qualität des Dinges und seinem Verhältniß zu andern Dingen ab. Wohl aber folgt, daß jede Größe rein als solche, das bloße reine Quantum beliebig verändert und insofern in's Unendliche vermehrt und vermindert werden kann. ⏐ Nur in dieser beliebigen Vermehr= und Verminderbarkeit besteht die s. g. Unendlichkeit (Unbegränztheit) der Größe. Denn gerade aus dem Begriff der Größe rein als solcher folgt zugleich, daß eine wirklich unendliche Größe so gewiß schlechthin undenkbar ist, so gewiß eine gränzenlose Begränztheit eine contradictio in adjecto ist. —

Anmerkung. Die Mathematik rechnet zwar mit unendlichen Größen. Allein schon daraus, daß sie mehrere unendliche Größen kennt, ergiebt sich, daß ihr die Unendlichkeit keineswegs Gränzenlosigkeit ist. Denn eine Mehrheit von Unbegränztem, ein Unendliches neben andrem, ist eine offenbare contradictio in adjecto. Das mathematische Unendliche ist vielmehr entweder nur die unbestimmbar wachsende Größe, die als solche eben nur die Vermehrbarkeit der Größe darstellt, oder (gewöhnlich) die unendlich kleine, verschwindende Größe, d. h. eine Größe, von der angenommen wird, daß sie wegen ihrer unbestimmbaren Geringfügigkeit keinen bemerkbaren oder doch keinen erheblichen, effectiven, den Zweck der Berechnung störenden Einfluß auf das Facit derselben haben, also das Resultat nicht wesentlich alteriren könne.

§ 38. Die Größe eines Dinges ist zunächst sein Umfang. Denn der Umfang ist begrifflich nur die Begränztheit eines Sehenden abgesehen von den es begränzenden Dingen, und damit von der Unterschiedenheit der Gränzen (in Richtung und Dimension), die zusammen seine Begränztheit bilden. ⏐ Mit der Bestimmtheit des Umfangs ist zugleich seine räumliche Größe bestimmt. Denn diese ist eben nur der Umfang des Orts, den es im Raume einnimmt,

und der Umfang dieses Orts ist nur die Begränztheit des Dinges
selbst, sofern davon abgesehen wird, daß sie die Begränztheit eines
reellen Dinges ist, d. h. sofern sie als leerer, unausgefüllter Umfang
und damit als ein leerer Raum gefaßt wird. — Jedes reell Sey=
ende, so gewiß es irgend eine Größe (Begränzung) haben und diese
von andern unterschieden d. h. eine bestimmte seyn muß, muß auch
realiter einen bestimmten Umfang haben, also in Beziehung auf
die räumliche Größe von andern unterschieden seyn. Und wir
müssen die Dinge in Beziehung auf ihren Umfang von einander un=
terscheiden, weil wir sie sonst überhaupt nicht in ihrer Begränztheit
(Größe) aufzufassen und vorzustellen vermöchten. | Der allgemeine for=
male Begriff des Umfangs oder der räumlichen Größe ist mithin
nothwendig eine Specialkategorie der Quantität.

Anmerkung. Auf dieser Nothwendigkeit beruht alle Geometrie und
    Stöchiometrie wie ihre Anwendbarkeit auf die reellen Dinge. Nur weil
    der Raum in seinen 3 Dimensionen verschiedentlich begränzt seyn und
    werden kann, giebt es verschiedene mathematische Figuren. Und nur
    weil der Raum nothwendig 3 Dimensionen hat und diese nothwendig 3
    sich schneidende grade Linien bilden, die nur durch 3 andre sie schnei=
    dende Linien begränzt werden können, sind die Fläche, die Linie und der
    Punkt die nothwendigen drei Formen der Raumgränze, die un=
    terschiedlichen Medien einer vollständigen Raumbegränzung. Denn
    danach kann, wie schon gezeigt, ein Raum nur durch vier sich schnei=
    dende Flächen vollständig, d. h. nach allen 3 Dimensionen hin, be=
    gränzt werden. | Die Fläche ist mithin die erste nothwendige Begrän=
    zungsform des Raumes. Aber die Fläche, obwohl sie nach 2 Dimen=
    sionen sich ausdehnt, muß wiederum ihrerseits begränzt seyn, wenn sie
    zur Begränzung des Raums dienen soll. Die Linie ist diese nothwen=
    dige Gränze der Fläche, die zweite, von der Fläche verschiedene Gränz=
    form, die rein als solche d. h. als gerade Linie nur Eine Richtung
    (Eine Dimension) haben und also den Raum auch nur nach Einer Di=
    mension begränzen kann, weshalb wenigstens 3 gerade Linien zur
    vollständigen Begränzung der Fläche erforderlich sind. | Aber da die Linie
    in dieser Einen Dimension an sich ebenso unbegränzt ist als die bloße
    Dimension selber, so muß auch sie wiederum begränzt werden, wenn sie
    zur Raumbegränzung einer Fläche dienen soll. Die Gränze der Linie
    ist der Punkt, die Stelle, in welcher je zwei die Fläche begränzende
    Linien sich schneiden und eben damit je drei den Raum umgränzende
    Flächen zusammentreffen. Der Punkt kann als solcher keine Di=
    mension haben, weil er eben nur die an Einer Dimension gesetzte
    Gränze ist. | Insofern kann man sagen, daß der mathematische Punkt

schlechthin keine Ausdehnung habe. Denn als Gränze der Linie ist er die Negation der nach irgend einer Richtung (Dimension) hingehenden Ausdehnung des Raumes. Aber nur als Gränze der Linie und damit als dasjenige, das nicht wiederum eine Gränze haben kann (weil es keine weitere Dimension des Raums giebt) und das daher insofern bloße Gränze ist, kann er als ausdehnungslos bezeichnet werden. An und für sich betrachtet, abgesehen von der Linie und deren Begränzung, ist er entweder schlechthin undenkbar, weil die Gränze an und für sich, also die Gränze von nichts, nothwendig ebenso undenkbar ist als das reine Nichts selbst, — oder es muß ihm irgend eine, wenn auch das äußerste Minimum einer Ausdehnung (Dimension) beigelegt werden. Nur so löst sich der mathematische Widerspruch, daß der Punkt als völlig ausdehnungslos bezeichnet, und doch zugleich als Theil der Linie (bei sich kreuzenden Linien), ja die Linie als aus Punkten bestehend oder zusammengesetzt betrachtet wird. So gewiß dem Theile der Linie als solchem nothwendig auch ein Theil der Ausdehnung der Linie und jedem Seyenden überhaupt irgend eine Größe zukommen muß, so gewiß muß auch der Punkt an und für sich, gegenüber andern Punkten irgend eine Quantitätsbestimmung haben. Dasselbe gilt natürlich auch von den materiellen Punkten der Physik, den Atomen. — Was die bestimmten Größenverhältnisse betrifft, welche mit innerer Nothwendigkeit in den mathematischen Grundfiguren des Dreiecks und des Kreises und damit in den aus ihnen zusammengesetzten Figuren liegen und welche die Mathematik darlegt (z. B. daß die Winkel jedes Dreiecks nothwendig = 2 R sind), so haben wir schon oben (§ 30) darauf hingewiesen, daß sie auf der fundamentalen Nothwendigkeit beruhen, mit welcher jene Grundfiguren selber sich bilden, sofern und indem die Dinge unterschieden und damit nebeneinander gestellt (vorgestellt) werden. Ist das Dreieck in seiner begrifflichen Bestimmtheit eine nothwendige Raumfigur und als solche, als Umgränzung eines (Flächen-)Raums, zugleich eine Raumgröße, so werden auch die Größenverhältnisse dieser nothwendigen Raumgröße und ihrer Theile eine innere Bestimmtheit und damit Nothwendigkeit haben müssen. Denn eben nur in der Bestimmtheit des Verhältnisses ihrer Theile zu einander und resp. der Größe selbst zu andern Größen besteht die Bestimmtheit jeder (einzelnen) Größe. —

§ 39. Die Größe als Umfang oder räumliche Größe ist nothwendig eine continuirliche. Denn jedes Seyende ist als solches eine Einheit, und folglich ist nothwendig auch seine Begränztheit, wenngleich aus mannichfaltigen d. h. nach Richtung und Dimension (räumlich) unterschiedenen Gränzen bestehend, doch ebenfalls eine Einheit, ein ununterbrochener Zusammenhang seiner mannichfaltigen

Gränzen.)Nun ist aber zugleich jede räumliche Größe wie jedes Seyende selbst, weil quantitativ von andern unterschieden, eine be=stimmte Größe, ein Quantum. Und als ein solches Quantum ist jedes Ding ein quantitativ Eines, weil nach seiner Quantität mit sich identisch gesetzt, auf sich bezogen und von allen andern Quantis gesondert. \ Zugleich aber ist jedes, bloß als quantitative Einheit gefaßt, dasselbe was alle andern. Denn sein Unterschied von den andern ist eben nur ein quantitativer und rein als solcher ihm äußerlich, gleichgültig. | Folglich ist ihm auch seine Sonderung von den andern gleichgültig: es kann unbeschadet seiner quantitativen Bestimmtheit mit andern zusammengefaßt werden. |Sind alle Dinge quantitative Einheiten (Quanta), so kann auch jedes quan=titativ mit beliebigen andern verbunden werden. / So als das in allen mannichfaltigen Quantis Identische, Allgemeine, welches jedes Quantum ist und als welches jedes mit den andern quantitativ ver=eint werden kann, ist die quantitative Einheit die Zahl (die Car=dinal= oder Grundzahl der 1), und das Verbinden der quantitativen Einheiten zu Einem quantitativen Ganzen, zu einer Summe, heißt Zählen. Ein solches Ganzes ist als Einheit wiederum eine Zahl, und da alle Quanta auf diese Weise einbar sind, so umfaßt die Zahl (als Summe der Einer) alle Quanta. \ Die Zahl ist aber nicht continuirliche, sondern discrete Größe. Sie ist dieß als Eins wie als Summe von Einern. | Denn als Eins bezeichnet sie nur die Einbarkeit jedes Quantums mit andern; als Summe zwar die Verbindung mehrerer Quanta zu einer quantitativen Ein=heit, aber diese Quanta bleiben als mehrere nothwendig auch unter=schieden und damit gesondert, und die Zahl als Summe derselben besagt daher nur, daß die Einigung der mannichfaltigen Quanta nicht mehr eine bloße Möglichkeit, sondern von uns verwirklicht und damit die bloße Einbarkeit als eine quantitative Einheit gesetzt ist. Die Zahl ist sonach die Quantität in ihrer Discretion, d. h. der Ausdruck für die begriffliche Eigenthümlichkeit der Quantität, kraft deren jedes Quantum zwar von den andern unterschieden (gesondert), und doch zugleich mit allen andern zu einer alle umfassenden quan=titativen Einheit (Summe) vereinbar ist. Insofern ist die Zahl eine Specialkategorie der Quantität. \

Anmerkung. Daß wir nicht umhin können, den Umfang einer Tonne, die Länge einer Straße ꝛc. als eine continuirliche Größe zu fassen, leuchtet von selbst ein. Denn mit der Aufhebung der Continuität des Umfangs eines Dinges wird nothwendig die Einheit des Dinges aufgehoben, und von dem Umfange dieses oder jenes bestimmten (Einen) Dinges könnte nicht die Rede seyn. | Gleichwohl wird jede continuirliche räumliche Größe zu einer discreten, wenn wir sie messen. Allein alles Messen setzt voraus, daß wir bereits die Quantität in der vom § dargelegten begrifflichen Eigenthümlichkeit gefaßt, d. h. daß wir bereits den Begriff der Zahl gewonnen und zählen gelernt haben. Denn der Maaßstab, den wir anwenden, ist eben die quantitative Einheit, die 1, die wir zunächst so vielmal setzen, als der Umfang des gemessenen Dinges zuläßt, um sodann die so gesetzten Einheiten zu einer Summe zusammenzufassen. Aus dieser Summe denken wir uns die räumliche (continuirliche) Größe zusammengesetzt und somit als ein Ganzes, das aus diesen bestimmten Theilen besteht. Wir sind dazu berechtigt, weil eben jedes Quantum rein als solches beliebig getheilt werden kann. Aber es kann nur beliebig getheilt werden, weil es als zusammengesetzt aus beliebigen (kleineren) Quantis vorgestellt werden kann, d. h. weil die Discretion eine wesentliche Eigenthümlichkeit der Quantität überhaupt ist. Nur darum ist es nicht widersinnig, daß wir nicht bloß Dinge derselben Art (gleicher Qualität), sondern die verschiedensten Dinge, Aepfel und Nüsse, Schafe, Rinder, Pferde ꝛc. zusammenzählen. Denn wir fassen sie dabei nicht als Aepfel, als Nüsse ꝛc., sondern jedes nur als ein Quantum, als eine quantitative Einheit, und somit als dasselbe was jedes andre ist. Je größer die Summe ist, die wir damit gewinnen, desto mehr schwindet in unsrer Vorstellung die Discretion der vielen Quanta (Einer), aus der sie besteht, weil wir deren Vielheit nicht mehr in der Vorstellung auseinanderhalten können. Aber sie schwindet nur in unsrer Vorstellung: denn eine Million wäre nicht = 1 000 000, sondern nur = 1, wenn sie nur Ein Quantum und nicht eine bestimmte (für uns allerdings unvorstellbare) Vielheit unterschiedener, discreter, nur in Eine Summe zusammengefaßter Quanta wäre. — Zusammenzählen ist an sich dasselbe, was die Arithmetik Addiren nennt, Addiren ist nur ein abgekürztes Zusammenzählen (Vereinigen) gegebener discreter Größen (Zahlen). Die Möglichkeit des Addirens involvirt aber nothwendig auch die Möglichkeit des Subtrahirens: wie ich alle Quanta beliebig vereinigen (summiren) kann, so kann ich sie auch beliebig von einander sondern, und ein Quantum vom andern abtrennen, heißt dasselbe um eine bestimmte Größe verringern. | Darauf beruht der mathematische Unterschied zwischen positiver und negativer Größe. Denn —a sagt nur aus, um wie viel irgend ein Quantum verringert, +a um wie viel es vermehrt werden soll. Das Subtrahiren aber ist nur das abgekürzte Verfahren für die Verminderung, wie das Abbiren für die Vermehrung eines als eine Summe gefaßten Quantums. Darin aber daß jedes Quantum rein als solches beliebig verringert werden kann, liegt wiederum unmittelbar, daß es auch beliebig getheilt, also auch in g l e i c h e Theile zerlegt, d. h. d i v i = d i r t werden kann. Das Dividiren ist wiederum nur das abgekürzte Verfahren für die Absonderung (Subtraction) gleich großer Quanta von einem als eine Summe gefaßten andern Quantum. Und aus der beliebigen Vermehrbarkeit (Summirung) der Quanta endlich folgt eben so unmittelbar, daß ich jedes Quantum um gleich große andre Quanta vermehren d. h. m u l t i p l i c i r e n kann: die Multiplication ist nur das abgekürzte Verfahren für die Summirung (Addition) gleich großer Quanta zu einem als Summe (Zahl) gefaßten andern Quantum. — Sonach aber ergiebt sich weiter, daß jedes Quantum, unbeschadet seiner Bestimmtheit als aus zwei oder mehreren andern, durch Addition, Subtraction, Multiplication oder Division entstanden betrachtet, also z. B.

$$8 = 7 + 1 = 9 - 1 = 4 \times 2 = \frac{16}{2}$$ gesetzt werden kann, und daß

also mannichfaltige G l e i c h u n g e n sich formiren und die Quantitäten wie ihre Verhältnisse auf mannichfache Weise (in verschiedenen Formeln) sich ausdrücken lassen, ohne daß der Werth derselben (ihre quantitative Bestimmtheit) ein andrer wird. Keineswegs aber folgt, daß diese Be= trachtungsweise, die nur für das Quantum r e i n a l s s o l c h e s gilt, o h n e W e i t e r e s auf die r e e l l e n Dinge übertragen werden darf: es folgt keineswegs, daß jedes reelle Ding, weil es eine (bestimmte) Größe hat, auch r e a l i t e r in's Unendliche theilbar oder gar getheilt sey, noch auch, daß jedes Ding n a c h B e l i e b e n als zusammengesetzt aus beliebigen Quantis gefaßt werden könne. Ob überhaupt und wie weit ein reell Seyendes r e a l i t e r theilbar sey und resp. aus welchen und wie vielen Quantis (Theilen) es zusammengesetzt seyn möge, das hängt vielmehr wiederum von seiner Qualität und seinem Verhältniß zu an= dern Dingen ab. Mithin kann es realiter sehr wohl Atome, d. h. schlechthin untheilbare Grundelemente der Dinge geben. —

§ 40. Wie jedes Seyende bloß als Seyendes begränzt und damit ein continuirliches (räumliches) Quantum, eine quantitative Einheit von bestimmtem Umfang ist, so sind alle Seyende auch als T h ä t i g k e i t e n (Kraftcentra), als wirkend, werdend, sich verändernd, nothwendig gegen und von einander begränzt. Denn auch als Thä= tigkeiten müssen sie in ihrem Seyn=für=Andres, ihrem Füreinander= seyn, (das ihr Gegen=, Auf= und Miteinanderwirken involvirt,) unter= schieden seyn und werden, wenn von mannichfaltigen bestimmten Thä= tigkeiten (Kräften) die Rede seyn soll. Jede bestimmte Thätigkeit hat zwar schon an ihrer eignen That ihre Gränze: denn nachdem sie

in That übergegangen ist, hört sie als Thätigkeit auf und besteht
nur noch als That (in ihrer That) fort. | Aber es kann überhaupt
zu einer That nur kommen, sofern die Thätigkeit eine bestimmte
ist. Und diese ihre Bestimmtheit involvirt zunächst, daß auch ihre
bloße Bewegung des Uebergehens von Thun in That eine be=
stimmte seyn muß. | Diese Bewegung aber ist eine zeitliche, denn
sie ist eben das Uebergehen des Prius des Thuns in das Posterius
der That. Jede bestimmte, von andern unterschiedene Thätigkeit
muß mithin auch in Beziehung auf die Zeit unterschieden seyn,
welche sie braucht um vom Thun zur That zu kommen. Eben da=
mit aber ist sie von andern in Beziehung auf die Geschwindig=
keit unterschieden, mit der sie jene Bewegung vollzieht. Mit an=
dern Worten: nur weil und sofern diese (zeitliche) Bewegung bei den
mannichfaltigen Thätigkeiten eine verschiedene ist und diese Ver=
schiedenheit nur eine quantitative seyn kann — denn als zeitliche
Bewegung=überhaupt ist jede mit der andern identisch, — nur darum
sind die Thätigkeiten in Beziehung auf ihre Geschwindigkeit von
einander unterschieden. | Und sie in dieser Beziehung unterscheiden,
heißt, sie nach ihrer Zeitgröße unterscheiden. | Damit erhält zu=
gleich jedes Seyende als Thätigkeit seine bestimmte Dauer: es
dauert so lange, als jener Verlauf seines Uebergehens in That und
damit seines Anderswerdens Zeit erfordert. | Ist es am Ende dieser
Bewegung angelangt und somit ein Andres geworden, also nicht
mehr das was es war, so ist seine Zeitdauer zu Ende. | — Diese seine
bestimmte Dauer ist eine continuirliche Zeitgröße. Denn die
Bewegung des Uebergehens von Thun in That ist an sich — abge=
sehen von Hemmungen, die von außen durch andre Dinge (Kräfte)
eintreten — eine stetige, ununterbrochene. Aber jede solche Zeitgröße
ist nicht nur ein bestimmtes Quantum, eine quantitative Einheit, die
als bloßes Quantum mit andern (zeitlichen) Quantis beliebig zu=
sammengefaßt, gezählt, summirt werden kann, sondern jede Zeitgröße
kann auch für sich, als bloße Größe gefaßt, aus beliebigen andern
Zeitquantis zusammengesetzt (summirt) gedacht werden. Sie muß
als so zusammengesetzt betrachtet werden, wenn wir uns durch Mes=
sen (durch Anwendung einer bestimmten Zeiteinheit als Maaßstabs)
ihre Bestimmtheit zur deutlichen Vorstellung bringen wollen. | Und
insofern sind wir berechtigt, die Dauer jedes Dinges, wie wir ge=

wöhnlich thun, als eine discrete Größe zu fassen. Die Zeit=über=
haupt als die fortwährend sich vermehrende Summe aller einzelnen
Zeitgrößen oder als die fortwährend sich vergrößernde Reihenfolge
(das Nacheinander) der Zeiteinheiten (Zeitmomente) kann nur als
discrete Größe vorgestellt werden.

Anmerkung. Jede Pflanze, jedes Thier, jeder Mensch hat eine ge=
wisse Lebens= oder Zeitdauer, d. h. der Organismus, der eben nichts
andres als eine vielgegliederte Thätigkeit seiner Theile und Stoffe ist,
die beständig von Thun in That und von That in Thun übergeht,
durchläuft eine Reihenfolge solcher Uebergänge, bis seine Thätigkeit in
ihrer letzten That, welche der Tod ist, endet; sie verläuft also zwischen
gewissen Gränzen, welche eben ihre zeitliche Begränzung, ihre Zeitgröße
ausmachen. Aber auch die unorganischen Dinge verändern sich, ver=
gehen und entstehen. Eisen, Kupfer ꝛc. orydirt und wird zu Rost,
Porphyr wie jedes andre Gestein verwittert, Wasser verdunstet und die
elektrischen Processe der Atmosphäre lösen es in seine Bestandtheile,
Sauer= und Wasserstoff, auf u. s. w.

§ 41. Jede Thätigkeit ist aber nicht bloß Bewegung in der
Zeit, sondern auch Bewegung im Raume. Denn weil die Setzenden
als solche für einander, bezogen auf einander sind, so sind sie als
Thätigkeiten (Kräfte) nothwendig gegen, auf und mit einander
thätig. Und hat die Naturwissenschaft Recht, wenn sie behauptet,
daß alle Dinge in der Welt nur bedingte Thätigkeiten seyen d. h.
daß jede Thätigkeit an sich nur eine Kraft sey, die eine bestimmte
Beziehung (ein bestimmtes Verhältniß) zu andern Kräften habe
und nur in dieser Beziehung, zusammen mit den andern Kräften
als Thätigkeit sich äußern (wirken) könne, so folgt, daß alle Thä=
tigkeit der Dinge nur in einem Auf= und Miteinanderwirken bestehen,
jede That (alles Geschehen in der Welt) nur durch ein solches Zu=
sammenwirken zu Stande kommen kann. Dann aber äußert sich noth=
wendig alle Thätigkeit als räumliche Bewegung. Denn jede Ein=
wirkung, welcher Art sie sey, kann nur gedacht werden als ein Ueber=
gehen der Thätigkeit des einen Dinges auf das andre, als eine
Bewegung der Kräfte, die den Dingen inhäriren oder deren Centrum
das Ding selbst ist, eine Bewegung, durch welche die Kraft des einen
Dinges ein andres erreicht oder durch welche die Kräfte mehrerer
Dinge zusammentreffen und resp. auf die Dinge sich gegenseitig
übertragen. Und diese Bewegung ist nothwendig eine räumliche,
weil sie eben von einem Dinge zum andern und somit von einem

Ort zum andern hingeht. | Ist die Wirkung dieser Bewegung selbst eine Bewegung, d. h. verändert damit das einwirkende Ding selbst oder das Ding, auf welches es wirkt, oder jedes von beiden seinen Ort, so äußert sich auch das Auf- und Miteinanderwirken der Dinge als räumliche Bewegung. 'Sonach aber erfüllt jedes Setzende, sofern es thätig (ein Kraftcentrum) ist, nicht nur eine bestimmte Zeit, sondern auch einen bestimmten Raum mit seiner Thätigkeit und eben damit hat und behauptet es seinen Raum, einen bestimmten Ort im allgemeinen Nebeneinander der Setzenden. | Die Größe dieses Raumes ist die räumliche Größe seiner Thätigkeit, d. h. die Aus= dehnung oder extensive Größe derselben; und diese Ausdehnung muß eine begränzte, bestimmte seyn, d. h. die Dinge als Thätig= keiten müssen in Beziehung auf ihre extensive Größe unterschie= den seyn, weil eine schlechthin unbegränzte Thätigkeit ebenso undenk= bar ist als der leere unendliche Raum, und das Daseyn mehrerer unbegränzter Thätigkeiten neben einander eine contradictio in ad= jecto involvirt. | Die Geschwindigkeit, mit der eine Thätigkeit in That übergeht, mit der sie ihren Raum erfüllt, mit der sie also sich selbst bewegt oder das von ihr bewegte Ding die ihr gesteckten Raum= gränzen durchmißt, d. h. die Größe der Zeit, die sie zur Vollziehung dieser Bewegung braucht, ist ihre intensive Größe, die Größe der Intensität mit der sie wirkt, d. h. die Größe der ursprünglich in= neren, dem Dinge inhärirenden Kraft selbst, welche, wenn die er= forderlichen Bedingungen eintreten, als Thätigkeit sich äußert und über den Raum sich ausbreitet. | Die intensive Größe steht nothwen= dig im umgekehrten Verhältniß zu der Größe der Zeit, durch die sie ihre Bestimmtheit erhält, d. h. sie ist um so größer, je geringer die Zeit ist, welche die Thätigkeit (Kraft) braucht, um einen bestimm= ten Raum zu erfüllen oder zu durchmessen. —

Anmerkung. Wir finden in der Erfahrung überall nur begränzte Kräfte und Thätigkeiten. Daß unsre eignen leiblichen wie geistigen Kräfte, unsre Muskelkraft rc. wie unser Erkenntnißvermögen rc., an der Widerstandskraft der Dinge, an der Unlösbarkeit (Complicirtheit) der Probleme rc., ihre Gränzen haben, erfahren wir alle Tage. | Fassen wir die Kraft des Windes als eine Thätigkeit, die nicht bloß (als Wärme oder in Folge starker Temperaturdifferenzen) die Massentheilchen der Luft in Bewegung setzt, sondern auch mittelst der letzteren andre Kör= per zu bewegen vermag, so hat sie ihre Gränze an der Widerstands=

oder Schwerkraft des Baumes, des Steins ꝛc., an dem sich der Wind
wirkungslos bricht, den er nicht zu bewegen, umzustürzen vermag. Es
läßt sich genau bestimmen, wie weit die Kraft des Pulvers reicht, d. h.
an welchem Punkte die Triebkraft desselben an der Schwerkraft der
Kugel und der Widerstandskraft der Luft ihre Gränze finden wird. Die
Leuchtkraft, die Wärme haben ihre Gränzen, d. h. sie vermögen nur
einen bestimmten Raum zu erfüllen, nur bis in eine bestimmte Weite
(Ausdehnung) hinaus die Aetheratome in Bewegung zu setzen. Die
Centripetal= und Centrifugalkraft, die ungeheuren Kräfte, welche die
Sonne und die Planeten in Bewegung setzen, begränzen sich gegenseitig.
Denn der Anziehungskraft der Sonne hält die Centrifugal= oder Tan=
gentialkraft der Planeten (die sie in den Weltraum hinaustreibt) genau
das Gleichgewicht, und nur dadurch wird die regelmäßige Rotation der
Planeten um die Sonne hervorgebracht. | Die Anziehungskraft der
Sonne erstreckt sich nicht über unser Planetensystem hinaus; sie
endet, wo ein andres Planeten= oder Firsternsystem mit seinen
bewegenden Kräften beginnt oder unser Sonnensystem in sich auf=
nimmt. Das ist ihre extensive Größe. | Ihre intensive Größe
hängt vom Volumen der Sonne wie von dem des andern Körpers und
seiner Entfernung ab: je größer das Volumen und je geringer die
Entfernung der sich anziehenden Körper ist, desto größer ist die Ge=
schwindigkeit, mit der sie sich zu einander hin bewegen. | Die extensive
Größe der Leuchtkraft des Lampen=, Gas=, Sonnenlichts, ist die ver=
schiedene Größe des Raums, den diese verschiedenen Leuchtkörper mit
ihrem Lichte durchdringen (erhellen), so daß wir Gegenstände wahrneh=
men können. Die intensive Größe derselben ist die Größe der Helligkeit
ihres Lichts, die wie es scheint, von der verschiedenen Geschwindigkeit
abhängt, mit der jedes durch die Leuchtkraft in Bewegung gesetzte
Aetheratom seine transversalen Schwingungen vollzieht. — Die
extensive und die intensive Größe einer und derselben Kraft sind einan=
der nothwendig proportional, und wo das Gegentheil stattzufinden
scheint, kann es nur auf der verschiedenen Gegenwirkung andrer Kräfte
beruhen. —

§ 42. Jede Größe ist unmittelbar zwar nur eine Bestimmt=
heit am Andersseyn des Dinges, das zugleich sein Seyn=für=Andres
ist. Aber dieses Für=einander=Seyn der Dinge gehört zugleich zu
ihrem An=sich=seyn. | Denn nur durch die Unterschiedenheit von
Andrem ist jedes Ding ein An=sich=Seyendes; | und da es durch die=
selbe Unterschiedenheit zugleich für Andres ist, so leuchtet ein, daß
jedes nur an und für sich ist, indem es zugleich für die Andern ist.
Ist aber sonach in und mit dem An=sich der Dinge ihr Für=einan=
der=Seyn und damit implicite ihre gegenseitige Begränzung gesetzt,

so ist auch jedes an sich so gesetzt, daß es zugleich Andre begränzt und von ihnen begränzt wird, d. h. es ist an sich so gesetzt, daß es irgend eine Größe haben muß. Eben damit aber ist es als be= schränkt gesetzt. Denn eine Größe, die ursprünglich in und mit dem Dinge selbst gesetzt ist, nennen wir seine Schranke. Wird diese Schranke bestimmt, weil von andern unterschieden, — und sie muß von andern unterschieden werden, wenn es qualitativ und quan= titativ unterschiedliche Dinge geben soll — so erhält damit das Ding an sich selbst eine bestimmte Größe. Eine solche Größe aber, die Etwas an sich selbst hat, über die es also nicht hinaus kann so lange es ist was es ist, bezeichnet der Sprachgebrauch als das Maaß des Dinges. Das Maaß als diese Größe, die einem Dinge an sich, und somit zugleich in seiner qualitativen Bestimmt= heit zukommt, ist eben darum nothwendig von der Qualität dessel= ben abhängig: es ändert sich nothwendig mit der Aenderung der Qualität. Sind die Dinge in Beziehung auf die Schranke oder Be= schränktheit, die jedem an sich inhärirt, unterschieden, so müssen sie auch in Beziehung auf das Maaß ihrer Kräfte von einander unterschie= den seyn. — Maaß im engern Sinne bezeichnet die extensive Größe, Grad die intensive Größe der Beschränkung eines Dinges, und beide können als die Größe der Qualität selbst betrachtet werden, sofern sie eben dem Dinge an sich, als Quale, und somit in seiner qualitativen Bestimmtheit zukommen.

Anmerkung. Es giebt kein Maaß für den äußern Umfang eines Steins, Metalls ꝛc. wohl aber für die (extensive) Größe jedes organi= schen Wesens, jeder Pflanze, jedes Thiers, für die Dehnbarkeit eines Metalls, die Elasticität der mineralischen und andrer Körper, wie für die (intensive) Größe des Gewichts, der Dichtigkeit und Härte des Steins, der Schmelzbarkeit (Wärmecapacität) des Metalls ꝛc. Denn das Wachsthum der Pflanzen und Thiere, die Dehnbarkeit, Elasticität, Dichtigkeit, Härte ꝛc. der Dinge, beruhen auf den ihnen inhärirenden Kräften, der Lebenskraft mit den ihr dienstbaren chemischen und physi= kalischen Kräften, der Schwerkraft, der Cohäsionskraft ꝛc. Und auf den Kräften wiederum beruhen, wie bemerkt, die Qualitäten der Dinge. Maaß und Grad werden im Sprachgebrauche häufig verwechselt. Ge= wöhnlich aber spricht man vom Grade der Temperatur, der Helligkeit, der Festigkeit oder Härte ꝛc., um die intensive Größe der Wärme, des Lichts, der Cohäsionskraft zu bezeichnen, und dagegen vom Maaße des menschlichen Leibes, des menschlichen Lebens, der Wärme= und Leucht=

kraft, der Elasticität ꝛc., um die extensive Größe des Wachsthums, der Lebensdauer ꝛc. zu bezeichnen. Wir sprechen im gleichen Sinne vom Maaße der menschlichen Geisteskräfte, der Erkenntnißkraft, Thatkraft ꝛc., vom Grade der Leidenschaften, des Ehrgeizes, der Habsucht, der Willens= energie, der Klugheit ꝛc. Der Ausdruck Maaß bedeutet aber auch soviel als Maaßstab, d. h. er bezeichnet jedes bestimmte Quantum, das als quantitative Einheit nach allgemeiner Uebereinkunft oder gesetzlicher Verordnung zum Messen andrer gegebener Quanta verwendet wird. Fuß, Centner, Eimer sind solche Maaße. Sie sind bloße Quanta, die zur Qualität der Dinge keine Beziehung haben. Dennoch sind auch sie nur zu Maaßstäben erkoren worden wegen einer ihnen selbst inhäriren= den Qualität, wegen der Zweckmäßigkeit nämlich, durch die sie als Mittel des Messens vor andern Quantis sich auszeichnen. Denn jedes Mittel wird um so mehr seinem Zwecke entsprechen, je leichter es sich anwenden läßt. Der Fuß ist daher deshalb zum Maaßstabe gewählt, weil ihn — wenn auch nur in ungefährer Bestimmtheit — jeder er= wachsene Mensch in seinen eignen Füßen stets bei sich führt; der Cent= ner, weil er — ungefähr wenigstens — dasjenige Gewicht einer com= pacten Masse bezeichnet, das ein erwachsener Mensch zu heben und zu tragen vermag; der Eimer aus demselben Grunde in Beziehung auf Flüssigkeiten. Das Maaß als Maaßstab ist mithin ebenfalls eine durch die Qualität bestimmte und bedingte Größe. Dasselbe gilt vom Grade, der als Maaßstab in den verschiedenen Kraftmessern, dem Thermometer, Barometer, Photometer, Alkoholometer ꝛc. angewendet wird. — Das μέτρον ἄριστον, das Maaßvolle in allen Erscheinungen der Natur, ist ein viel würdigerer Gegenstand der Bewunderung, als die s. g. Unend= lichkeit oder Unermeßlichkeit des Weltraums, die Zahllosigkeit der Ge= stirne ꝛc.

§ 43. Ein nach Qualität und Quantität, Maaß und Grad bestimmtes Seyendes nennen wir ein Etwas. Die Bestimmtheiten jedes Etwas, d. h. die qualitativen und quantitativen, Maaß= und Gradunterschiede, durch die es von andern positiv unterschieden ist, sind nothwendig mannichfaltige, weil jedes nach mannichfal= tigen Kategorieen, der Qualität und Quantität, der Raum= und Zeitgröße, des Maaßes und Grades, von mannichfaltigen andern unterschieden ist. Den Inbegriff oder die Gesammtheit seiner mannichfaltigen Bestimmtheiten nennen wir die Beschaffenheit eines Etwas. Die Kategorieen der Qualität, Quantität ꝛc. sind mithin Beschaffenheitskategorieen, weil mittelst ihrer die Beschaffen= heit jedes Etwas bestimmt (aufgefaßt) wird. Und der Begriff der Beschaffenheit=überhaupt ist insofern selbst eine Kategorie, als wir

ein Etwas, indem wir es nach Qualität, Quantität ꝛc. unterscheiden,
eben damit in Beziehung auf seine Beschaffenheit von andern unter=
scheiden.

Anmerkung. Ein Etwas ist jedes Seyende, das irgend eine Be=
stimmtheit hat, möge es ein reelles oder ideelles (ein bloß
Gedachtes), ein relativ selbständiges (ein Ding) oder ein bloßes Element, Bestand=
theil oder Glied eines andern seyn. Ein Etwas ist jedes Sauerstoff=
und Wasserstoff=Atom sowohl wie das Molecül des Wassers, das aus
ihnen besteht, mein Arm sowohl wie mein Körper, dessen Theil er ist,
ein gedachtes Pferd sowohl wie ein wirkliches Pferd. Eine bloße Be=
stimmtheit dagegen ist zwar ein Seyendes (das wir von andern unter=
scheiden), aber kein Etwas, weil sie als solche nur Prädicat, nur (ge=
setzter) Unterschied, also nur relative Negation an einem Etwas ist.
Eben darum ist es kein Widerspruch (wie Herbart will), daß jedes
Etwas, obwohl an sich Eines, doch mehrere Merkmale (Bestimmt=
heiten) hat. Im Gegentheil jedes Etwas muß mehrere Bestimmtheiten
haben, so gewiß es eine Mehrheit von Dingen und ein mannichfaltiges
Geschehen in der Natur giebt. Was daher die Naturwissenschaft als
constitutive Grundstoffe der Dinge nachgewiesen hat, die einfachen Ele=
mente der Chemie, die Atome des Sauer=, Wasser= und Stickstoffs wie
des Kalium, des Kohlenstoffs, der Metalle ꝛc., sie haben alle nicht Eine,
sondern mehrere, verschiedene Bestimmtheiten, indem sie alle in Be=
ziehung auf ihr Gewicht, ihre Cohäsionskraft, ihr chemisches Verhalten
ꝛc., von einander wie von den Aetheratomen als an sich verschieden er=
achtet werden müssen.

§ 44. Ein Etwas, das mehrere Bestimmtheiten in sich befaßt
und somit als Einheit derselben erscheint, und das von andern räum=
lich und resp. zeitlich geschieden, also in relativer Selbständigkeit
andern gegenüber steht, nennen wir ein Ding. Nach den Resulta=
ten der neueren Naturforschung sind alle erscheinenden Dinge
aus einfachen Elementen (Atomen) chemisch oder physikalisch zusam=
mengesetzt. ' Ein solches Atom kann zwar nach neuester Annahme
(Kekulé: Lehrbuch der organischen Chemie, Erlangen 1859, S. 160)
nicht für sich allein, sondern nur mit einem andern zu einem s. g.
chemischen Molecül vereinigt bestehen und wirken. Wie dem aber
auch sey, sobald wir ein Atom (Molecül) als eine Einheit mehrerer
Bestimmtheiten (als ein Kraftcentrum) und als selbständig andern
gegenüber bestehend fassen, werden wir auch das Atom als ein Ding
bezeichnen; sobald wir es dagegen nur als Element (einfachen Be=
standtheil) eines aus mehreren Atomen bestehenden relativ selbstän=

digen Etwas fassen, werden wir nur dieses Etwas ein Ding, jedes seiner Atome dagegen ein bloßes Etwas nennen.

Anmerkung. Diesem Sprachgebrauch gemäß kann man die Begriffe von Etwas und Ding als kategorische gelten lassen, indem wir jedes Seyende darauf ansehen (unterscheiden), ob es ein bloßes Etwas, oder ein Ding sey. Allein sie sind keine allgemeinen Kategorieen, weil eben ein bloßes Etwas kein Ding und ein Ding kein bloßes Etwas ist.

Dritter Abschnitt.

Die Verhältniß- oder Wesenheits-Kategorieen.

§ 45. Hat jedes Ding als solches — möge es ein einfaches Etwas, oder aus mannichfaltigen Elementen zusammengesetzt seyn — mannichfache Bestimmtheiten, und ist es doch zugleich nothwendig eine Einheit, weil mit sich identisch und von andren geschieden, so ist es eben damit die Einheit eines Mannichfaltigen, eine Einheit, welche die mannichfaltigen Bestimmtheiten und resp. Elemente nicht nur unter einander verknüpft, sondern sie als ihre eignen Bestimmtheiten und Elemente an sich hat und in sich faßt, sie selber trägt und hält. | Bezeichnen wir die Bestimmtheiten (Qualitäten — Kräfte) und Elemente (Bestandtheile) mit dem allgemeineren Ausdrucke der Momente des Dinges, so leuchtet ein, daß jedes Ding nur in und wegen der Mannichfaltigkeit seiner Momente eine Einheit ist: denn eben darin, daß sie die mannichfaltigen Momente in sich faßt, hält und trägt, besteht diese seine Einheit. | Diese Einheit ist insofern eine innere, als das Ding äußerlich (in seiner Erscheinung) nur eine Mannichfaltigkeit von Momenten (s. g. Merkmalen, Eigenschaften, Wirkungen, Theilen) zeigt, die durch kein wahrnehmbares Band zusammengehalten erscheinen. Sie liegt insofern der Beschaffenheit wie der Existenz des Dinges zu Grunde, als sie dasjenige ist, das seine Dingheit ausmacht, trägt und hält. Denn nur in und wegen der Einheit seiner Momente und der ihm damit zukommenden Selbständigkeit (Geschiedenheit) gegen Andres ist es ein Ding. |Sie endlich ist insofern das Ding selbst in seinem Ansichseyn, als es eben nur in und kraft seiner Einheit und Selbst=ständigkeit mit sich identisch, auf sich bezogen und beziehbar, also ein an sich Seyendes ist. Diese innere, fundamentale, mit dem An=sich des Dinges zusammenfallende Einheit seiner mannichfaltigen Momente nennen wir die Wesenheit des Dinges.| — Soll es mannichfaltige bestimmte Dinge geben, und sollen wir sie als solche aufzufassen im Stande seyn, so müssen die Dinge nothwendig in Beziehung auf ihre Wesenheit unterschieden seyn und werden, d. h. der eben darge=legte allgemeine formale Begriff der Wesenheit=überhaupt ist noth=wendig eine Kategorie.

Anmerkung. Allgemein wird anerkannt, daß das Wesen jedes Dinges nur Eines seyn, kein Ding zwei Wesen haben könne, daß also Wesen=heit und Einheit des Dinges zusammenfallen. | Der Mineraloge wird demgemäß sagen, das Wesen des Diamanten bestehe in der bestimmten Einheit, zu welcher Atome reinen Kohlenstoffs sich verbunden haben und zusammengehalten werden. Der Chemiker erklärt: das Wesen des Wassers sey die bestimmte chemische Einheit, zu welcher Sauer= und Wasserstoffatome nach bestimmter Proportion sich verbunden haben, das Wesen des Zinnobers sey eine gleiche Einheit von Schwefel= und Queck=silberatomen 2c. Der Botaniker muß behaupten, das Wesen der Pflanze bestehe in der bestimmten Einheit, zu welcher in Form mannichfaltiger Zellen die einfachen Elemente (Atome) des Pflanzenkörpers sich ur=sprünglich verbunden haben und fortwährend neu sich verbinden. | Und der Physiologe wird das Wesen des thierischen Organismus als eine ähnliche, aber nach Form und Gliederung 2c. von der pflanzlichen doch zugleich verschiedene Einheit definiren. | Aber auch das Wesen einer ein=fachen Substanz, eines naturwissenschaftlichen Atoms, kann nur in die Einheit gesetzt werden, welche seinen mannichfaltigen Bestimmtheiten, Eigenschaften, Wirkungen oder Zusammenwirkungen, die es mit andern auf andre ausübt, zu Grunde liegt.

§ 46. Was wir im einzelnen Falle als die Wesenheit eines einzelnen bestimmten Dinges bezeichnen, ist zwar gemeiniglich nichts Andres, als die Totalität derjenigen Momente (Bestimmtheiten), die wir als dem Dinge wesentlich erachten,| — woraus sich ergiebt, daß wir die Kategorie der Wesenheit auch als Unterscheidungsnorm der Bestimmtheiten der Dinge brauchen. | Allein wesentlich sind dem Dinge nur diejenigen Bestimmtheiten und resp. Elemente, ohne welche seine Einheit als Ding und damit es selbst nicht bestehen kann. |Der Begriff des Wesentlichen hängt mithin doch vom Begriffe der Wesenheit ab. | Und auch das Vorhandenseyn solcher wesentlichen Momente im Gegensatz gegen unwesentliche beruht zunächst nur darauf, daß die Dinge in Bezug auf ihre Wesenheit von einander unterschieden sind, und somit dem Einen wesentlich ist was dem An= dern unwesentlich ist; andrerseits darauf, daß die mannichfaltigen Momente jedes Dinges nicht nur von einander, sondern von der Wesenheit (Einheit) des Dinges selbst unterschieden sind und bleiben. ll Daraus folgt, daß jedes Moment als einzelnes Moment insofern eine unwesentliche Seite hat, als es eben ein von der Wesenheit Verschiedenes ist, also auch, je größer dieser Unterschied ist, desto mehr sich wird ändern (resp. fehlen oder durch ein andres ersetzt werden) können, ohne daß darum die Wesenheit sich zu ändern braucht. | Nur das Zusammenbleiben der Momente, und diejenigen Bestimmt= heiten (Qualitäten — Kräfte), durch die dasselbe bedingt und be= stimmt ist, sind dem Dinge wesentlich. | Denn mit der Aufhebung desselben wird die Einheit und damit das Ding selbst aufgehoben. Dieses Zusammenbleiben ist nun aber offenbar von der Natur der mannichfaltigen Momente selbst, deren Einheit die Wesenheit des Dinges ausmacht, abhängig, d. h. es ist durch deren ursprüngliche Bestimmtheit (Unterschiedenheit von andern) bedingt und bestimmt. | Und ebenso nothwendig wiederum sind umgekehrt die mannichfaltigen Momente durch die Art der Einheit, in der sie zusammengefaßt und zusammengehalten sind, bestimmt und bedingt. Denn mit der Auf= lösung oder Aenderung der Einheit ändert sich nothwendig ihre Be= ziehung (ihr Verhalten) zu einander und zu andern, und damit ihre Bestimmtheiten. | Beide Seiten, die Einheit des Dinges und die Mannichfaltigkeit seiner Momente, bedingen und bestimmen sich sonach g e g e n s e i t i g. |' Ein solches gegenseitiges Sich=Bedingen und Be= stimmen zweier oder mehrerer Objecte (Dinge — Begriffe) nennen wir aber ein V e r h ä l t n i ß. | Die Wesenheit ist mithin ein Ver= hältnißbegriff, d. h. ein Begriff, dessen Inhaltsmomente sich gegen= seitig bedingen und bestimmen, der also ein Verhältniß ausdrückt. Und sonach müssen auch alle diejenigen (Special=)Kategorieen, nach welchen die Dinge als Wesen unterschieden und bestimmt werden, zugleich Verhältnißkategorieen seyn, d. h. solche, nach welchen zugleich die Verhältnisse der Dinge in sich und zu einander unterschieden sind.

Anmerkung. Dem Wasser ist die Flüßigkeit insofern unwesentlich, als es in fester Form (Eis) wie im gasförmigen Zustande (Dampf) immer Wasser bleibt; dem Blute dagegen ist sie wesentlich: denn im festen Zustande ist das Blut nicht mehr Blut. Umgekehrt ist die chemische Mischung von 1 Gewichtstheil Oxygen und 8 Gewichtstheilen Hydrogen dem Wasser wesentlich: denn mit der Lösung oder Veränderung derselben hört es auf Wasser zu seyn. Beim Blute dagegen kann die Mischung und das Mischungsverhältniß seiner Stoffe — wenn auch nur in geringem Maaße — sich ändern, ohne daß eine Wesensänderung eintritt. Dem Diamanten ist die weiße Farbe unwesentlich: denn es giebt auch röthliche, gelbliche Diamanten; dem Golde dagegen ist das eigenthümliche Goldgelb wesentlich; denn jede Abweichung von dieser Farbe ist ein sicheres Kriterium, daß das Gold nicht reines Gold ist. — Zum Wesen des menschlichen Organismus gehören zwar 2 Arme, 2 Beine rc. Aber weil jeder Theil von der Einheit des Ganzen (der Wesenheit) unterschieden ist, so sind die mannichfaltigen Theile nicht nothwendig gleich wesentlich, sondern es kann in dieser Beziehung ein Unterschied zwischen ihnen stattfinden. Ein Mensch bleibt daher Mensch auch wenn ihm ein Arm oder ein Bein rc. fehlt; Kopf, Lunge, Herz rc. sind ihm dagegen so nothwendig (wesentlich), daß er ohne einen dieser Theile kein Mensch, weil des Lebens unfähig wäre. — Dieß sind zugleich Beispiele für die gegenseitige Bedingtheit und Bestimmtheit der beiden Seiten der Wesenheit durch einander, d. h. dafür, daß sie in Verhältniß zu einander stehen. Denn wo zwei Dinge oder vielmehr zwei Seyende überhaupt (gleichgültig ob reell oder ideell Seyende) eine solche Beziehung zu einander haben, daß sie sich gegenseitig bedingen und bestimmen oder durch einander bedingt und bestimmt sind, da findet ein Verhältniß zwischen ihnen statt. Die arithmetische Proportion: $2:4=6:12$, setzt zwei Verhältnisse als identisch, d. h. sie drückt aus, daß die gegenseitige Bestimmtheit der beiden Quanta 2 und 4, wonach 2 die Hälfte von 4 und 4 das Doppelte von 2 ist, dieselbe sey wie die der beiden Quanta 6 und 12. Die Winkel und Seiten eines Dreiecks stehen in Verhältniß zu einander, weil sie sich gegenseitig bestimmen, so daß aus der Größe Einer Seite und der beiden anliegenden Winkel die Größe der beiden andern Seiten und des dritten Winkels gefunden werden kann. Aber auch die Verhältnisse des gemeinen Lebens, der Ehegatten, der Eltern und Kinder, der Staatsbürger, der Freunde rc. besagen nur, daß Mann und Frau, Eltern und Kinder rc., juristische und resp. moralische Rechte und Pflichten gegeneinander haben; und mein Recht ist eben nur die bestimmende Macht, die mir über Andere zukommt, meine Pflicht die bestimmende Macht, die Anderen über mich zusteht. Dasselbe gilt in Betreff der Verhältnisse von Kunst und Wissenschaft, Religion und Sittlichkeit, Verstand und Vernunft rc.

Dagegen habe ich kein Verhältniß zu meinem Schreibtische, wohl aber eine Beziehung zu ihm. —|Daß die mannichfaltigen Momente (Ele=mente) des Dinges und die Art ihrer Einigung in Verhältniß stehen, und von diesem Verhältniß das eigenthümliche Wesen (die ganze Be=schaffenheit) des Dinges abhängt, zeigt uns am klarsten die Chemie. Die chemische Verbindung von Stickstoff und Sauerstoff im Verhältniß von 1 : 5 ergiebt die bekannte Salpetersäure, im Verhältniß von 1 : 1 dagegen das s. g. Stickstofferydul, einen qualitativ ganz andern Stoff.† Umgekehrt bestehen Strychnin, Chinin, Kaffeïn in einer Einigung der=selbigen Elemente (Kohlenstoff, Stickstoff und Wasser) in denselbigen Proportionen, und doch ist das erste ein tödtendes Gift, das zweite ein heilsames Medicament, das dritte der Grundstoff eines allgemeinen Nahrungsmittels: nur auf der verschiedenen Art der Einigung der Stoffe kann diese Verschiedenheit beruhen. | Kohlenstoff, Sauerstoff, Was=serstoff, Stickstoff, — Hauptstoffe der unorganischen Natur, — sind zu=gleich die Hauptstoffe des pflanzlichen wie des thierischen Organismus. | Nur in den Veränderungen, die mit ihnen vorgehen, indem sie (durch die Lebenskraft) zur Zelle eines Pflanzen= oder Thierkörpers vereinigt werden, besteht der Wesensunterschied dieser organischen von den unor=ganischen Körpern, die aus denselben Stoffen bestehen. ‖

§ 47. Sind die Dinge nothwendig in Beziehung auf ihre Wesenheit von einander unterschieden, weil es sonst überhaupt nicht mannichfaltige Dinge geben könnte, | so sind sie auch nothwendig in Beziehung auf das Verhältniß unterschieden, in welchem bei jedem die Einheit des Wesens zur Mannichfaltigkeit seiner Momente steht. ⊣ Daher erscheinen sie zunächst nach der Verhältnißkategorie des Gan=zen und Theils von einander verschieden (unterschiedlich bestimmt); und wir müssen sie gemäß dieser Specialkategorie der Wesenheit un=terscheiden, um das Wesen eines jeden auffassen zu können. | Denn die Einheit des Dinges, sofern sie den Zusammenhang seiner Momente (seiner Bestandtheile, wie seiner Bestimmtheiten, Eigenschaften, Kräfte) und somit auch die Continuität seiner räumlichen und zeitlichen Größe (seiner Begränzung, Ausdehnung, Gestalt) involvirt, ist das Ding als ein Ganzes. | Die mannichfaltigen Momente desselben, sofern sie in ihrer Gesammtheit die Einheit als Ganzes bilden, zugleich aber von dem Ganzen wie von einander unterschieden sind und bleiben, bilden die Theile, aus denen das Ganze besteht. | Für den kategori=schen formalen Begriff des Ganzen und Theils ist es gleichgültig, welcher Art die Verbindung der Theile zum Ganzen sey, und ob unbeschadet des Fortbestehens des Dinges Theile von ihm abgetrennt werden können oder nicht. In diesem Punkte sind vielmehr die Dinge als Ganze, und damit wesentlich von einander verschieden, d. h. darin vornehmlich besteht ihr Unterschied von einander in Beziehung auf Ganzheit und Theilheit. Deshalb ist sogar auch da noch ein Ganzes vorhanden, wo die Theile einzelne, discrete Dinge, also selbst Ganze sind, wenn sie nur alle in ihrer Thätigkeit dergestalt einander bedingen und bestimmen, daß keines ohne das andre bestehen kann, jedes vielmehr von allen übrigen abhängig ist, und somit, jedem einzelnen gegenüber, alle übrigen immer das bedingende und bestimmende Ganze bilden. Nur dürfte es zweckmäßig seyn, eine solche Verbindung (z. B. eine Familie, ein Volk, einen Staat) nicht ein Ganzes, sondern zum Unterschiede von andern Ganzen etwa eine Totalität zu nennen.

Anmerkung. Vom Begriff des Ganzen ist der einer bloßen Masse oder Menge, eines Haufens rc. d. h. einer unbestimmten Quantität von gleichartigen Stoffen oder Dingen, wohl zu unterscheiden. Eine Wassermasse z. B. besteht zwar aus unzähligen Wassertropfen, aber jeder Tropfen ist nur ein Theil der Wassermasse, keineswegs des Wassers selbst, als eines bestimmten Dinges oder Körpers: von ihm sind vielmehr nur Hydrogen und Oxygen die Theile. Ein von seinen Theilen nur quantitativ unterschiedener Gegenstand, wenn er auch äußerlich als ein Ganzes erscheint, ist nicht als Ding, sondern nur als Quantum ein Ganzes. Jedes Quantum aber kann als solches beliebig vermehrt und vermindert (getheilt) werden, und jeder Theil desselben ist wiederum ein Quantum, dasselbe was das Ganze. Insofern fällt beim Quantum rein als solchem der Unterschied des Ganzen und Theils hinweg (denn der quantitative Unterschied ist kein Unterschied des Ganzen von seinem Theile, sondern einer Größe von einer andern Größe); und mithin ist das Quantum im Grunde kein Ganzes, das Theile hätte, sondern das nur beliebig sich vermindern und insofern theilen läßt, d. h. ein Etwas, das als ein Ganzes angesehen und resp. behandelt werden kann. Daher ist die bekannte Verfierfrage: an welchem Punkte ein Haufen Sand durch allmäliges Abnehmen aufhöre ein Haufen zu seyn, unbeantwortlich. Denn da der Haufen gar kein Ganzes, sondern eine unbestimmte Quantität auf einander liegender Sandkörner ist, die nur die Sprache der Abkürzung (Bequemlichkeit) wegen mit Einem Worte bezeichnet, da er also weder an sich selbst noch gegenüber seinen Theilen (die in Wahrheit keine Theile sind) irgend eine Bestimmtheit hat, so ist es ganz in die

Willkühr des Sprachgebrauchs und resp. des Sprechenden gestellt, wie viel Sandkörner er als Haufen bezeichnen und gelten laffen will. — Dagegen ist das physikalische Atom, für sich betrachtet, trotz seiner Un= theilbarkeit, so gewiß ein Ganzes, so gewiß es als eine Einheit (Cen= trum) von Qualitäten, Kräften, Wirkungen (Gegen= und Zusammen= wirkungen mit andern) anzusehen ist, und als räumlich auch eine be= stimmte continuirliche Umgränzung und resp. Ausdehnung haben muß.—

§ 48. Ist sonach die Einheit, sofern sie die mannichfaltigen Momente zusammenhält und damit umfaßt, das Ganze des Dinges gegenüber seinen Theilen, so ist sie andrerseits zugleich das Innere gegenüber der Mannichfaltigkeit der Momente als dem Aeußern des Dinges. Denn nur in ihr — in der Identität des Dinges mit sich, abgesehen von seiner Beziehung zu Andrem — sind die mannichfaltigen Momente Eins und insofern in einander, als sie eine in sich unterschiedene Einheit bilden. In Beziehung auf andre Dinge, wie auf ihre eigne Mannichfaltigkeit, sind sie dagegen, weil von einander verschieden, nothwendig zugleich relativ außer einander. In ihrem relativen In=einander bilden sie das Innere, in ihrem re= lativen Außer=einander das Aeußere des Dinges. In das Innere fällt mithin das An=sich=seyn des Dinges, seine Qualität mit ihrer Maaß= und Gradbestimmtheit; das Innere ist selbst nur das An= sich des Dinges als Wesens oder die Wesenheit des Dinges in ihrem An=sich. In das Aeußere des Dinges fällt dagegen sein Seyn=für=Andres, und somit seine Begränzung durch Andres, seine Größe und Gestalt: das Aeußere ist selbst nur das Für=Andres=seyn des Dinges als Wesens, oder die Wesenheit des Dinges in ihrem Seyn=für=Andres. Sofern es in diesem Seyn=für=Andres Einwir= kungen von Andrem erfährt, sofern also sein Aeußeres durch andre Dinge bedingt und bestimmt ist, indem alle Einwirkungen von außen unmittelbar bloß das Aeußere des Dinges und nur mittelbar sein Inneres treffen können, so wird es darauf ankommen, ob durch solche Einwirkungen wesentliche oder nur unwesentliche Bestimmtheiten des Dinges verändert werden, d. h. ob sie nur das Aeußere oder durch dieses hindurch auch das Innere des Dinges betreffen. Berührt die Aenderung das Innere gar nicht, so bleibt die Wesenheit des Dinges nothwendig dieselbe: denn nur das Unwesentliche seines Aeußern, sein bloßes ihm an sich gleichgültiges Seyn=für=Andres, wird ein andres. Der Complex dieser unwesentlichen, veränderbaren, von seiner

Stellung zu andern Dingen abhängigen, von seinem eignen Innern dagegen unabhängigen (es nicht bedingenden) Bestimmtheiten kann die Aeußerlichkeit des Dinges genannt werden. Nur in Beziehung auf sie gilt der Satz, daß es für die Auffassung und Erkenntniß des Wesens der Dinge auf ihr Aeußeres nicht ankomme. Von dieser Aeußerlichkeit wäre dann das Aeußere im engern Sinne zu unterscheiden. Und dieses Aeußere als dasjenige, was das Ding zwar für Andres ist, was aber dergestalt durch sein eignes Inneres bedingt und bestimmt ist, daß es nur als die Aeußerung seines Inneren gefaßt werden kann, wird dem Sprachgebrauch gemäß als die Form des Dinges gegenüber ihrem Inhalt zu bezeichnen seyn. — Wird dagegen endlich von diesem Unterschied zwischen Aeußerlichkeit und Form abgesehen, und das Ding nur in seinem Seyn-für-Andres überhaupt gefaßt, so nennen wir dieß Seyn-für-Andres, welches sonach das Aeußere wie die Form des Dinges und damit die Aeußerung seines Innern in sich begreift, insofern die Erscheinung des Dinges, wiefern es kraft seines Seyns-für-Andres, nicht nur auf Andres einwirkt und in Verhältniß zu Andrem steht, sondern eben damit auch sein Daseyn Andrem kundgiebt. Entsprechend wird dann sein An-sich-seyn, seine Einheit und Ganzheit, sein Inneres und sein Inhalt, in welchem es unmittelbar nur für sich und bloß mittelbar für Andres ist, mit dem allgemeineren Ausdruck des Wesens des Dinges bezeichnet, im Unterschiede von der Wesenheit, die beide Seiten, Inneres und Aeußeres, Wesen und Erscheinung umfaßt. Sofern und soweit die Theile, das Aeußere und die Form durch die Ganzheit, das Innere und den Inhalt bedingt und bestimmt sind, erscheint das Wesen in der Erscheinung. Sofern dagegen doch zugleich die Theile vom Ganzen, das Aeußere vom Innern, die Form vom Inhalt unterschieden sind, so ist auch die Erscheinung vom Wesen verschieden. Sie ist aber auch verschieden vom bloßen Schein, d. h. von demjenigen, was das erscheinende Ding nicht in seinem objectiven Seyn-für-Andres, sondern nur in der subjectiven Perception oder Vorstellung desjenigen Andren ist, dem es erscheint. — Daß die Dinge nach Wesen und Erscheinung und resp. nach Innerem und Aeußerem, Inhalt und Form unterschieden seyn müssen, wenn es überhaupt wesentlich verschiedene Dinge geben soll, und daß wir sie nach diesen Kategorieen unterscheiden müssen, um sie als Dinge (Wesen) in ihrer unterschiedlichen Wesensbestimmtheit auffassen zu können, leuchtet von selbst ein. |

Anmerkung. Wir können nicht umhin, das Innere eines Dinges als ein relatives In=einander seiner Momente zu fassen. | Die heutige Chemie nimmt zwar (hypothetisch) an, eine chemische Verbindung, z. B. Wasser bilde sich aus Oxygen und Hydrogen nur dadurch, daß die Aethersphären, welche im gasförmigen Zustande die Atome beider Stoffe (einzeln oder paarig) umgeben und von einander scheiden, sich gleichsam lösen, die Atome freilassen, und demnächst ein Atom Hydrogen mit einem Atom Oxygen sich vereinige und beide von einer gemeinsamen Aether= sphäre umgeben würden; damit sey ein Molecül Wasser entstanden, das mit andern (durch die Cohäsionskraft) sich verbindend, eine Wassermasse (zunächst einen wahrnehmbaren Wassertropfen) bilde. | Wir haben hier keine Veranlassung, diese Annahme zu bestreiten. Allein aus ihr selbst folgt, daß, wenn die beiden Atome Hydrogen und Oxygen, die zu einem Wassermolecül sich einigen, durch keine Aethersphäre und somit durch nichts mehr von einander geschieden sind — denn der bloße leere Raum ist in Wahrheit ein bloßes Nichts, das sie nicht scheiden kann — so sind sie auch nicht mehr außer einander, also nothwendig — relativ wenig= stens — in einander. | Ebenso müssen auch beim bloßen Atome, wenn es für sich betrachtet wird, die Bestimmtheiten, Eigenschaften, Kräfte, die ihm inhäriren, als ein In=einander und damit als sein Inneres gefaßt werden, welches in seinen mannichfaltigen, neben und nach ein= ander hervortretenden Wirkungen (in seinem Verhalten zu andern Ato= men und resp. Dingen) sich äußert. | — Für den Unterschied zwischen Aeußerm (Form) und Aeußerlichkeit bietet die alltäglichste Erfahrung zahlreiche Beispiele. Eine Wassermasse ist in ihrer äußerlichen Ge= stalt durch die sie umgebenden festen Körper bedingt und bestimmt und erscheint daher bald als See, bald als Fluß u. s. w. Die Form des Wassers (wie jeder Flüßigkeit) ist dagegen der Tropfen: denn sie ist durch den Grad der Cohäsionskraft und damit durch die Qualität (We= sensbestimmtheit) der den Körper bildenden Massentheilchen und resp. Atome necessitirt. | Die äußerliche Gestalt der Mineralien, der Steine, Erden, Thonarten ꝛc. ist durch die Einwirkungen, die sie von außen erfahren haben, bestimmt und bedingt und erscheint daher sehr unregel= mäßig und verschiedenartig. Die Form der Mineralien im engern Sinne ist dagegen die Krystallisation oder Krystallgestalt mit ihren ver= schiedenen Systemen und Variationen, die jedes Mineral annimmt, wenn der Proceß seiner Entstehung regelrecht verläuft (namentlich die Erkaltung der Masse langsam und allmälig erfolgt). | Ob ein Baum 20 oder 30 F. hoch werde und wie viel Aeste und Zweige er treibe, hängt von Boden, Klima, Licht und Feuchtigkeit ab; seine Form da= gegen ist der bestimmte, unveränderliche Typus seiner Art oder Gattung,

der sein Wachsthum bestimmt, weil er dem Samenkorn bereits inhärirt
und aus dessen Wesensbestimmtheit sich ergiebt. Bei den organischen
Wesen ist die Aeußerlichkeit beschränkter, die Form bestimmter und eigen=
thümlicher als bei den unorganischen, bei den Thieren wiederum mehr
noch als bei den Pflanzen. Denn die gleichgültige Bestimmbarkeit
von außen muß um so geringer werden, je mehr Inneres und Aeußeres
nicht bloß ein gegenseitiges Bedingt= und Bestimmtseyn, sondern ein
fortwährend thätiges Sichbestimmen und Bedingen sind. Die Urform
der Pflanzen und Thiere aber ist die Zelle; dadurch sind sie formell=
wesentlich von allen unorganischen Körpern unterschieden. — Ob die
Dinge an sich so sind, wie sie uns erscheinen, d. h. von uns percipirt
und aufgefaßt werden, und resp. wie viel des Scheins in ihre Erschei=
nung (Auffassung) sich einmischt, ist eine erkenntnißtheoretische Frage im
engern Sinne, die wir hier nicht zu beantworten haben, obwohl sie nur
auf Grund der logischen Gesetze und der logischen Denknothwendigkeit
entschieden werden kann. Vergl. darüber Glauben und Wissen 2c. S.
208 f. 215 f.

§ 49. Diejenige Thätigkeit (Kraft), durch welche die Mo=
mente eines Dinges zur Einheit des Dinges selbst verbunden wer=
den und vereinigt sind, ist das Prius des Dinges selbst, und also
auch seiner Ganzheit, seines Innern und Aeußern, seines Wesens
und seiner Erscheinung. Denn durch sie ist das Ding, was es
ist, durch sie ist es nach Daseyn und Wesenheit bestimmt. Sie ist
mithin sowohl vom Dinge selbst, wie von seiner Ganzheit, seinem
Innern und Aeußern 2c. zu unterscheiden. Zugleich aber ist sie in=
sofern Eins mit ihm, als sie unmittelbar in ihre That, in die Ein=
heit die das Ding selbst ist, über= und dergestalt aufgeht, daß sie
nur immanent in ihr fortbesteht und also auch nur in ihr erscheint.
Diese fundamentale Thätigkeit, durch welche das Ding als sol=
ches besteht und resp. entsteht, indem sie seine mannichfaltigen Mo=
mente in Einheit zusammenhält, zusammenfaßt und zusammen=
ordnet, nennen wir die Substanz des Dinges. Denn sie substirt
dem Dinge, weil sie die Voraussetzung seiner Existenz wie aller
seiner Bestimmtheiten ist. Ganzes und Theil, Inneres und Aeuße=
res 2c., sind nur ihre Modificationen, weil sie nur ihre That
sind, in welcher sie selbst aufgegangen immanent fortbesteht, und weil
sie sonach zwar das Andersseyn der Substanz, aber nur ihr eige=
nes Andersseyn bilden. Mit diesem Aufgehen in ihren Modificatio=
nen ist daher die Substanz als Thätigkeit keineswegs aufgehoben,

ſondern nur innere, im erſcheinenden Dinge immanente Thätigkeit
geworden. | Als ſolche bleibt ſie fortwährend thätig, indem ſie nicht
nur die Momente des Dinges fortwährend in Einheit zuſammenhält,
ſondern auch alles Thun und Wirken des Dinges bedingt und be=
ſtimmt, in ihm im Grunde ſelbſt thätig und wirkſam iſt. | Daher
ändert ſich wohl im Zuſammenwirken und gegenſeitigen Sichbe=
ſtimmen der Dinge die Erſcheinung der Dinge in mannichfacher
Weiſe, nicht aber nothwendig ihre Subſtanz. | Vielmehr kann ein
Ding ſeine Elemente wechſeln (ausſtoßen und andre gleichartige auf=
nehmen), Andres und wieder Andres mit ſich einigen (anwachſen),
ſich in ſich anders und wieder anders unterſcheiden, kurz mannich=
fach andre Beſtimmtheiten gewinnen, ohne daß darum ſeine Sub=
ſtanz als jene urſprüngliche Thätigkeit ſich zu ändern braucht. Die
Subſtanz und damit die Weſenheit des Dinges bleibt vielmehr trotz
des Wechſels der Erſcheinung ſo lange unverändert beſtehen, ſo
lange das Ding ſelbſt beſteht, und nur diejenige Einwirkung, welche
durch das Aeußere und Innere hindurch jene fundamentale Thätig=
keit (Kraft) dergeſtalt trifft, daß ſie die Momente des Dinges nicht
mehr in Einheit zuſammenzuhalten vermag, ändert die Subſtanz und
hebt damit das Ding ſelbſt auf (das Ding vergeht, d. h. es wird
ein weſentlich andres).|— Der formal allgemeine Begriff der Sub=
ſtanz iſt ſonach eine der wichtigſten Kategorieen. | Denn es leuchtet
von ſelbſt ein, daß die Dinge ſubſtanziell unterſchieden ſeyn und von
uns unterſchieden werden müſſen, wenn ſie weſentlich und nicht bloß
der Erſcheinung oder vielmehr dem Scheine nach verſchieden ſeyn
ſollen. |

Anmerkung. Der Begriff der Subſtanz wird häufig mit dem des Sub=
ſtrats verwechſelt. | Das gemeine Bewußtſeyn hält die Subſtanz für
dasjenige ſtoffliche, wenn auch unbekannte Subſtrat, das die mannichfach
ſich ändernden Beſtimmtheiten des erſcheinenden Dinges hält und trägt
als das Eine ſich gleich bleibende Etwas, an dem zwar der Wechſel und
die Veränderung ſich vollzieht, das aber daſſelbige bleibt, ſo lange das
Eine Ding ſelber als ſolches fortbeſteht. Für das gemeine Bewußtſeyn
giebt es mithin ſo viel verſchiedene Subſtanzen als es verſchiedene
Dinge giebt. | Die Chemie corrigirte dieſe Auffaſſung. Sie glaubte ent=
deckt zu haben, daß jenes Etwas die Summe der chemiſch=einfachen Stoffe
(Elemente) ſey, aus denen das Ding beſtehe, und nannte dieſe deshalb
Subſtanzen. | Allein auch ſie verwechſelte Subſtanz und Subſtrat. Denn
der Grund der trotz der erſcheinenden Veränderungen ſich gleich bleiben=

den Einheit des Dinges kann offenbar nicht die Mannichfaltigkeit
der einfachen Stoffe seyn. Eine solche Mehrheit ist ja an und für sich
keine Einheit, sondern eben eine Mehrheit, kann also auch an und für
sich weder als Einheit erscheinen, noch sich als erscheinende Einheit
dauernd erhalten. Nicht also sie, sondern vielmehr die chemische Ver=
bindung der einfachen Stoffe und folglich die Thätigkeit, die s. g.
Kraft der Affinität und resp. Cohäsion, durch die sie zur Einheit ver=
bunden und in Einheit zusammengehalten werden, ist der Grund der
sich gleichbleibenden Einheit des Dinges. Nicht Hydrogen und Oxygen,
sondern ihre chemische Verbindung und somit die eigenthümliche Kraft,
durch welche die Atome beider Stoffe in bestimmter Proportion chemisch
sich einigen und in Einheit zusammenbleiben, bildet die Substanz des
Wassers. Und darum bleibt Wasser substanziell (wesentlich) Dasselbe,
möge es tropfbar flüßig seyn oder in Dampf sich auflösen oder zu Eis
erstarren. Nur wenn (durch die Kraft der Elektricität) jene einende
Kraft überwunden und damit die chemische Einigung der Säuer= und
Wasserstoffatome aufgelöst wird, hört Wasser auf Wasser zu sein: mit
dem Aufhören der substanziellen Thätigkeit hört das Ding selbst auf zu
existiren. Ebenso ist die Substanz der Pflanze nicht die Mannichfaltig=
keit der einfachen Stoffe, aus denen sie chemisch besteht; — diese sind
nicht einmal die Elemente der Pflanze, sondern des Holzes, des
todten Leibes der Pflanze, der keine Pflanze mehr ist; — sondern in
Wahrheit die bei den verschiedenen Pflanzen verschiedentlich bestimmte
Kraft und Thätigkeit des Wachsthums, durch welche die erste Zelle sich
bildet, das Samenkorn sich spaltet, andre Stoffe heranzieht und sich
assimilirt, Zelle an Zelle fügt 2c., und so zur Pflanze im engern Sinne
aufwächst und als solche sich erhält. Diese Thätigkeit und damit die
Pflanze selbst (substanziell) bleibt dieselbe, obwohl die Pflanze immer
neue (gleichartige) Stoffe in sich aufnimmt, obwohl sie Blätter und
Früchte treibt, um sie fallen zu lassen und wieder andre zu treiben; sie
bleibt dieselbe, wenn auch die Pflanze durch äußere Einwirkungen ver=
krüppelt, verstümmelt, mannichfach verändert wird. Ganz Gleiches gilt
vom thierischen Organismus trotz des fortwährenden Stoffwechsels, den
er vollzieht. Ebenso bleibt die Seele trotz des Wechsels der Empfin=
dungen und Gefühle, der Perceptionen und Vorstellungen 2c. dieselbe,
weil sie eine substanzielle Einheit ist, d. h. weil ihre mannichfaltigen
Kräfte und Thätigkeiten oder wenn man lieber will, ihre mannichfalti=
gen Reactionen und Wechselwirkungen, eine sie einende, haltende und
tragende (resp. vollziehende) Grundkraft fordern und voraussetzen. Mit=
hin kann auch das physikalische und chemische Element (das Atom) nur
Substanz heißen, sofern und weil ihm aus demselben Grunde eine solche
Grundkraft beizulegen ist. Jeder andre Begriff der Substanz ver=
wickelt sich in unlösbare Widersprüche mit sich selbst wie mit den un=

zweifelhaftesten Thatsachen der Erfahrung und exacten Wissenschaft; so namentlich die Behauptung von der absoluten Einheit der Substanz, d. h. die Behauptung, daß der Begriff der Substanz eine Mehrheit von Substanzen ausschließe. Diese Behauptung widerspricht insofern sich selbst, als von einem Begriff der Substanz nicht die Rede seyn könnte, wenn es nicht mehrere unterschiedliche Substanzen gäbe, die unter ihm begriffen wären. Der logisch-kategorische, formal allgemeine Begriff der Substanz ist freilich nur Einer, ebenso wie der kategorische Begriff der Qualität, Quantität ꝛc. Ob es aber realiter mehrere Substanzen gebe oder nur Eine — von der dann nothwendig alle s. g. Dinge nicht wesentlich, sondern nur der Erscheinung oder vielmehr dem bloßen Scheine nach verschieden wären und somit keine Dinge, sondern nur ein in seiner Mannichfaltigkeit, Bestimmtheit und Ordnung schlechthin unerklärlicher Schein bestände, — das hängt nothwendig von der Erfahrung ab, deren unzweifelhafte Thatsachen, wie die Naturwissenschaft dargethan hat, für die Mehrheit der Substanzen entscheiden. Damit ist keineswegs ausgeschlossen, daß es neben vielen bedingten Substanzen nicht auch eine absolute Substanz geben könne. Gott als absolutes Wesen ist nothwendig auch absolute Substanz, die absolute Einheit, die alle Momente seines Wesens, alle seine Bestimmtheiten, alle seine Kräfte (Thätigkeiten) und deren Wirkungen hält und trägt. Aber eben weil er das ist, weil von ihm (dem Einen Unbedingten) alles Andre, Viele, Mannichfaltige nothwendig bedingt und bestimmt ist, unterscheidet er sich substanziell von allem Andren, als die Eine absolute Substanz von den vielen bedingten. Und überhaupt kann ja von absoluter unbedingter Substanz gar nicht die Rede seyn, wenn nicht im Unterschiede von ihr bedingte Substanzen angenommen (gedacht) werden. Denn „Absolut", „Unbedingt", sey es Substantiv oder Adjectiv, ist nur denkbar im Unterschiede von Bedingtem, Relativem. So gewiß wir überhaupt nur in Unterschieden zu denken vermögen, so gewiß vermögen wir das Absolute nur zu denken, indem wir es von Andrem, Nicht-absolutem unterscheiden, und so gewiß vermag Gott selbst nur als denkendes, selbstbewußtes Wesen zu existiren sofern und indem er sich Selbst von Andrem, das er nicht ist, unterscheidet: wir wenigstens vermögen kein andres bewußtes Denken uns vorzustellen, das nicht wesentlich Unterscheiden wäre. —

§ 50. Ist die Substanz des Dinges der Grund seines Bestehens, seiner Beschaffenheit, Wesenheit, und ist sie zugleich die Thätigkeit, durch welche das Ding ein Ganzes ist, weil sie seine Momente in Einheit zusammenhält, durch welche es Gestalt und Form erhält und zur Erscheinung kommt, weil sie in seinem Aeußern sich äußert und Andrem sich kundgiebt, — so ist sie eben damit die

Grund=kraft und Grund=thätigkeit, durch welche in ihrer Be=
ſtimmtheit (d. h. in ihrer geſetzten Unterſchiedenheit von andren
Subſtanzen) das beſtimmte Ding iſt was es iſt. Sie iſt und bleibt
dieſe Grundthätigkeit, gleichgültig, ob ſie an ſich ſelbſt und reſp. in
ihren Aeußerungen durch andre Kräfte und Thätigkeiten bedingt ſey
oder nicht. Denn trotz ihrer Bedingtheit iſt ſie es immer, durch
welche das Ding weſentlich iſt, was es iſt, weil es nur durch ſie
von andern Dingen weſentlich unterſchieden iſt. Sie iſt aber auch
inſofern Grundthätigkeit, als ſie einerſeits ſelbſt in der Form des
Grundes thätig, und andrerſeits der Grund aller anderweitigen
Thätigkeit des Dinges iſt. Denn Grund nennen wir diejenige Kraft
oder Thätigkeit, welche in ihre That (Aeußerung) über=, aber auch
zugleich völlig in ſie ein= und aufgeht, und alſo nur in ihrer
That immanent fortbeſteht. Sofern jede Thätigkeit nothwendig in
ihre That übergeht, iſt jede in der Form des Grundes thätig und
ihre That iſt nur die Folge ihrer Thätigkeit. Aber nicht jede geht
auch völlig in ihrer That auf. Die Dinge ſind vielmehr nothwen=
dig in Beziehung auf ihre Thätigkeitsweiſe unterſchieden, weil
ſie einerſeits weſentlich (ſubſtanziell) von einander verſchieden ſind,
und andrerſeits auch als thätige in Beziehung zu einander ſtehen,
alſo nothwendig verſchiedentlich mit=, auf= und gegeneinander wir=
ken. Daraus folgt, daß jedes Ding, ſo lange es als ſolches beſteht
und ſubſtanziell daſſelbe bleibt, in ſeiner Thätigkeit mit Andrem und
auf Andres zugleich dem Andern und damit ſeiner eignen That un=
terſchiedlich gegenüberſtehen bleibt. Seine Thätigkeit geht zwar in
ihre That über; aber ſeine Subſtanzialität, von der ſie als Aeußerung
einer immanenten Kraft des Dinges ausgeht, hindert ſie in ihrer
That völlig aufzugehen. Denn ſeine Subſtanzialität iſt ja eben die=
jenige Kraft und Thätigkeit, welche die Beſtimmtheiten wie die Ele=
mente und Kräfte des Dinges in Einheit zuſammenfaßt und zuſam=
menhält. So lange ſie alſo beſteht, kann wohl eine Kraft des Dinges
(— von ſelbſt oder unter Anregung und Mitwirkung eines andern)
nach außen wirken, nicht aber von ihrer Subſtanz ſich ablöſen, alſo
auch nicht in ihre äußere Wirkung völlig ein= und aufgehen. Eine
ſolche Thätigkeit, die in ihrer That nicht aufgeht, ſondern an ſich
als Kraft dem, was ſie thut und wirkt, unterſchiedlich gegenüberſtehen
bleibt, nennen wir eine Urſache, ihre That eine Wirkung. —

Die Dinge müſſen nothwendig an ſich nach Grund und Folge, Ur=
ſache und Wirkung unterſchieden ſeyn, weil ſie nothwendig ſubſtanziell
und damit als Grundthätigkeiten von einander verſchieden ſind, und
weil ſie ebenſo nothwendig in thätiger Beziehung zu einan=
der ſtehen, und ſomit kraft ihrer ſubſtanziellen Unterſchiedenheit un=
terſchiedlich mit= auf= und gegeneinander wirken, d. h. in ihrer ur=
ſächlichen Thätigkeit von einander unterſchieden ſeyn müſſen, wenn
es überhaupt mehrere Dinge geben ſoll. Ebenſo nothwendig müſſen
wir ſie, gemäß dieſen Special=Kategorieen der Cauſalität= oder
Thätigkeit=überhaupt unterſcheiden, um ſie als Dinge (Weſen) auf=
faſſen zu können.

Anmerkung 1. Der Begriff der Thätigkeit, — die, ſofern ſie eine be=
dingte iſt, als bloße Kraft erſcheint, indem die Kraft eben nur bedingte
Thätigkeit iſt, welche als ſolche nur ſich äußert, wirkt, wenn und nach=
dem die Bedingung (Anregung, Ein= oder Mitwirkung einer andern
Kraft oder Thätigkeit) eingetreten iſt, — fällt mit dem Begriffe der
Cauſalität=überhaupt in Eins zuſammen. Sind die Dinge in Be=
ziehung auf ihre Thätigkeit (ihre Kräfte) unterſchieden, ſo müſſen ſie
auch in Beziehung auf ihre Thätigkeitsweiſe unterſchieden ſeyn. Denn
jede Thätigkeit äußert ſich zunächſt als Uebergehen von Thun in That
an und in dem Dinge ſelbſt, indem ſie an ihm ſelbſt irgend eine,
wenn auch unweſentliche Veränderung bewirkt. Als Thätigkeit nach
außen, Einwirkung auf Andres, äußert ſie ſich dagegen zugleich an einem
Andern, durch Veränderung eines Andern. Im erſten Falle, wenn ſie
nur an dem Dinge ſelbſt ſich äußert, erſcheint ſie als Qualität deſſel=
ben. Ebenſo äußert ſich die fundamentale Kraft, die wir Subſtanz
nennen, zunächſt und unmittelbar nur an dem Dinge ſelbſt, in ſeinem
Beſtehen, ſeiner Beſchaffenheit, ſeiner Weſenheit. Das heißt: die Qua=
litäten wie die Subſtanzen der Dinge ſind Thätigkeiten, die in der
Weiſe (Form) des Grundes thätig ſind, indem ſie in ihre That
nicht bloß über=, ſondern auch ein= und aufgehen. Dagegen iſt, wie
gezeigt, jede Thätigkeit des Dinges nach außen — ſofern dabei das
Ding ſubſtanziell beſtehen bleibt und nicht etwa als Ding verſchwindet
und zum bloßen Momente (Elemente) eines andern wird — nothwendig
in der Form der Urſache thätig. Das beſtehenbleibende Ding iſt eben
die Sache, welche der von ihr verſchiedenen Wirkung und damit einer
andern Sache gegenüber die Ur=Sache, weil die bedingende und beſtim=
mende Vorausſetzung der andern iſt. Grund und Urſache ſind mithin
die allgemeinen Thätigkeitsweiſen, nach welchen die Dinge hinſichtlich
ihrer Thätigkeit unterſchieden ſind. — Der Sprachgebrauch verwechſelt
zwar häufig beide Begriffe mit einander, was inſofern ſehr erklärlich iſt,

als es vielfach von dem Standpunkte der Betrachtung abhängt, ob eine Thätigkeit als Grund oder Ursache zu bezeichnen sey. ⌊Dennoch wird man allgemein sagen: der Grund (nicht: die Ursache) der Entstehung des Wassers ist die chemische Verbindung von Hydrogen und Oxygen. Denn mit der Entstehung des Wassers verschwinden die Molecüle des Sauer= wie des Wasserstoffs, die bisher für sich (als Dinge) bestanden hatten, und werden zu bloßen Elementen des Wassers, d. h. die sub= stanzielle Kraft, die bisher die (je zwei) Atome des Sauer= und des Wasserstoffs in der Einheit eines Molecüls Wasser= und Sauerstoff zu= sammengehalten hatte, wird durch die Anziehungskraft (Affinität), die das Sauerstoff a t o m auf das Wasserstoff a t o m und umgekehrt ausübt, überwunden und damit lösen sich jene Einheiten auf, d. h. die betref= fenden Sauer= und Wasserstoff = M o l e c ü l e bestehen nicht mehr für sich fort, sondern werden zu unselbständigen Elementen des Wassers. Es bleibt mithin nichts übrig, das als Ursache des Vorganges angesehen werden könnte. Der Vorgang beruht vielmehr ganz auf den Kräften der Sauer= und Wasserstoffatome und resp. der Wärme, und diese Kräfte, indem sie sich äußern, gehen als Thätigkeiten in ihre That, das ent= stehende Wasser, nicht nur über, sondern völlig in ihr auf. Ihre Thä= tigkeit äußert sich mithin in der Form des Grundes. — Ebenso sagen wir: ich hatte mehrere Gründe (— nicht: Ursachen) zu dieser Handlung. Denn die Gefühle (Affecte) und Vorstellungen, Strebungen, Zwecke ꝛc., die als Gründe unsrer Handlungen wirken, sind zunächst die Motive unsres Willensentschlusses, auf welchen die Handlung folgt: er ist dann der unmittelbare Grund der Handlung. Grund, nicht Ursache derselben: denn nachdem die Handlung vollzogen ist, kann von einem Entschlusse dazu nicht mehr die Rede seyn; der Entschluß besteht nicht mehr für sich als Entschluß, sondern nur noch in der Handlung fort als deren im= manentes Moment, durch das sie eine f r e i e That ist. Ebenso sind die Motive, nachdem der Entschluß gefaßt und die Handlung geschehen ist, nicht mehr Motive, nicht mehr für sich bestehende auf meinen Willen einwirkende Thätigkeiten, sondern sie sind in den Entschluß, in die Handlung, über= und eingegangen und bestehen nur noch fort als deren immanente Momente, durch die ihr m o r a l i s c h e r Werth bestimmt ist. — Wir sagen: diese Behauptung, diese Annahme hat ihren guten Grund, und meinen mit diesem Grunde die Wahrheit (Richtigkeit — Gewißheit — Evidenz) ihres Inhalts, die als solche nur Grund, nicht Ursache der Behauptung seyn kann: denn sie kann nicht außer, sondern nur in ihr, weil eben nur in ihrem Inhalte liegen. ⌊Man kann sagen: das Fließen (Fallen) des Wassers sey der Grund der Bewegung des Mühlrads; denn allerdings geht die Bewegung des Wassers fortwährend in die des Mühlrads über wie der Grund in seine Folge. Aber weil das Fließen des Wassers nur auf seiner Flüßigkeit (dem Grade der Co=

häsionskraft seiner Massentheilchen) und seiner Schwere beruht, diese
aber nur Modificationen seiner Substanz sind und von ihr in Einheit zu=
sammengehalten werden, geht die Bewegung des Wassers in die des
Rades nicht völlig ein und auf, sondern bleibt ihr zugleich gegenüber
bestehen, d. h. das Fließen des Wassers ist die Ursache der Bewegung
des Mühlrads. Dagegen sagt schwerlich Jemand: das Licht sey der
Grund des Sehens, sondern nur die Ursache (oder vielmehr Eine der
Ursachen) desselben. Und Niemand wird behaupten: der Mensch sey der
freie Grund seiner Thaten, sondern nur: der Urheber (die persönliche
Ursache) derselben 2c. | Sonach macht es einen großen Unterschied, ob
man annimmt, Gott sey der Grund, oder er sey der Urheber der Welt.
Anmerkung 2. Der alte Unterschied zwischen ratio und causa efficiens
reducirt sich bei näherer Betrachtung darauf, daß die s. g. causa effi=
ciens, d. h. irgend eine Thätigkeit oder wirkende Kraft, mag sie in der
Form des Grundes oder der Ursache sich äußern, selbst wiederum einen
Grund ihrer Wirksamkeit, Existenz, Beschaffenheit haben kann. | Darum
unterscheiden wir die ratio, d. h. den Grund, warum Etwas ist und
resp. so ist wie es ist, von der causa efficiens, d. h. von der Thätig=
keit, wodurch es ist und so ist wie es ist, — gleichgültig, ob es ein
reelles oder bloß ideelles Etwas, ein Ding oder eine Vorstellung ist. |
Denn der Grund, warum Etwas ist und eine bestimmte Beschaffenheit
hat, ist nothwendig auch der Grund der Thätigkeit, durch die Etwas
ist was es ist. | Und dieser Grund, die ratio, ist nothwendig selbst wie=
derum eine wenn auch nur bestimmende, leitende Thätigkeit. Denn
sonst würde die Existenz des Dinges und seine Beschaffenheit nicht ihre
Folge seyn noch sie selbst auf die causa efficiens irgend eine Einwir=
kung ausüben können: d. h. ratio und causa efficiens würden nur zu=
fällig zusammenstimmen, also auch das Ding, das ja doch unmittelbar
nur durch die causa efficiens ist was es ist, nur zufällig existiren
und mithin keinen Grund seines Daseyns haben. Diese Thätigkeit der
ratio, möge sie ein Zweck (Absicht, Wunsch 2c.) oder ein s. g. innerer
Drang, eine treibende Kraft 2c. seyn, geht aber stets in der von ihr
hervorgerufenen und resp. geleiteten, bestimmten Thätigkeit der causa
efficiens auch auf, sie bleibt nicht der vollzogenen That gegenüber be=
stehen, d. h. sie ist eben Grund, nicht Ursache. | Die ratio z. B. des
Aufgrabens der Erde ist die Lockerung des Humus behufs der Beförde=
rung des Wachsthums der Pflanzen, die causa efficiens die Arbeit des
grabenden Menschen. Nachdem das Aufgraben geschehen und der Zweck
erreicht ist, besteht er nicht mehr für sich, sondern nur noch immanent
in der durch ihn hervorgerufenen That und deren Folgen. | Der Grund
der Entstehung des Wassers ist die Nothwendigkeit desselben für die
Existenz lebendiger (organischer) Wesen, also ein Zweck, dem das Wasser
als Mittel dient: ist das Wasser entstanden, so giebt es keinen Grund

mehr für seine Entstehung, er ist nicht mehr für sich, sondern nur noch in dem entstandenen Wasser vorhanden, in welchem er sich insofern kundgiebt, wiefern es als Mittel zum Zweck erscheint. Sagt man dagegen mit den Zweck leugnenden Materialisten und Naturalisten: der Grund der Entstehung des Wassers sey die gegebene ursprüngliche Beschaffenheit des Sauer= und Wasserstoffs und resp. der Wärme, so verwechselt man die Begriffe, und giebt nicht die ratio, sondern nur die causa efficiens der Entstehung des Wassers an. Denn jene f. g. Beschaffenheit ist eben nur der Complex der Qualitäten und somit der Kräfte, die dem Sauer= und Wasserstoff und resp. dem die Wärme vermittelnden Aether inhäriren und deren Zusammenwirken unmittelbar die Entstehung des Wassers bewirkt. — Die ratio unsres Sehens, Hörens ꝛc. ist die Wahrnehmung der äußern Dinge, die Entwickelung des menschlichen Bewußtseyns (diese der Zweck, jenes das Mittel); die causa efficiens das Ein= und Gegenwirken der Aether= und Luftwellen und unsrer Sinnesorgane, d. h. die Wirksamkeit der diesem Zwecke gemäß thätigen, von ihm bestimmten Kräfte, durch deren Thätigkeit der Zweck sich erfüllt und die ratio ihrer Existenz und Beschaffenheit in ihn sich aufhebt. Mit der Erfüllung des Zwecks besteht der Grund der zweckmäßigen Thätigkeit nicht mehr für sich, sondern nur noch immanent in dem erreichten Zwecke. — Der Grund der Weltschöpfung ist die Liebe Gottes, die causa efficiens die schöpferische Allmacht Gottes: ist die Welt geschaffen, so ist kein Grund mehr sie zu schaffen; die Liebe, die sich bethätigen wollte und damit zum Motiv der Schöpfung ward, geht jetzt auf in ihrer Bethätigung. — Der Grund warum wir denken, Anschauungen, Vorstellungen, Begriffe uns bilden, ist die Bestimmung unsrer Seele, zum Bewußtseyn und Selbstbewußtseyn, zur Erkenntniß ihrer selbst und der Dinge zu gelangen; die causa efficiens unsre Denkkraft, unsre unterscheidende Thätigkeit. Der Grund unseres Forschens ist eben dieselbe Bestimmung unsrer Seele, womit der Wissenstrieb, das Streben nach Erkenntniß der Wahrheit gesetzt ist; die causa efficiens unsre wahrnehmende, beobachtende, experimentirende, folgernde und schließende, erkennende Thätigkeit, in welcher jener Trieb sich befriedigt, d. h. sich aufhebt. Die ratio cognoscendi, wenn damit der Grund gemeint ist, warum wir etwas für wahr halten, ist das Gefühl oder Bewußtseyn der Denknothwendigkeit, daß es so seyn müsse wie wir es denken, — ein Bewußtseyn, das durch eine Anzahl von Wahrnehmungen, Erwägungen, Schlüssen ꝛc. hervorgerufen seyn kann, welche dann als Gründe der Wahrheit (d. h. unsrer Gewißheit von jener Uebereinstimmung unsres Denkens mit dem Seyn) angeführt werden. Es ist klar, daß dieß Bewußtseyn nicht außer, sondern in der Erkenntniß liegt, die wir für eine wahre halten: es ist eben dasjenige Moment unsrer Vorstellung selbst, dasjenige Kriterium ihres Inhalts, durch das er als Wahrheit sich kundgiebt. Ist dagegen mit ratio cognoscendi der Grund gemeint, warum wir überhaupt etwas erkennen und unsre Erkenntniß so beschaffen ist wie sie ist, oder warum wir zur Erkenntniß der Wahrheit befähigt (getrieben — berufen) sind, so fällt er in Eins zusammen mit dem (ethischen) Zweck unsres Lebens und Daseyns überhaupt. Die causa efficiens unsrer Erkenntniß ist dagegen das Zusammenwirken des reellen Seyns mit unserm Erkenntnißvermögen. — Ueberall also ist die ratio — essendi wie cognoscendi — nur eine Kraft oder Thätigkeit, die in der Form des Grundes sich äußert; ratio und causa efficiens also logisch nur wie Grund und Ursache unterschieden. Vgl. Zeitschr. für Philos. 2c. Bd. XXXIII, S. 135 f. Halle, 1858.)

§ 51. Die ursächliche Thätigkeit eines Dinges ist eine immanente (causa immanens), wenn sie zwar nach außen geht und insofern ein Mit= oder Gegenwirken (Reagiren) anderer Dinge involvirt, ihre Wirkung aber nur das Ding selbst in seinem Seyn= für=Andres, also nur das Aeußere und die Erscheinung des Dinges selbst betrifft. Denn damit bleibt das die Thätigkeit vollziehende Ding zwar der Wirkung selbständig (substanziell) gegenüberstehen, aber die Wirkung tritt ihm nicht äußerlich (geschieden) gegenüber, sondern ist sein ihm selbst inhärirendes (immanentes) Moment, weil sie eben nur eine Veränderung seines eignen Aeußern ist. Die Ursache ist dagegen eine transeunte (causa transiens), wo die Thätigkeit des Dinges nicht nur nach außen geht, sondern auch seine That ihm äußerlich, relativ selbständig gegenübertritt, wo also seine Thätigkeit eine vorübergehende ist, weil sie nothwendig in und mit der Ablösung der Wirkung von ihrer Ursache endet. Die Begriffe der causa immanens und transiens sind insofern als Specialkategorieen für die Unterscheidung der ursächlichen Thätigkeit der Dinge zu betrachten, als jedes Ding in seiner ursächlichen Thätigkeit nothwendig sich selber ändert, aber auch nothwendig auf andre Dinge einwirkt und damit eine Wirkung außer ihm selbst hervorruft. — Diese äußere (transeunte) Wirksamkeit wird zur Wechsel= wirkung, wenn sie einer Gegenwirkung (Reaction) des andern Dinges begegnet. Denn in diesem Falle ist ihre Wirkung durch die Rückwirkung des andern Dinges bedingt und bestimmt, und wird insofern zugleich zur Ursache, als sie ihrerseits noch eine besondre Wirkung hervorruft, die nicht unmittelbar von ihrer Ursache ausgeht, sondern vielmehr von ihr (der Wirkung) aus ihre eigne Ursache be=

trifft. | Denn die Rückwirkung iſt nicht bloß die That des andern
Dinges, ſondern ebenſo ſehr von der Einwirkung auf daſſelbe,
alſo von der Wirkung, hervorgerufen. | Die Wirkung iſt mithin
ebenfalls Urſache der Rückwirkung, und ſomit Urſache der Verände=
rung, welche ihre eigne Urſache durch die Rückwirkung erfährt. | Eben
darin aber beſteht der Begriff der Wechſelwirkung, daß ſie als Wir=
kung mittelbar (durch die Rückwirkung des andern Dinges) zugleich
Urſache iſt. — Auch der allgemeine formale Begriff der Wechſel=
wirkung iſt mithin eine Specialkategorie für die Unterſcheidung der
urſächlichen Thätigkeit der Dinge, weil nothwendig alle Dinge nicht
nur überhaupt thätig, ſondern auch auf und gegen einander thä=
tig ſind.

Anmerkung. Man ſagt: der Grund des Fließens des Waſſers ſey ſeine
Flüßigkeit und Schwerkraft, alſo ſeine eigne Qualität, die Bewegung
des Fließens die bloße Folge derſelben. Allein das Waſſer fließt nicht
von ſelbſt; das Fließen iſt vielmehr die Folge des (durch irgend eine
andre Kraft) aufgehobenen Gleichgewichts ſeiner Theile und ſeines Stre=
bens, dieſes wiederzugewinnen (ſich au niveau zu ſetzen). Indem es in
Fluß kommt, verändert ſich ſein Aeußeres; aber ſubſtanziell bleibt es
was es iſt: es bleibt Waſſer, möge es fließen oder ſtehen. Die ſub=
ſtanzielle Beſchaffenheit (Weſenheit) des Waſſers iſt daher allerdings der
Grund des Fließens, aber doch zugleich von der Folge, dem Fließen
ſelbſt unterſchieden, d. h. das Waſſer, ſoweit das Fließen auf ſeiner
eignen Weſensbeſtimmtheit beruht, iſt die immanente Urſache deſſel=
ben. | Sofern es dagegen nur in Fluß kommt zufolge der Aufhebung
des Gleichgewichts ſeiner Theile, und ſofern die Bewegung des Fließens
hinſichtlich ihrer Geſchwindigkeit, Richtung ꝛc. durch die Beſchaffenheit
des Bodens bedingt und beſtimmt iſt, ſo iſt jene Aufhebung und dieſe
Beſchaffenheit die transeunte Urſache des Fließens und ſeiner beſtimmten
Bewegung. — | Die Thätigkeit, durch welche das Samenkorn zum Baum
aufwächſt, iſt für ſich, rein als ſolche, der bloße Grund, der in ſeine
Folge, die Exiſtenz des Baums, ein= und aufgeht. Wird dagegen das
Samenkorn von Seiten ſeiner Subſtanzialität und damit diejenige ſeine
ganze Beſchaffenheit bedingende Kraft in's Auge gefaßt, durch welche es
nicht nur zum Baum aufwächſt, ſondern auch eine ganz beſtimmte, von
andern unterſchiedene Pflanze wird und als ſolche im Wechſel der Er=
ſcheinung ſich erhält, ſo tritt der Erfolg dieſer Kraft zwar ihr ſelbſt
nicht äußerlich (geſchieden) gegenüber, ebenſo wenig aber geht ſie in die
Veränderungen, welche der Proceß des Wachsthums hervorruft und
durch welche das Aeußere des Baums beſtändig ſich ändert, völlig ein
und auf; vielmehr, obwohl ſie ſelbſt dieſe Veränderungen bewirkt, bleibt

sie doch kraft ihrer Identität mit sich, in der sich gleichbleibenden Form ihrer Thätigkeit, allen Veränderungen gegenüber unverändert bestehen, ist also nicht der Grund, sondern die immanente Ursache der Existenz und Beschaffenheit des Baums. Dieselbe Thätigkeit wird zur transeunten Ursache, sofern sie eine Frucht hervorbringt, die von selbst vom Baume sich ablöst und als besondres Ding für sich fortbesteht. Aber auch der Baum selber ist die Wirkung einer transeunten Ursache, sobald darauf gesehen wird, daß sein Aufwachsen aus dem Samenkorn nicht bloß durch dessen substanzielle Thätigkeit, sondern zugleich durch andre mitwirkende Kräfte, des Lichts und der Wärme, der Luft, der Feuchtigkeit ꝛc. bewirkt wird. — Ein ebenso klares als einfaches Beispiel von Wechselwirkung bietet das Billardspiel dar. Trifft der Ball A in einem bestimmten Winkel auf den Ball B, so bewirkt das Zusammentreffen daß B in einem bestimmten Winkel sich fortbewegt. Aber eben diese Wirkung bewirkt zugleich, daß auch A die Richtung seiner Bewegung ändert und in einem bestimmten Winkel von ihr abweicht. Dieser Erfolg ist unmittelbar hervorgerufen durch die Widerstands- oder Repulsionskraft des einen Balles gegen den andern. Aber diese Kraft bewirkt nicht a l l e i n jene Veränderung in der Richtung und Bewegung von A, sie wirkt vielmehr nur dazu m i t. Denn die Veränderung würde nicht erfolgen, wenn A nicht auf B sich hinbewegte und mit B zusammenträfe, und sie würde in einer andern Richtung erfolgen, wenn A in einem andern Winkel auf B träfe. Die veränderte Richtung von A ist mithin zugleich ebenso sehr verursacht durch seine e i g n e Bewegung und deren Bestimmtheit, und mithin übt sein Zusammentreffen mit B, welches die Wirkung der ursprünglichen Bewegung von A ist, zugleich als diese Wirkung (mittelst der Rückwirkung) eine Wirkung auf die Bewegung von A, also auf ihre eigne Ursache aus. — In jedem Organismus ist eine beständige Wechselwirkung seiner Glieder und Systeme: das Nervensystem wirkt auf das Blut- und Muskelsystem und dieses auf jenes, so daß die Einwirkung des einen auf das andre mittelst der Rückwirkung zur Wirkung auf ihre eigne Ursache wird. Mit der Störung dieser gesetzlich geordneten, harmonischen Wechselwirkung tritt Krankheit oder Tod ein. —

§ 52. In ihrer Wechselwirkung wie in ihrem Mit = und Auf = einander = wirken überhaupt sind die Dinge hinsichtlich ihrer Thätigkeit insofern bedingt, als ein solches Wirken nur möglich ist, wenn und sofern die Dinge beisammen sind oder zusammentreffen. Ist also eine bestimmte Wirkung nur durch das Zusammenwirken mehrerer Dinge möglich, so kann sie nur entstehen, wenn jene Bedingung sich erfüllt. So lange eines der Dinge oder eine der Kräfte, die zur Entstehung der Wirkung erforderlich sind, fehlt oder von den übrigen getrennt ist, sind diese in Beziehung auf die bestimmte Wirkung nothwendig unthätig, unwirksam.) Dasselbe findet statt, wo eine Kraft, ihrer Naturbestimmtheit (Wesenheit) nach, dergestalt unter der Botmäßig= keit (Ein = oder Gegenwirkung) einer bestimmten andern steht, daß sie nur in Wirksamkeit übergehen kann, wenn sie von der andern dazu bestimmt oder freigelassen wird. Eine solche bedingte Kraft oder Thätigkeit, die sich nur äußert, wenn die Bedingung eintritt, nennen wir ein bloßes Vermögen.| Geht das Vermögen mit dem Eintreten der Bedingung in Wirksamkeit über, so wird es zur Ener= gie, d. h. zu einer ursächlichen Thätigkeit, deren Wirkung nicht nur von der Wesensbestimmtheit und resp. von dem Maaße des Vermö= gens, sondern auch von der Natur und der Stärke der mitwirkenden, sie entbindenden Bedingung abhängt.| Ob alle Kräfte, die es giebt, bloße Vermögen seyen, hat nicht die Logik, sondern die Naturwissen= schaft, die Anthropologie, die Metaphysik zu entscheiden.| Aber so weit die Bedingtheit der wirkenden Kräfte reicht — und die Na= turwissenschaft behauptet dieselbe von allen Naturkräften —, so weit reicht nothwendig der Unterschied zwischen Vermögen und Energie, d. h. alle bedingten Kräfte sind als solche nothwendig in Bezie= hung auf Vermögen und Energie unterschieden und zu unterschei= den.| Und demgemäß sind auch diese beiden Begriffe als Special= kategorieen der ursächlichen Thätigkeit der Dinge zu betrachten. —

Anmerkung. Das Wort Kraft bezeichnet dem Sprachgebrauche ge= mäß bald eine bedingte Thätigkeit, also ein bloßes Vermögen, bald aber auch jede — bedingte oder unbedingte — Thätigkeit, die wir rein als solche fassen, und somit nur als das was sie thun kann, abgesehen davon, was sie realiter thut und resp. gethan hat; bald endlich auch eine solche Thätigkeit, die äußerlich unthätig (als bloßes Vermögen) erscheint, indem sie, wie z. B. die Kraft der Substanzialität der Dinge oder die Schwerkraft des ruhenden, festliegenden Steins, nur innerliche in den Dingen immanente Thätigkeit ist. Diesem Sprachgebrauche gemäß haben wir bisher das Wort angewendet.| Von jetzt an werden wir bestimmter unterscheiden, und für jede Kraft oder Thätigkeit, deren Bedingtheit wir hervorheben wollen, das Wort Vermögen brauchen. Denn letzteres bezeichnet nach allgemeinem Sprachgebrauche immer nur eine bedingte Kraft oder Thätigkeit.1) So prädicirt der Physiker dem Glase, dem Siegellack, dem Katzenfell 2c., nur das Vermögen der Elektricität, weil jene Dinge nur Elektricität entwickeln, wenn sie ge= strichen werden. Ebenso sagen wir: das Samenkorn hat das Vermögen

eine Pflanze zu werden, oder: es ist nur potentiâ Pflanze, weil es nur
zur Pflanze aufwächst wenn Feuchtigkeit, Wärme, Luft ꝛc. mitwirken.
Der Mensch besitzt nur das Vermögen der Vernunft, weil er nur ver=
nünftig wird, wenn der Verkehr mit andern Menschen, Erziehung, Un=
terricht (Erlernen der Sprache) hinzutritt. Die Bedingung ist überall
dieses Hinzutreten oder Zusammentreffen derjenigen Kräfte und Thätig=
keiten, die zur Hervorbringung des bestimmten Erfolgs nothwendig sind.
Sobald sie eingetreten ist, hebt sie sich daher als Bedingung unmit=
telbar auf und wird zur mitwirkenden Thätigkeit derjenigen Wir=
kung, deren Bedingung sie war. Denn eine erfüllte Bedingung ist
keine Bedingung mehr, und eine Bedingung, deren Eintreten keine
Folge oder Wirkung hätte, also eine Bedingung, die keine Kraft oder
Thätigkeit wäre, ist eine contradictio in adjecto. Eben darum hängt
nothwendig die Energie, mit der ein Ding, eine Kraft wirkt, d. h.
die Wirksamkeit, in die das Vermögen mit dem Eintreten der Bedingung
übergeht, nicht nur von der Natur des Vermögens selbst, sondern auch
von der es in Wirksamkeit setzenden Kraft (Thätigkeit) der Bedingung,
also von deren Beschaffenheit und Stärke ab. Wir sagen daher: N ist
ein sehr energischer Mensch, d. h. er besitzt nicht nur ein hohes Maaß
geistiger und resp. leiblicher Kräfte, Fähigkeiten ꝛc., sondern auch seine
diese Vermögen erst in Wirksamkeit setzende Willenskraft ist größer als
bei andern Menschen. In demselben Sinne spricht der Botaniker von
der größeren Energie des vegetabilischen Wachsthums in den tropischen
Gegenden, weil dort nicht sowohl die innere Lebenskraft der Pflanzen
selbst größer ist, als vielmehr die Bedingungen ihres Wachsthums, na=
mentlich die Wärme, stärker wirken. Und ebenso redet der Physiker von
der größeren Energie eines plötzlichen, momentanen Stoßes, weil die
Wirksamkeit einer mechanischen Kraft von der Geschwindigkeit (Kürze
der Zeit), mit der sie wirkt, bedingt ist. —

§ 53. Das Vorhandenseyn einer oder einiger solcher Kräfte,
die als bloße Vermögen eine bestimmte Wirkung (Sache) nur her=
vorbringen können, wenn die Bedingung eintritt, ist die s. g. reale
Möglichkeit der Sache; das Gegentheil, also das Nichtvorhanden=
seyn der Kräfte, oder das Unvermögen der Bedingung einzutreten,
die s. g. reale Unmöglichkeit. — Die reale Möglichkeit geht
in Wirklichkeit über, sobald die Bedingung eintritt: damit wer=
den die Vermögen zu Thätigkeiten, und bringen die bestimmte Wir=
kung hervor, d. h. verwirklichen die Sache, um die es sich handelt.
Aber nachdem die Bedingung eingetreten, wird die Sache nicht
bloß wirklich, sondern sie muß wirklich werden, weil mit dem Vor=
handenseyn der Ursache nothwendig auch die Wirkung gesetzt ist. Diese

Nothwendigkeit fällt indeß realiter mit der
Eins zusammen. „Denn realiter ist nur die Thatsache
; mit der Ursache auch die Wirkung gegeben ist.' Nur
arauf reflectiren, daß die Ursache durchaus nicht
ung seyn (gedacht werden) kann, weil sie sonst nicht
wird die Wirkung zu einer Nothwendigkeit, und diese
zum Grunde der Wirklichkeit, die Wirklichkeit zu ih=
h. erst damit entsteht der Unterschied zwischen Wirklich=
r Nothwendigkeit. Dasselbe gilt vom Begriffe der
it. Indem wir uns veranlaßt finden anzunehmen,
Fällen die zur Hervorbringung der Sache erforderli=
und resp. Bedingungen durch eine bestimmte Ursache
cht werden und somit zusammentreffen und wirken müs=
mit für uns eine doppelte Nothwendigkeit vorhanden.
ist nicht nur die Wirkung (das Wirklichwerden der
endig, weil ihre Ursache vorhanden ist, sondern auch
: (das Zusammentreffen der erforderlichen Kräfte) ist
eil sie ihrerseits wiederum die Wirkung einer bestimm=
. Von dieser doppelt nothwendigen Wirkung unter=
nn die einfach nothwendige. Jene ist nicht nur als
dern auch hinsichtlich ihrer Ursache nothwendig, diese
u r als Wirkung nothwendig, hinsichtlich ihrer Ursache
n zufällig, als die Bedingungen ihrer Verwirkli=
nicht zusammentreffen mußten, ebenso wohl auch ge=
konnten, in welchem Falle die Wirkung nicht eingetre=
. So entsteht uns der Begriff der Zufälligkeit. Denn
ineswegs nur dasjenige Gewordene (Ding oder Ereig=
nen Grund, keine Ursache hätte, — ein solches giebt
r nicht und kann es, für uns wenigstens, nicht geben,
tbar ist, — sondern nur dasjenige, dessen Daseyn
ig erscheint, weil es die Wirkung einer vorhandenen Ur=
aber nicht wirklich zu werden brauchte, weil seine
ommenermaaßen) auch nicht vorhanden seyn konnte, oder
st, weil seiner causa efficiens die ratio, der Grund
und Wirkens fehlt. — Allein genauer zugesehen ist
. reale Möglichkeit und Unmöglichkeit realiter eben=
anden, als die s. g. abstracte Möglichkeit und Un=

möglichkeit, d. h. die bloße logische Denkbarkeit und resp. Undenkbar=
keit eines Dinges, die als bloße Vorstellung von jener unterschieden
zu werden pflegt. Denn in Wahrheit ist dasjenige Ding, zu dessen
Verwirklichung zwar eine oder einige, nicht aber alle erforderlichen
Kräfte (Bedingungen) vorhanden sind, realiter ebenso unmöglich
als dasjenige, zu dessen Verwirklichung keine einzige Bedingung vor=
handen oder das vorhandene Vermögen schlechthin nicht ausreichend
ist. Mithin ist diese s. g. reale Unmöglichkeit, diese bloße Negation,
offenbar nichts Reales, sondern nur unsre Vorstellung. — Sonach
aber sind die erörterten fünf Begriffe keine logischen Kategorieen.
Denn sind die Dinge nicht an sich, realiter ihnen gemäß unter=
schieden; giebt es vielmehr realiter nur Wirkliches, so ist es zwar wohl
Sache unsrer forschenden erkennenden Thätigkeit zu ermitteln,
ob dieß Wirkliche nur zufällig oder nothwendig so und nicht anders sey,
so wie was unter den gegebenen Verhältnissen, nach der gegebenen
Natur der Dinge, der wirkenden Kräfte und ihrer Bedingungen, als
möglich und resp. unmöglich zu erachten sey. Aber die Logik hat
mit diesen Fragen nichts zu schaffen. Sie hat vielmehr nur dieje=
nigen Kategorieen zu ermitteln und aufzustellen, nach denen wir die
Dinge unterscheiden müssen, um sie überhaupt auffassen zu können,
und nach denen die Dinge realiter unterschieden sind und resp.
seyn müssen, wenn es mannichfaltige Dinge, ein mannichfaltiges Ge=
schehen 2c. geben soll. Solche logisch kategorische Begriffe sind aber
die obigen fünf schon darum nicht, weil die Dinge nur entweder
möglich oder unmöglich, entweder wirklich oder bloß möglich,
entweder nothwendig oder zufällig sind, d. h. weil diese fünf Be=
griffe auch nicht einmal innerhalb unsrer Reflexion allgemeine
Unterschiedskriterien, sondern vielmehr bloße Theilungsbegriffe sind,
unter die wir die Dinge unterordnen, nachdem wir sie in Beziehung
auf Vermögen und Energie und damit hinsichtlich der Bedingungen,
Gründe und Ursachen ihrer Entstehung unterschieden haben. — Eben
darum aber kann die Logik doch nicht unterlassen, sie zu erörtern
und ihre Bedeutung festzustellen. Denn ergeben sie sich implicite
als Theilungs = und damit Unterschiedsbegriffe aus der Unterscheidung
der Dinge nach Vermögen und Energie, Grund und Ursache, so ha=
ben sie insofern zugleich eine logische Bedeutung, als sie die verschie=
denen Beziehungen ausdrücken, in denen die kategorischen Begriffe

von Vermögen und Energie, Bedingung, Grund und Ursache zu ein=
ander stehen können. —

Anmerkung. Beispiele: Wasser kann entstehen — reale Möglichkeit —,
wenn Hydrogen und Orygen zusammentreffen; es entsteht (wird)
wirklich, wenn Wärme (Glühhitze) hinzutritt. Es kann nicht ent=
stehen — reale Unmöglichkeit —, wenn Hydrogen oder Orygen nicht
vorhanden oder beide nicht beisammen sind oder die Wärme nicht hin=
zutreten kann. |Denkbar ist es, daß Wasser bergauf fließe: denn es
involvirt keinen logischen Widerspruch; aber diese abstracte Möglich=
keit ist eine reale Unmöglichkeit, weil die Schwerkraft nothwendig das
Gegentheil bewirkt. | Wasser entsteht zufällig, wenn das Beisammen=
seyn oder Zusammentreffen von Sauerstoff, Wasserstoff und Wärme
(Bewegung der Aetheratome) insofern keinen Grund und keine Ur=
sache hat, als es nicht von irgend einer andern Thätigkeit her=
beigeführt worden, sondern etwa nur auf dem bloßen (unentstande=
nen) Vorhandenseyn jener Elemente oder doch nur auf ihrer eignen
nicht weiter motivirten Selbstbewegung beruht. Wasser entsteht dagegen
nothwendig, wenn jene drei Elemente als Bedingungen seiner Eri=
stenz von einer bestimmten andern Kraft zusammengebracht oder durch
dieselbe so gesetzt und bestimmt sind, daß sie zusammentreffen müssen.|
Der vom Dach fallende Ziegel erschlägt einen Menschen zufällig,
wenn wir annehmen, daß die beiden Bedingungen des Todes, das Fal=
len des Steins und die Anwesenheit des Menschen am Orte des Falles,
von keiner dritten Macht so combinirt worden sind, daß sie zusammen=
treffen mußten. Nehmen wir das Gegentheil an, so ist die Tödtung
des Menschen kein Zufall, sondern mußte erfolgen. —

§ 54. Indem wir die Dinge nach Grund, Ursache, Wechsel=
wirkung, Vermögen und Energie, und damit in Beziehung auf die
wirkenden Kräfte ihrer Entstehung, Beschaffenheit und Wesenheit un=
terscheiden, drängt sich uns in und mit den Ergebnissen, die wir ge=
winnen, unwillführlich noch ein andrer Gesichtspunkt unsrer unter=
scheidenden Thätigkeit auf. |In und mit jener Unterscheidung näm=
lich ergiebt sich uns einerseits ein Zusammenhang nicht nur der Er=
scheinungen selbst, sondern auch ihrer Gründe und Ursachen, andrer=
seits ein Zusammentreffen und Zusammenwirken mehrerer Kräfte
zur Hervorbringung einer bestimmten Wirkung; | zugleich aber erschei=
nen diese Gründe und Ursachen, Kräfte und Vermögen vielfach so
beschaffen und disponirt, daß sie in bestimmter Weise einander fol=
gen, in einem bestimmten Punkt zusammentreffen, also eine be=

stimmte Wirkung haben mußten. | Eben damit aber drängt sich uns
die Annahme auf, daß dieselben so bestimmt und disponirt seyen, damit durch ihre Aufeinanderfolge und resp. durch ihr Zusammentref=
fen ein bestimmter Erfolg erreicht werde, daß also die Erreichung
dieses Erfolgs der Grund und das Ziel ihrer Zusammenordnung
und ihres Zusammentreffens sey, — d. h. wir können nicht umhin,
die Begriffe von Zweck und Mittel, die wir uns gebildet ha=
ben indem wir nach ihnen unwillführlich unsre eignen Handlun=
gen unterschieden, auf die Ereignisse der Natur zu übertragen. Ob
wir zu dieser Uebertragung berechtigt seyen, mag immerhin frag=
lich erscheinen; genug wir vollziehen sie unwillführlich, und sind
uns nicht einmal bewußt, daß es eine Uebertragung ist. Das
ist unzweifelhafte Thatsache des Bewußtseyns. | Der Grund davon
liegt zunächst darin, daß wir durch unsre eigne Natur (Wesensbe=
stimmtheit) und deren Verhältniß zu den Dingen uns genöthigt
sehen, nach gewissen Zwecken thätig zu seyn. | Denn unsre leiblichen
wie geistigen Bedürfnisse, Triebe, Strebungen ꝛc. finden nicht un=
mittelbar und von selbst ihre Befriedigung. Es bedarf dazu unsrer=
seits einer mannichfaltigen Thätigkeit, welche ihre eignen einzelnen
Acte wie die äußern Dinge als Mittel verwenden muß, um zu je=
nem Ziele zu gelangen. | Indem wir auf sie reflectiren (sie uns
zum Bewußtseyn bringen), unterscheiden wir, anfänglich unwillführ=
lich und unbewußt, unsre eignen Handlungen und resp. die Dinge
nach der unserm Verstande immanenten Kategorie des Zwecks und
des Mittels. Und indem wir weiter die damit gesetzten Unterschiede,
die mannichfaltigen Zwecke und Mittel, wiederum von einander un=
terscheiden und unter einander vergleichen, gewinnen wir den Begriff
von Zweck und Mittel. | Und zwar zunächst den Begriff der End=
ursache als einer ursächlichen Thätigkeit, für welche die erst hervor=
zurufende Wirkung nicht nur der Grund ihres Thuns ist, sondern
auch ihr Thun dergestalt bestimmt und leitet, daß das Hervor=
gehen der Wirkung daraus resultirt, für welche also die erst hervor=
zubringende Wirkung nicht nur der Grund, sondern auch das Ziel
(Ende) ihres Thuns ist. | Der Zweck als Zweck ist begrifflich eben
dieses Ziel, dem gemäß und um dessen Erreichung willen die end=
ursächliche Thätigkeit wirkt. | Ihr eignes Thun, die einzelnen Acte
in die es zerfällt, und resp. die anderweitigen Kräfte, die sie zur

Verwirklichung des Zwecks verwendet, zusammenbringt, in Wirksam=
keit setzt, sind die Mittel. | Das Mittel ist mithin begrifflich
die causa efficiens, die unmittelbare Ursache des bezweckten Erfolgs;
die Wirksamkeit aber und resp. die Existenz und Beschaffenheit die=
ser ursächlichen Thätigkeit ist durch die endursächliche bestimmt und
bedingt, während letztere wiederum von dem zu erreichenden Zweck
als dem Grunde und Ziele — der ratio — ihres Thuns bestimmt
und geleitet wird. ╫ Wenn wir dann weiter diese so entstandenen
kategorischen Begriffe unwillkührlich auf die Natur übertragen, d. h.
nicht nur ihnen gemäß die erscheinenden Dinge hinsichtlich ihrer
Causalität, ihres Mit = Auf = und Gegeneinander = Wirkens unterschei=
den, sondern auch annehmen, daß ihnen gemäß die Dinge an sich,
realiter hinsichtlich ihres Wirkens unterschieden sind, | so liegt
der Grund davon einerseits wiederum in der Natur unsres eignen
Denkens: darin nämlich, daß wir uns keine bestimmte Thätig=
keit, keine bestimmte Bewegung, kein bestimmtes Zusammen=
wirken bedingter Kräfte zu denken vermögen, das nicht auch eine be=
stimmte Richtung, ein bestimmtes von andern unterschiedenes Ziel
und Resultat hätte. | Darum müssen wir annehmen, daß die man=
nichfaltigen Kräfte und Thätigkeiten nicht bloß nach ihren Aeuße=
rungen überhaupt, sondern auch in Beziehung auf die Resultate und
Zielpunkte, auf welche ihre Wirksamkeit hinausgeht, unterschieden
seyen. | Und wo das Resultat nur durch das Zusammenwirken
und Ineinandergreifen bestimmter Kräfte gewonnen wird und doch
ein beständiges, in sich harmonisches, regelmäßig wiederkehrendes ist,
können wir nicht umhin, das Resultat als dasjenige zu fassen, um
dessentwillen die Kräfte gerade so und nicht anders bestimmt
sind, um dessentwillen sie wirken und die Vermögen in Thätigkeit
gesetzt werden, d. h. anzunehmen, daß diese und diese bestimmten
Thätigkeiten nur stattfinden, damit solche bestimmte Resultate ge=
wonnen werden. ╵ Andrerseits aber sind es die Naturerscheinungen
selbst, die — in vielen Fällen wenigstens — uns jene Annahme
aufnöthigen. Denn viele Thatsachen und Dinge wie allgemeine Ver=
hältnisse und Zustände vermögen wir uns in ihrer Entstehung, Fort=
dauer, Beschaffenheit rc. nicht zu erklären, d. h. uns die Gründe
und Ursachen derselben nicht vorstellig zu machen, ohne anzunehmen,
daß eine endursächliche Thätigkeit ihrem Entstehen und Bestehen

zu Grunde liege.*) Insbesondre aber geben sich in der Natur mit unzweifelhafter Gewißheit so mannichfache Kräfte und Thätigkeiten kund, die nicht nur mit=auf=und gegeneinander wirken, sondern auch sich gegenseitig bedingen und bestimmen, daß wir nicht umhin können, die Natur als Ein großes Ganzes zu fassen. Das Bestehen eines solchen Ganzen aber vermögen wir uns nicht zu denken ohne zugleich denken zu müssen, daß alle natürlichen Kräfte und Thätig=

---

*) Unwillkührlich z. B. drängt sich uns der Gedanke auf, daß die Anziehungskraft der Sonne und die Wurf= oder Schwungskraft (Tangentialbewegung) der Planeten so genau in's Gleichgewicht gegen einander gesetzt sind, damit die Planeten in ihren elliptischen Bahnen regelmäßig um die Sonne kreisen; —daß die Erde gerade so viel Wärme in den Weltraum beständig ausstrahlt, als sie durch die Wärmestrahlen der Sonne wieder empfängt, damit die beständige, für die Erhaltung der physikalischen, chemischen und organischen Processe ebenso nothwendige Störung als Wiederherstellung des Gleichgewichts der Wärme Platz greife; — daß die einfachen Stoffe (Elemente) der unorganischen Natur nur darum in bestimmten, sich gleich bleibenden Proportionen chemisch sich verbinden, damit, trotz der fortwährenden Mischung und Entmischung der Stoffe unter dem veränderlichen Einfluß von Licht, Wärme und Elektricität, doch dieselben Arten mineralischer Körper sich immer wieder reproduciren; —daß die Ackererde nur darum alle zur Ernährung der Pflanzen nothwendigen Stoffe, Kali, Kieselsäure, Ammoniak, Phosphorsäure, so ängstlich festhält und nichts von ihnen an das durchlaufende Regenwasser abgiebt, sondern sie vielmehr dem letztern vollständig entzieht, damit die Pflanzen die nöthigen Nahrungsstoffe finden und das Pflanzenreich sich erhalte; —daß die atmosphärische Luft nur darum so componirt ist wie sie es ist, und diese Composition, obwohl durch das Athmen der Thiere (das den Sauerstoff in Kohlensäure verwandelt) beständig gestört, doch durch den Lebensproceß der Pflanzen (die die Kohlensäure zersetzen und den Kohlenstoff absorbiren), nur darum immer wieder hergestellt wird, damit Thiere und Pflanzen fortleben können. — Wir finden bei den Thieren nur da Schneide= und Fangzähne, wo das Thier für seine Ernährung auf das Zerreißen von Fleisch ꝛc. angewiesen ist, nur da Krallen, wo es vom Raube und Beutemachen, nur da kurze schaufelförmige Füße, wo es (wie der Maulwurf) durch Aufgraben der Erde, nur da Schwimmhäute, wo es auf dem Wasser zu leben bestimmt ist. — Nicht vom Gehen und Arbeiten, sondern von selbst, schon im Mutterleibe bekleidet sich die Fußsohle und die innere Handfläche des Menschen mit einer dickeren Haut. Bei allen höhern Thieren bilden sich bereits im Mutterleibe, im bebrüteten Ei die Organe der Lunge, des Auges und Ohrs, lange bevor eine Berührung mit der Luft, eine Reizung des Sehnerven durch die Aetherschwingungen, des Gehörnerven durch die Schallwellen stattfinden kann. Und überall sind diese Organe genau so geformt, so übereinstimmend nicht nur mit der Lebensbestimmung des Thiers, sondern auch mit der Natur des Lichts und der Luft, wie es nothwendig erscheint, wenn Lunge, Auge und Ohr ihren Zweck erfüllen sollen; das Auge des Fisches ist genau gemäß dem Gesetze der Lichtstrahlenbrechung im Wasser construirt, während seine Kiemen ebenso genau dem dichtern Elemente entsprechen, das für die Fische die Stelle der Luft vertritt. Der menschliche Körper erhält sich nur dadurch am Leben, daß das Blut fortwährend in jedem einzelnen Gliede, je nach dessen Bestimmung, das Verbrauchte, Schädliche auffangt und fortführt, das Zweckdienliche dagegen herbeischafft, indem es in den Knochen phosphorsauren Kalk, in den Muskeln Stickstoff, in den Speicheldrüsen Speichel, in den Ohren Ohrenschmalz, in den Augen krystallhelle Gallert, in den Nägeln und Haaren Hornstoff, in den Nerven Hirnsubstanz, in der Gallenblase Galle, in der Bauchspeicheldrüse Pankreassaft, im Darmcanal Darmschleim, in den Nieren Urin, in den Lungen Kohlensäure absetzt, jeden Stoff zur rechten Zeit, am rechten Ort, in gehöriger Menge, im richtigen Mischungsverhältniß, genau so wie es der Zweck des Ganzen, die Bestimmung jedes einzelnen Gliedes, das Leben, die Entwickelung und Fortdauer des Organismus erfordert. Dieser Proceß wiederholt sich, mutatis mutandis, bei allen Thieren und, wenn auch in viel einfachern Formen, bei allen Pflanzen. Und damit er sich vollziehe, ist nicht nur ein harmonisches Mitwirken und ein ständiges Gleichgewicht der großen (physikalischen und chemischen) Kräfte der unorganischen Natur nothwendig, sondern sogar eine stetig sich wiederholende Störung dieses Gleichgewichts, die doch ein gewisses Maaß nicht überschreiten und immer wieder zum Gleichgewicht zurückkehren muß.

teiten so bestimmt seyen, daß ihr Wirken das Bestehen des Ganzen nicht hindre, sondern im Gegentheil fördere und stütze. ' Eben damit aber fassen wir nothwendig das Bestehen des Ganzen als Zweck, die einzelnen Kräfte und ihre bestimmte Wirksamkeit als Mittel zur Realisirung des Zwecks. '— Ebenso endlich vermögen wir uns das Bestehen und Walten von Naturgesetzen nicht zu denken, ohne den Zweckbegriff damit in Verbindung zu bringen. Denn wir sind außer Stande uns eine gesetzmäßige Wirksamkeit der Naturkräfte vorzustellen, ohne implicite anzunehmen, daß die Naturkräfte gemäß dem Gesetze, das sie erfüllen, bestimmt und gesetzt seyen: nur wenn sie gerade so beschaffen sind, wie das Gesetz es fordert, kann ihr Wirken und insbesondre ihr Zusammenwirken ein gesetzmäßiges seyn. / Sonach aber ist nothwendig das Gesetz das Prius ihrer Bestimmtheit und bestimmten Wirksamkeit; der Grund, warum, und das Ziel, um dessentwillen sie so und nicht anders bestimmt sind, d. h. ihre Bestimmtheit und bestimmte Wirksamkeit sind die Mittel, damit Gesetzmäßigkeit und Ordnung in der Natur herrsche.*) / Wirken endlich alle Kräfte und Vermögen in der Natur dergestalt zusammen, mitauf= und gegeneinander, daß keine einzelne Wirkung zu Stande kommen kann ohne die nähere oder entferntere Betheiligung aller, so ist auch ein einzelnes zweckmäßiges Geschehen z. B. unser eignes zweckmäßiges Handeln nur möglich, ein einzelner Zweck nur realisirbar, wenn alle Kräfte so bestimmt sind, daß sie zur Ausführung desselben mitwirken können und müssen, d. h. wenn ihre Beschaffenheit und Wirksamkeit eine zweckmäßige ist. /— Sonach aber können wir nicht umhin, überall in der Natur Zwecke und Mittel zu erblicken und resp. vorauszusetzen, d. h. die Dinge in Beziehung auf die Zweckmäßigkeit ihrer Beschaffenheit und Wirksamkeit, die Ereignisse nach Zweck und Mittel zu unterscheiden. —

Anmerkung. Der Zweck ist ein äußerlicher oder transeunter, wenn die Mittel (die causae efficientes) und resp. die sie anwendende

---

*) Das Gesetz der Gravitation kann nur bestehen, wenn die ponderabeln Atome so beschaffen sind, daß sie zu Massen sich vereinigen und daß mit der Vergrößerung der Massen ihre gegenseitige Anziehungskraft in geradem Verhältniß zunimmt, mit ihrer Entfernung von einander im Verhältniß des Quadrats derselben abnimmt. Die Gesetze der chemischen Proportionen sind nur möglich, wenn die mannichfaltigen Atome gerade so beschaffen sind, daß sie nicht nur überhaupt eine mannichfach verschiedene Affinität zu einander besitzen, sondern diese Affinität auch eine nach Grad und Maaß so bestimmte, geregelte ist, daß eben nur eine bestimmte Anzahl von Atomen mit einer bestimmten Anzahl anderer sich chemisch verbinden. u. s. w.

Endurſache dem bezweckten Erfolge unterſchiedlich gegei
ben. | Jede zweckmäßige Werkthätigkeit des Menſchen
und Schuſters, wie des Staatsmanns, des Künſtlers,
eines transeunten Zwecks und ſeiner Ausführung. ' J
gegen giebt es ober erſcheinen wenigſtens nur imm(
liche Zwecke, d. h. die Mittel, die zweckmäßig wirken
erſcheinen ſo beſchaffen, daß ſie von ſelbſt zur Realiſi
hinwirken (zuſammenwirken), und alſo den Zweck als
und leitende Motiv ihrer Wirkſamkeit in ſich tragen
ſo erſcheint es uns — bewegen ſich die Planeten in zu
nung um die Sonne und gleichen ſich die Störungen
wieder aus; von ſelbſt vollziehen ſich die chemiſchen
Proceſſe der Atmoſphäre und erfüllen ihren Zweck; voi
innere Beſtimmtheit ſeiner Vermögen wächſt das S
zweckmäßiger Mitwirkung von Licht, Wärme, Luft ꝛc.
u. ſ. w. — Ebenſo kann die Endurſache eine immai
eunte ſeyn. | Iſt ſie eine immanente d. h. in den Mit
nent wirkſam, ſo iſt auch in Beziehung auf ſie der
uenter, und Endurſache, Mittel und Zweck bilden nur
terſchiedene Einheit, — wie z. B. bei der zweckgemi
Thätigkeit des Menſchen, bei den Forſchungen des Gele
ceptionen und Entwürfen des Dichters und Künſtlers, t
und Entſchlüſſen des Staatsmanns. | Iſt ſie dagegen
ſo iſt zwar der Zweck ihr gegenüber nothwendig ebei
eunter, aber in Beziehung auf die Mittel kann der
neuter ſeyn, wenn und ſofern die Endurſache die Mi
ſelbſt anwendet noch in ihnen wirkſam iſt, aber ſie b
gemäß geſetzt und beſtimmt hat, daß ſie dem Zwec
und von ſelbſt ihn realiſiren (— eine ſolche Endurſac
der deiſtiſchen Weltanſchauung gegenüber den wirkent
Natur). Aber nur dem realiſirten Zwecke oder
Erfolge gegenüber kann die Endurſache eine tran
So lange er noch nicht realiſirt iſt, bildet er mit ihr
in ſich unterſchiedene Einheit. Denn ſofern er das T
ſache beſtimmt (motivirt), kann er nicht eine von ihr
ſondre Thätigkeit ſeyn, weil ſonſt die Endurſache nicht (
dern bloßes Mittel wäre. | Er kann aber auch nicht ſch
mit ihr ſeyn; denn er iſt nicht die Endurſache ſelbſt,
als Grund (ratio) ihrer Thätigkeit wie als Erfolg be
unterſchieden. | Dieſe in ſich unterſchiedene Einheit von
Zweck kann aber nur auf einer ſich in ſich unterſcheide
der Endurſache beruhen. | Denn die Endurſache als ſolc
nur denkbar, wenn ſie den Zweck nicht nur wie die Ui

tung, sondern auch als bestimmendes und leitendes Ziel ihres Thuns selbstthätig setzt, wenn sie also den Zweck als Norm und Richtpunkt ihres Thuns sich selber vorsetzt; und dieß ist nur möglich, wenn sie zugleich sich von ihm und ihn von sich unterscheidet, und ihn somit als ihre eigne, selbst gesetzte und doch zugleich von ihr unterschiedene Bestimmtheit in sich trägt. Sie muß ihn so setzen, weil seine Verwirklichung ihre Wirkung (That) ist und er nicht Zweck wäre, wenn er nicht zugleich ihr Thun bestimmte und leitete, d. h. weil sie sonst nicht Endursache wäre. Sonach aber ergiebt sich das wichtige Resultat, daß jene endursächliche Thätigkeit ihrem Begriffe nach nicht nur setzende, wirkende, sondern nothwendig zugleich selbstthätig sich in sich unterscheidende Thätigkeit ist. Jedes Sich-insich-unterscheiden ist aber unmittelbar ein Sichvorstellen, und mithin folgt, daß jede endursächliche Thätigkeit nothwendig geistige Thätigkeit, Denkthätigkeit, und mithin der Zweck an sich, so lange er noch nicht realisirt ist, nur Gedanke seyn kann. Dasselbe folgt aus dem Begriffe des Zwecks. Denn so lange er noch bloßer Zweck, noch in nichts realisirt ist, hat er kein reelles, objectives Seyn, da er weder an sich, noch für sich noch für Andres, sondern nur als immanentes Moment (Motiv und Ziel — Tendenz) der Endursache besteht. Gleichwohl muß ihm ein Seyn zukommen, weil er thätig ist und die Endursache nicht nur zur Thätigkeit bestimmt, sondern auch ihr Thun leitet. Folglich kann er nur ein ideelles, subjectives Seyn haben, d. h. er ist nothwendig Gedanke. Ueberall also wo ein zweckmäßiges Geschehen sich zeigt und Zwecke ausgeführt werden, ist nothwendig in letzter Instanz ein Gedanke das Prius und die Bedingung desselben. Daher die hartnäckige Opposition der Materialisten und Naturalisten gegen alle teleologische Naturbetrachtung *). —

§ 55. Sind die Dinge nach Zweck und Mittel, nach Vermögen und Energie, Ursache und Wirkung, Grund und Folge ꝛc., kurz nach den dargelegten Wesenheitskategorieen unterschieden, und sind diese sämmtlich zugleich Verhältnißkategorieen, so müssen nothwendig auch die damit gesetzten Unterschiede, die Bestimmtheiten, die den beiden Gliedern eines Verhältnisses zukommen, in Verhältniß zu einander stehen und also gegenseitig durch einander bedingt und bestimmt seyn. Weil das Ganze nur Ganzes ist im Unterschied von seinen Theilen, das Innere nur Inneres im Unterschied von seinem Aeußern u. s. w., so können wir auch ein einzelnes bestimmtes Ding

---

*) Daß das zweckmäßige Geschehen in der Natur nicht auf bloße Instincte, blind wirkende Triebe ꝛc. zurückgeführt werden könne, haben wir an einem andern Orte (Zeitschr. f. Philos. u. philos. Kritik, Halle 1854, Bd. XXV, S. 112 f.) darzuthun gesucht.

als Ganzes, als Inneres, als Wesen, als Substanz, als Grund, als Ursache ꝛc. nur auffassen, sofern und indem wir es zunächst von seinen Theilen, von seinem Aeußern, seiner Erscheinung, seinen Modificationen, seiner Folge und Wirkung ꝛc. unterscheiden; — und umgekehrt. | Ebenso vermögen wir keinen Unterschied (keine Bestimmtheit) am Ganzen eines Dinges zu setzen, ohne damit zugleich einen entsprechenden Unterschied an den Theilen desselben zu setzen: denn mit der Bestimmung des Ganzen werden nothwendig dessen Theile mit bestimmt, und umgekehrt. | Und deshalb vermögen wir auch kein Ganzes von einem andern Ganzen zu unterscheiden, ohne die Theile beider mit zu unterscheiden (zu bestimmen). | Dasselbe gilt vom Aeußern (Form) und Innern, Wesen und Erscheinung ꝛc.: überall ist die Bestimmtheit des Aeußern, der Erscheinung, der Folge ꝛc. durch die Bestimmtheit des Innern, des Wesens, des Grundes ꝛc., aber auch umgekehrt diese durch jene bedingt. | Und eben darum kann ein Unterschied am Innern wie am Aeußern, am Wesen wie an der Erscheinung ꝛc. nur gesetzt und aufgefaßt werden, sofern und indem zunächst das Innere nur vom Aeußern, das Wesen nur von der Erscheinung ꝛc. unterschieden wird. | — Einen Unterschied aber, der nur gesetzt und aufgefaßt werden kann, indem das zu unterscheidende Object nicht wie beim einfachen Unterschied, von irgend einem beliebigen andern, sondern nur von einem ganz bestimmten andern unterschieden wird, oder eine gegebene Bestimmtheit die von einer bestimmten andern dergestalt bedingt ist und diese ihrerseits bedingt, daß Beide nur zugleich aufgefaßt, weil nur von einander unterschieden werden können, nennen wir einen Gegensatz. | Alle gemäß den Verhältnißkategorieen gesetzten Unterschiede sind daher Gegensätze. Und nur darum entstehen und bestehen Gegensätze unter den Dingen, weil sie in sich und von einander nach den Verhältnißkategorieen unterschieden sind.

Anmerkung 1. Der Gegensatz hat mit Recht von jeher für eine logische Form gegolten und es kam daher darauf an, ihn als solche auch darzuthun und abzuleiten. Er ist aber eine logische Form nur darum, weil er eine besondre Form des Unterschieds und zwar eine nothwendige Form ist, die mit der Unterscheidung der Dinge nach den Verhältnißkategorieen nothwendig (implicite) gesetzt ist. Vom einfachen Unterschiede unterscheidet er sich auf die im § angegebene Weise. Nach Qualität, Quantität, Maaß, Grad, wie nach Raum und Zeit ꝛc. können wir jedes Ding (Etwas) von jedem beliebigen andern unterscheiden, und indem wir dieß thun, setzen wir einfache Unterschiede und percipiren einfache Bestimmtheiten. Ich kann z. B. von den Eigenschaften, wie von der Größe des Menschen, des Hundes ꝛc. eine Vorstellung gewinnen, indem ich ihn vom Pferde oder vom Schaafe oder von einem Baume ꝛc. unterscheide. Dagegen kann ich die Hälfte nur als Hälfte, die Arme nur als Theile des menschlichen Körpers fassen, indem ich sie vom Ganzen und von nichts anderem unterscheide. Ebenso muß ich, um die Seele des Menschen als Seele, als inneres Wesen desselben zu fassen und in ihren Bestimmtheiten zu erkennen, sie vom Leibe, vom Aeußern oder der Erscheinung des Menschen und nur vom Leibe ꝛc. unterscheiden. Um einen Künstler in seiner besondern Eigenthümlichkeit aufzufassen, werde ich zwar am besten thun, ihn mit andern Künstlern, Dichtern, Musikern, Malern zu vergleichen; aber um dieß thun zu können, muß ich ihn doch erst als Künstler überhaupt gefaßt haben, und dieß vermag ich nur indem ich ihn als Urheber von Kunstwerken fasse, d. h. von seinen Werken unterscheide. Infolge solcher Unterscheidung und Unterschiedenheit der Dinge gemäß den Verhältnißkategorieen entstehen und bestehen die mannichfaltigsten concreten Gegensätze, von denen jeder zugleich ein bestimmtes Verhältniß ausdrückt. So sind die Gegensätze von Doppelt und Einfach, Groß und Klein, Maximum und Minimum, Alles und Eines, Organismus und Organ ꝛc. nur concrete Formen des kategorischen Verhältnisses (Gegensatzes) des Ganzen und Theils. Wort und Gedanke, Leib und Seele, Stoff und Kraft ꝛc. sind Gegensätze des Aeußern und Innern; Thätigkeit und That, Wollen und Handeln, Licht und Leuchten, Blüthe und Frucht ꝛc. sind Gegensätze des Grundes und der Folge; Dichter und Gedicht, Schöpfer und Geschöpf, Gott und Welt ꝛc. Gegensätze der Ursache und der Wirkung; Theorie und Praxis, Wissen und Wollen, Geist und Körper, Staat und Kirche ꝛc. Gegensätze der Wechselwirkung; Wollen und Können, Entwurf und Ausführung, Gegensätze des Vermögens und der Energie; alle sittlichen und rechtlichen Verhältnisse, von Herr und Diener, Fürst und Unterthanen, Mann und Frau, Eltern und Kindern ꝛc. sind Zweckverhältnisse und damit Gegensätze von Zweck und Mittel; Absolutes und Relatives, Unendliches und Endliches, Ewiges und Zeitliches, Geist und Natur sind Gegensätze, die jenachdem man diese Begriffe faßt, unter verschiedene Verhältnißkategorieen fallen können. — Die Gegensätze, weil sie sich gegenseitig bedingen und bestimmen, fordern einander: der eine ist als Gegensatz undenkbar ohne den andern. Und doch kann kein Ding entgegengesetzte Bestimmtheiten haben. So gewiß das Ganze mit seinem Theile, das Innere mit dem Aeußern, der Grund mit der Folge ꝛc. nicht identisch ist und seyn kann, so gewiß kann kein Ding zugleich Ganzes und Theil (desselben Ganzen) seyn, keine Seele

die specifischen (sie vom Leibe unterscheidenden) Bestimmtheiten des Lei=
bes, kein Stoff die specifischen Bestimmtheiten der Kraft, keine Blüthe
die der Frucht, kein Dichter die des Gedichts 2c. haben. Denn hätte
der Dichter dieselben Bestimmtheiten mit dem Gedicht, die Blüthe mit
der Frucht 2c., so wären beide nicht unterschieden, und mithin kein
Dichter und kein Gedicht, keine Blüthe und keine Frucht 2c. vorhanden.
— Vom Widerspruch unterscheidet sich der Gegensatz dadurch, daß er
1) positiver Natur, ein vollständiger positiver Unterschied, der Wider=
spruch dagegen negativer Natur, nur der das negative Moment ent=
haltende Unterschied ist, und daß er 2) das ihm Entgegengesetzte fordert,
der Widerspruch dagegen es ausschließt. Da indeß jeder bloß nega=
tive Unterschied insofern ein Gegensatz ist, als er nur auf dasjenige
bestimmte Andre, das er negirt, sich bezieht, und nur in dieser be=
stimmten Beziehung gesetzt werden kann, so kann man den Widerspruch
auch als den negativen (contradictorischen) Gegensatz bezeichnen.
Solche negative Gegensätze sind: Nichts und Etwas, Nein und Ja,
negative und positive Größe, Gesund und Krank, Tugend und Laster 2c.;
auch Endlich und Unendlich, Ewig und Zeitlich, Absolut und Relativ,
können als bloß negative Gegensätze gefaßt werden.

Anmerkung 2. Von unsrer Theorie aus löst sich auch von selbst das
logische Problem der s. g. disparaten Begriffe, die man auch als
eine besondre Form des Gegensatzes betrachtet hat. Warum kann das=
selbe Ding (ein Goldstück) unbeschadet seiner Identität gelb, rund, fest,
hart 2c., nicht aber auch zugleich roth, eckig, flüßig, weich, nicht zugleich
golden und eisern, metallisch und erdartig seyn? Wären die (qualita=
tiven wie quantitativen, substanziellen wie accidentellen) Bestimmtheiten
der Dinge bloße Eigenschaften überhaupt, die jedem zukämen ohne
alle Beziehung zu den andern, so ist nicht einzusehen, warum jenes
Zugleich nicht stattfinden könnte. Sind dagegen alle Bestimmtheiten
Unterschiede, und beruht demgemäß die ganze Beschaffenheit und
Wesenheit eines bestimmten Dinges auf seiner Unterschiedenheit von
andern, so leuchtet von selbst ein, daß kein Ding, welches vom andern
unterschieden und damit nicht das andre ist, doch zugleich das andre seyn
kann, oder was dasselbe ist, daß keinem Dinge diejenige Bestimmtheit
zukommen kann, durch die gerade ein andres von ihm unterschieden ist.
So gewiß Gold durch seine gelbe Farbe von allen blauen und rothen
Dingen unterschieden ist, so gewiß kann es unmöglich zugleich blau und
roth seyn, weil es damit zugleich unterschieden und nicht unterschieden
wäre. Aus demselben Grunde kann es nicht zugleich golden und
kupfern oder eisern, nicht zugleich fest und flüßig 2c., d. h. nicht zugleich
von Kupfer, Eisen und allen flüßigen Dingen unterschieden und nicht
unterschieden seyn; wohl aber kann es flüßig werden und ist dann in

dieser Beziehung nicht mehr von den flüßigen Dingen unterschieden. Und besitzt es eine größere Widerstandskraft gegen den Druck als das Holz, weshalb wir es hart, das Holz weich nennen, so kann ihm dem Holze gegenüber nicht zugleich das Prädicat der Weichheit zukommen; wohl aber ist es dem Eisen oder dem Diamanten gegenüber weich und insofern allerdings hart und weich, jenachdem wir es vom Holze oder vom Eisen unterscheiden. Ebenso kann dasselbe Ding schwer und leicht, dicht und locker, kalt und warm ꝛc. seyn; jenachdem wir es von diesem oder jenem andern Dinge unterscheiden. — Viele dieser disparaten Begriffe sind aber in der That zugleich Gegensätze, und daraus erklärt es sich, warum wir Rund nur von Eckig, Hart nur von Weich, Hell nur von Dunkel, Fest nur von Flüßig, Gelb nur von Roth oder Blau ꝛc., einen Ton nur von andern Tönen unterscheiden können. Rund und Eckig sind negative Gegensätze, Rund nur nicht Eckig und umgekehrt. Hart und Weich, Fest und Flüßig, Hell und Dunkel, die verschiedenen Farben und Töne, sind dagegen nur Maaß = oder Gradunterschiede der größeren und geringeren Widerstands- und resp. Cohäsionskraft, der schwereren oder leichteren Verschiebbarkeit der Massentheilchen, der größeren oder geringeren Leuchtkraft des Lichtes (und resp. Licht=Reflectionskraft der beleuchteten Dinge), der größeren oder geringeren Geschwindigkeit der undulirenden Aether= und resp. Luft= schwingungen, durch welche die verschiedenen Farben und Töne entstehen. Der geringere Grad, das kleinere Quantum ist aber nur ein Theil des größeren, und der Theil kann als solcher nur im Unter= schied vom Ganzen — und umgekehrt — gefaßt werden. Oder was dasselbe ist, jedes Quantum kann in seiner Bestimmtheit nur aufge= faßt werden, wenn es von einem andern gleichartigen (continuirlichen oder discreten, extensiven oder intensiven ꝛc.) Quantum unterschieden wird, und steht zu diesem andern nothwendig im Verhältniß des Gan= zen zum Theil oder des Theils zum Ganzen. Das Maaß der Wider= standskraft eines Dinges kann daher nur aufgefaßt (bestimmt) werden, wenn es vom Maaße der Widerstandskraft eines andern Dinges unterschieden wird, die intensive Größe des Lichtes, wenn sie von der in= tensiven Größe eines andern Lichtes (leuchtenden Körpers) unter= schieden wird, u. f. w. — Die f. g. disparaten Begriffe sind sonach keineswegs als Begriffe, sondern nur als Unterschiede der Dinge disparat. —

Vierter Abschnitt.

Die Ordnungs=Kategorieen.

§ 56. Giebt es nicht nur ein bestimmtes Verhalten der Dinge zu einander, indem die Dinge nach den Verhältnißkategorieen von einander unterschieden sind, und demgemäß verschiedentlich in bestimmter Weise mit, auf und gegen einander wirken, sondern auch eine bestimmte Ordnung des Werdens und Bestehens der Dinge, des Seyns und Geschehens in der Natur, und damit des Neben= und Nach=einanders der Dinge, so muß es auch gewisse Principien geben, nach denen die Dinge geschieden und verbunden, disponirt, gegliedert, ihr Zusammenseyn und ihre Reihenfolge bestimmt, kurz die Ordnung hergestellt ist. Die Naturwissenschaft behauptet das Erstere, indem sie mannichfaltige Gesetze erforscht und festgestellt hat, durch welche das Werden und Geschehen in der Natur (das Nach=einander der Erscheinungen) wie das Bestehen der Dinge (ihr Neben=einander) bedingt und geregelt wird. Folglich muß sie auch das Zweite annehmen. Denn das Gesetz, nach welchem der Naturlauf so und nicht anders verläuft d. h. nach welchem die Naturerscheinungen in bestimmter Folge hervortreten, ist eben das Princip, nach welchem die Aufeinanderfolge der Dinge geordnet, d. h. die zeitliche Ordnung der Dinge hergestellt ist. Und die Art und Weise, in welcher die Dinge, z. B. die Planeten und die Gestirne überhaupt, dergestalt im Raum disponirt sind, daß sie ohne aufeinander zu treffen, in fester Regelmäßigkeit ihre Bewegungen

vollziehen können, ist das Princip, nach welchem diese Dinge
räumlich geordnet sind. | Alle Ordnung besteht eben begrifflich nur
in einer gemäß einem bestimmten Principe vollzogenen oder sich voll=
ziehenden Zusammenstellung, Disposition, Gliederung, Aufeinander=
folge einer Mannichfaltigkeit von Dingen, Erscheinungen, Ereignis=
sen. Alles Ordnen als eine bestimmte Art von Thätigkeit involvirt
daher, wie schon gezeigt, ein Unterscheiden der Dinge gemäß
dem Principe, nach welchem sie geordnet werden sollen. | Und jede
allgemeine Ordnung, Natur= oder Weltordnung, setzt mithin
eine Ordnungskategorie voraus, weil sie nur herstellbar, nur mög=
lich (denkbar) ist durch Unterscheidung der Dinge gemäß einer allge=
meinen Norm, nach welcher die ordnende Thätigkeit verfährt (vgl. §
19). | Darum vermögen wir weder unsre Möbel, Bücher, Gemälde ꝛc.
noch unsre häuslichen Angelegenheiten, unsre Amtsgeschäfte, Fami=
lienleben, Gemeinde, Staat, Kirche ꝛc. selbstthätig zu ordnen, noch
auch die bestehende Ordnung in diesen Gebieten, in der Natur, in
der Welt aufzufassen, ohne die gegebene Mannichfaltigkeit von Din=
gen, Verhältnissen, Thaten und Begebenheiten ꝛc. gemäß irgend einer
Norm als dem Principe der Ordnung zu unterscheiden. | Wie jede
Kategorie in den mittelst ihrer gesetzten Unterschieden, so drückt sich
auch das Ordnungsprincip als Kategorie in der ihm gemäß vollzo=
genen Disposition, in den einzelnen nach ihm bestimmten Stellungen
und Folgen der Dinge, wie das Allgemeine in dem unter ihm be=
faßten Einzelnen, aus. | —

Anmerkung. Ich kann meine Möbel bloß nach meiner individuellen
Bequemlichkeit ordnen. Dieß Ordnungsprincip ist ohne alle allgemeine
(objective) Gültigkeit. Aber indem ich ihm gemäß verfahre, muß ich
nicht nur meinerseits jedes Möbel in Beziehung auf die Bequemlich=
keit, die es mir gewährt, vom andern unterscheiden, ehe ich jedem sei=
nen bequemsten Platz anweisen kann, sondern auch jeder Andre, der die
Aufstellung meiner Möbel nicht als ein zufälliges Zusammenstehen, son=
dern als Ordnung auffassen will, wird sie und ihre Stellungen nach
demselben Principe unterscheiden müssen, und dieses Princip wird sich ihm
in ihren Stellungen auch kundgeben, wenn er weiß was mir bequem ist. |
Ebenso bei der Anordnung einer Bibliothek nach Fächern der Wissen=
schaft, eines botanischen Gartens nach den Arten, Geschlechtern, Fami=
lien der Pflanzen u. s. w.

I. Erſte Ordnungskategorie: der Zweck in ſeinem Verhältniß zum Geſetze.

§ 57. Auf welchen Principien die beſtehende Natur = oder Weltordnung beruhe, oder was daſſelbe iſt welches die Ordnungska = tegorieen ſeyen, nach denen die Dinge unterſchieden ſind und wir ſie zu unterſcheiden haben, um ihre Ordnung aufzufaſſen, iſt allerdings eine Frage, die erſt beantwortet werden kann, nachdem die Wiſſen = ſchaft zur Erkenntniß derſelben gelangt iſt. | Allein für das Zuſam = menwirken mannichfaltiger Kräfte, für eine Reihenfolge von Thätigkeiten und Thaten (Wirkungen — Erfolgen) kann das Ordnungsprincip nur ein Zweck ſeyn. | Denn mannichfaltige Kräfte, die an ſich von einander verſchieden ſind, müſſen zwar eben wegen ihrer Verſchiedenheit (Beſtimmtheit) auch in beſtimmter Weiſe wirkſam ſeyn, und dieſe beſtimmte Weiſe iſt das Geſetz ihrer Thä = tigkeit, das Eine, Sich=gleich=bleibende der Form (Erſcheinung), wo = rin jede Kraft als eine beſtimmte ſich äußert. | Aber eine Beſtimmt = heit ihres In = ein ander = greifens können ſie nur erhalten und alſo nur zuſammengeordnet werden mittelſt und gemäß der Be = ſtimmtheit des Ziels ihres Zuſammenwirkens, d. h. des Erfolgs ihrer Thätigkeit als des Zwecks, zu welchem ſie zuſammenwirken und in beſtimmter Weiſe in einander greifen. | Und eine Reihef folge von Urſachen und Wirkungen — geſetzt auch daß jede Kraft ſtreng geſetzmäßig wirkte, — iſt nothwendig ein bloßes Nacheinander von Ereigniſſen, Veränderungen, Bewegungen ohne Beſtimmtheit und Ordnung, wenn ſie nicht zu einem beſtimmten Ziele oder Ende führt und ihm gemäß jede Thätigkeit und That ihre beſtimmte Stelle in der ganzen Reihe erhält. Es iſt kein andrer Geſichtspunkt, kein andrer Beſtimmungsgrund denkbar, weder für das Nacheinander von Thätigkeiten noch für das Eintreten einer Thätigkeit an einer be = ſtimmten Stelle. Der Zweck aber, durch den die Aufeinanderfolge beſtimmt iſt, wird eben damit zum Geſetze, nicht nur für die be = ſtimmte Bewegung, in welcher die Thätigkeiten und Thaten ſich fol = gen, ſondern auch für die Beſtimmtheit und beſtimmte Wirkſamkeit jeder Kraft ſelbſt: denn nur wenn jede Kraft in einer ihm gemäß beſtimmten Weiſe wirkt, kann ſie als Mittel zur Realiſirung des Zwecks mitwirken. — Daſſelbe folgt umgekehrt aus dem Anerkennt =

niß der in der Natur waltenden Zweckmäßigkeit des Seyns und Geschehens. \ Denn sind demgemäß alle Dinge nach Zweck und Mittel unterschieden, indem jedes ein bestimmtes Mittel zur Realisirung des allgemeinen Zwecks, der die Erhaltung des Ganzen ist, zugleich aber auch insofern selber Zweck, ein bestimmter einzelner Zweck ist, als sein Entstehen und Bestehen für die Bildung, Erhaltung und Bestimmung des Ganzen nothwendig ist, — so ist es offenbar der Zweck, der im Einzelnen wie im Ganzen die Beschaffenheit und das Zusammenwirken der Kräfte wie die Reihenfolge der Thätigkeiten und Thaten, der Gründe und Folgen, der Ursachen und Wirkungen, und damit die zeitliche Ordnung der Erscheinungen bedingt und bestimmt. \ Denn es ist damit jedem Dinge und Ereignisse eine bestimmte Stelle im s. g. Naturlaufe, d. h. im Entwickelungsprocesse der Natur zur Realisirung des einzelnen und resp. allgemeinen Zwecks angewiesen. \ Und eben damit ist der Zweck wiederum zugleich das Gesetz des Entwickelungsprocesses der Natur.

Anmerkung. Können wir nicht umhin, den Grund der Rotation der Planeten um sich selbst und um die Sonne in dem Zwecke zu finden, damit jeder derselben in wechselndem Maaße Licht und Wärme von der Sonne empfange und durch diesen Wechsel die chemischen, elektrischen, magnetischen, organischen Processe auf ihm sich zu erhalten vermögen, so ist dieser Zweck zugleich das Ordnungsprincip jener Bewegungen, das Gesetz für die Reihenfolge der verschiedenen Stellungen, die nach einander jeder Planet zur Sonne einnimmt. \ — Drängt sich dem denkenden Geologen die Ueberzeugung oder doch Vermuthung auf, daß die verschiedenen geologischen Processe und Revolutionen, welche der Erdkörper durchmachte, bevor er seine gegenwärtige Bildung und Gestalt erhielt, den Zweck hatten, ein solches Gleichgewicht der Kräfte und eine solche Beschaffenheit der Erdrinde herzustellen, daß mannichfaltige organische Geschöpfe auf ihr entstehen und bestehen könnten, so ist es wiederum dieser Zweck, nach welchem der Gang und die Reihenfolge der geologischen Processe sich ordnete und welcher somit zugleich das Gesetz für den Verlauf wie für die Beschaffenheit und Wirkung dieser Processe bildete. — Und können wir kaum den Gedanken abweisen, daß der Wechsel der Jahreszeiten, die Bewegungen der Atmosphäre, die Verdunstung des Wassers und die mannichfachen Processe, durch welche die Bildung und der Fall des Regens bedingt ist, die Erhaltung der Vegetation und damit des Thierreichs zum Zweck haben, so gilt von ihm dasselbe hinsichtlich dieser Bewegungen und Processe. \ Kein Botaniker, kein Physiologe kann umhin, eine bestimmte Ordnung anzuerkennen in der Reihenfolge der Veränderungen und Begebenheiten, durch welche aus

dem Samenkorn, dem befruchteten Ei allmälig eine Pflanze, ein Thier
zu selbständigem Daseyn sich hervorbildet; keiner kann umhin, dieses
Daseyn als den Zweck und diesen Zweck als das Gesetz jener Veränderungen, und damit als das Ordnungsprincip ihrer Aufeinanderfolge
anzusehen. Und dürften wir annehmen, daß die Existenz der Erde
selbst wie alles Leben auf ihr einen höheren, über das irdische Daseyn
hinausreichenden Zweck habe, so würde dieser Zweck zugleich das Gesetz
und das Ordnungsprincip für die Reihenfolge aller Naturprocesse, für
die zeitliche Stellung aller Gattungen und Arten der lebendigen Geschöpfe wie für den Entwickelungsgang der Geschichte der Menschheit
bilden. — Genug, der Zweck bewährt sich nicht nur als Verhältnißkategorie
sondern auch als Ordnungskategorie für die Aufeinanderfolge der Erscheinungen, Dinge und Ereignisse. Nur darf man die Zeitordnung der
Dinge nicht verwechseln mit der Zeitmessung und Zeittheilung nach
dem bestimmten Zeitmaaße, das wir an der regelmäßigen, sich gleichbleibenden Geschwindigkeit der Bewegung der Erde um sich selbst und um
die Sonne besitzen, durch das aber keineswegs die Aufeinanderfolge der Erscheinungen, sondern nur die Dauer einer jeden, die Zeitgröße der
einzelnen Stadien, Schritte oder Momente der Zeitordnung bestimmt wird.

§ 58. Der Zweck kann nun aber im einzelnen Gebiete wie
im Ganzen der Natur nur Ordnungskategorie seyn, sofern er nicht
nur formell, wie jede Kategorie, sondern auch seinem Inhalte nach
Begriff ist, d. h. ein Allgemeines, unter welchem und resp. nach
welchem eine Mannichfaltigkeit von einzelnen Erscheinungen, Dingen
rc. ihrer concreten Beschaffenheit und Wesenheit nach befaßt und bestimmt ist. Mit andern Worten, der Zweck als Ordnungskategorie
kann keine bloße Kategorie, kein bloß formal allgemeiner Begriff
(von nur formellem Inhalt) seyn, sondern muß zugleich ein inhaltlich allgemeiner Begriff seyn. Denn bei jeder Unterscheidung nach
irgend einem rein kategorischen Begriffe z. B. der Qualität, erhalten zwar die unterschiedenen Dinge eine qualitative Bestimmtheit,
welche als qualitative unter den allgemeinen Begriff der Qualität-
überhaupt fällt; aber welche besondre concrete Qualität einem
jeden damit zu Theil wird, liegt nicht in der Kategorie der Qualität, sondern hängt von der unterscheidenden, die Unterschiede
ihr gemäß setzenden Thätigkeit ab. Ebenso erhalten die Dinge,
wenn sie nach der bloßen Kategorie von Zweck und Mittel unterschieden werden, zwar eine zweckmäßige Bestimmtheit, durch die jedes
zum Mittel und resp. Zweck für andre Dinge wird; aber worin
diese zweckmäßige Bestimmtheit bei jedem einzelnen bestehe, zu wel-

chem Ziele es sich selbst vermittelst der andern zu entwickeln und welchem Zwecke es als Mittel zu dienen hat, das hängt wiederum von der unterscheidenden, die Zweckkategorie anwendenden Thätigkeit ab und bestimmt sich nach dem inhaltlich bestimmten Zwecke, den sie dabei verfolgt. Als Ordnungskategorie dagegen kann nur ein solcher inhaltlich bestimmter Zweck von ihr verwendet werden. Denn soll das Zusammenwirken der Kräfte, die Aufeinanderfolge der Dinge, der Ursachen und Wirkungen, so bestimmt und disponirt seyn, wie der zu erreichende Zweck es fordert, so müssen ihm gemäß die Kräfte und Dinge nicht nur überhaupt unterschieden werden, sondern auch die concrete besondre Beschaffenheit, welche die unterscheidende Thätigkeit jedem ertheilt, muß ihm gemäß gesetzt und bestimmt werden. Das aber ist nur möglich, wenn der Zweck selbst ein inhaltlich bestimmter Begriff ist.

Finden wir uns nun thatsächlich genöthigt, nicht nur solche concrete, inhaltlich bestimmte Begriffe als Ordnungsprincipien der Aufeinanderfolge der Dinge anzunehmen, sondern ist es auch eine allbekannte Thatsache, daß wir uns unwillkührlich Gattungs- und Artbegriffe bilden, die wir als eine zweite Klasse von Ordnungsprincipien verwenden, und die bestehenden Dinge ihrer Beschaffenheit und Wesenheit nach unter sie einordnen (subsumiren), so fragt es sich, wie kommen wir zu dieser Art von Begriffen und welche Geltung und Bedeutung haben sie in Beziehung auf die Dinge an sich? —

II. Der Gattungsbegriff als Ordnungskategorie.

A. Der Begriff überhaupt und der Gattungsbegriff insbesondere.

§ 59. Unsre concreten, inhaltlich bestimmten Begriffe entstehen auf wesentlich gleiche Weise, wie unsre Vorstellungen überhaupt. Wie das Kind seine ersten Wahrnehmungen z. B. der Weiße oder Weichheit seines Bettes, und resp. dieses seines Bettes selbst, nur gewinnt, indem es das einzelne Object von andern einzelnen Objecten unterscheidet, so bildet es sich später seine ersten allgemeinen Vorstellungen nur dadurch, daß es unwillkührlich beginnt, eine Mehrheit von Objecten von einer Mehrheit andrer zu unterscheiden. Nachdem es mit den

einzelnen Gegenständen seiner Umgebung vertraut geworden, bemerkt
es allgemach, daß mehrere von ihnen weiß, mehrere andre braun,
jene weich, diese hart sind 2c., d. h. daß mehrere auf dieselbe gleiche
Weise von mehreren andern sich unterscheiden. Aber diese Bemer=
kung ist nur das Resultat einer wenn auch unbewußt vollzogenen
Vergleichung einer Mehrheit von Objecten mit einer Mehrheit
andrer, d. h. einer Unterscheidung in Beziehung auf die Gleich=
heit und Unterschiedenheit der Dinge. Nur aus einer solchen Ver=
gleichung kann jene Bemerkung hervorgegangen seyn. Das Kind
abstrahirt dabei keineswegs von den anderweitigen Bestimmtheiten
der weißen, braunen 2c. Dinge. Es bemerkt vielmehr ganz un=
mittelbar, daß die weißen Dinge eben als weiße von den braunen
Dingen unterschieden sind, — gerade so wie der Botaniker bemerkt,
daß die Algen, Pilze, Gräser 2c. durch diese und diese Eigenschaften
von andern höheren Pflanzenarten sich unterscheiden, d. h. daß eine
Mehrheit von Pflanzen von einer andern Mehrheit auf dieselbe gleiche
Weise unterschieden ist. So gewinnt das Kind zunächst die allge=
meinen Vorstellungen von Weiß, Braun, Weich, Hart, u. s. w. d.
h. es bildet sich seine ersten Prädicatbegriffe. Und indem es —
gleichzeitig oder später — die Dinge als Dinge d. h. die wahrge=
nommenen Einheiten, in denen Weich und Weiß, Braun und Hart
2c. immer verbunden erscheinen, auf dieselbe Weise unter einander
vergleicht, d. h. indem es bemerkt, daß alle Betten von allen Tischen
2c. auf dieselbe gleiche Weise unterschieden sind, entstehen ihm seine
ersten Subject= oder Artbegriffe.

§ 60. Man kann diesen allgemeinen Vorstellungen, bei denen
das Kind und das s. g. gemeine Bewußtseyn stehen bleibt, den Na=
men von Begriffen verweigern, um mit demselben nur die auf wis=
senschaftlichem Wege gewonnenen Begriffe zu bezeichnen. Denn
in Beziehung auf Klarheit, Genauigkeit, Richtigkeit, Vollständigkeit
2c., zeigt sich allerdings zwischen jenen und diesen ein großer Unter=
schied. Aber auch unsre wissenschaftlich festgestellten Prädicat= und
Subject=Begriffe entstehen ganz auf dieselbe Weise. Denn auch auf
wissenschaftlichem Wege gewinnen wir die Begriffe der Schwere und
Leichtigkeit (Gewichtsunterschiede), des Ponderablen und Imponder=
ablen, der Festigkeit und Flüßigkeit und weiter der tropfbaren und
elastischen (gasförmigen) Flüßigkeit, der Elasticität, der Härte und

Dichtigkeit ꝛc. nur dadurch, daß wir mit größtmöglicher Genauig=
keit eine größtmögliche M e h r h e i t von Dingen von einer M e h r =
h e i t a n d r e r, gemäß den B e s c h a f f e n h e i t s kategorieen (nach Qua=
lität und Quantität, Maaß und Grad) unterscheiden. ꞁ Und ebenso
formt, vervollständigt und berichtigt jede Wissenschaft ihre Subject=,
Gattungs=und Artbegriffe nur dadurch, daß sie mit größtmöglicher
Genauigkeit (analysirend, experimentirend) eine größtmögliche Mehrheit
von Dingen, von Mineralien, Pflanzen, Thieren, mit einer Mehr=
heit a n d r e r n a c h d e n W e s e n h e i t s kategorieen vergleicht.ꞁ Indem
dabei der Physiker, Chemiker, Mineraloge, Botaniker ꝛc. bemerkt,
daß die eine Mehrheit von Dingen hinsichtlich ihrer Wesensbestimmt=
heit, ihrer Ganzheit und Theilheit oder Zusammengesetztheit, ihres
Innern und Aeußern (Typus), ihres Wesens und ihrer Erschei=
nung, ihrer Substantialität ꝛc., also w e s e n t l i c h a u f d i e g l e i c h e
Weise von der andern Mehrheit unterschieden ist, bildet sich ihm
zunächst der Begriff von s. g. M e r k m a l e n, d. h. derjenigen
w e s e n t l i c h e n Bestimmtheiten, welche einer Mehrheit von Dingen
gemeinsam sind, und somit a l l g e m e i n e Bestimmtheiten ihrer We=
senheit ausmachen. Zu den wichtigsten Merkmalen der Dinge ge=
hören ihre Thätigkeiten, Wirkungen und Wirkungsweisen, und also
ihre s. g. Kräfte. ꞁ Und diese Art von Merkmalen ergeben sich der for=
schenden Wissenschaft wiederum nur durch Unterscheidung einer Mehrheit
der gegebenen Dinge von einer andern Mehrheit nach den C a u s a =
s a l i t ä t s kategorieen des Grundes und der Folge, der Ursache und
Wirkung, des Vermögens und der Energie. ꞁDamit gewinnt sie zu=
gleich den wichtigen Begriff des G e s e t z e s, indem sie bemerkt, daß
eine Mehrheit von Dingen, trotz ihrer Verschiedenheit unter einan=
der, doch im Vergleich mit einer andern Mehrheit auf dieselbe gleiche
Weise thätig ist, daß es also a l l g e m e i n e Kräfte giebt, die einer
Mehrheit von Dingen gemeinsam sind (resp. ihr Wesen constituiren),
und die daher auch in ihnen auf dieselbe gleiche Weise wirken und
sich äußern. Dasjenige, worin eine solche Kraft a l s eine allgemeine
s i c h ä u ß e r t, ist eben das Gesetz, der Ausdruck des Einen und
Gleichen ihrer Wirksamkeit, die Formel für das was unter densel=
ben Bedingungen nothwendig stets und überall geschieht. ꞁ Das Ge=
setz ist also das M e r k m a l, an dem eine allgemeine Kraft als solche
erkannt wird. Es ist selbst ein Allgemeines wie jedes Merkmal.

Denn die mehreren mannichfaltigen Dinge, denen dieselbe Kraft ge=
meinsam ist, sind doch zugleich unter sich verschieden, und daraus
folgt, daß auch die ihnen gemeinsame Kraft in ihnen verschiedentlich
sich äußert, und also eine Mannichfaltigkeit von Wirkungen unter
sich befaßt. Und doch sind diese Wirkungen insofern wiederum ein=
ander gleich, als sie alle nach Einem und demselben Gesetze erfol=
gen und dieses in sich abspiegeln. — Allein wenn auch noch so viele
allgemeine Prädicatbegriffe und resp. Merkmale gefunden und festge=
stellt sind, so haben wir damit doch noch keinen concret allgemeinen
Subjectbegriff, noch keinen Gattungsbegriff im engern Sinne
gewonnen. Erst indem wir die Merkmale, die sich uns ergeben ha=
ben, in Beziehung auf ihre Allgemeinheit von einander unter=
scheiden, und weiter in Beziehung auf sie die Dinge vergleichen
und damit bemerken, daß einer Mehrheit von Dingen die gleiche
Mehrheit von Merkmalen zukomme; und indem wir endlich diese
Mehrheit von Merkmalen in Einer Vorstellung zusammenfassen, erst
damit gewinnen wir unsre concret = allgemeinen Subject = oder Artbe=
griffe, wie Gold, Metall, Mineral ꝛc. Soll es nun aber mehrere
solcher Allgemeinheiten, mehrere allgemeine Prädicate, Merkmale,
Kräfte, Arten und Gattungen geben, so müssen sie nothwendig als
allgemeine, also in Beziehung auf Allgemeinheit von einander
unterschieden seyn, d. h. die Allgemeinheit = überhaupt, der logische,
formal allgemeine Begriff der Allgemeinheit ist nothwendig eine
Kategorie. Er ist eben der Begriff rein als solcher, der Begriff
als logische Form überhaupt. Ebenso nothwendig müssen dann
aber die mehreren Arten oder Gattungen der Dinge in Beziehung
auf ihre Artbestimmtheit von einander unterschieden seyn, und
werden, um als mehrere mannichfaltige Arten existiren und als
solche aufgefaßt werden zu können, — d. h. auch der Begriff im
engern Sinne, der Gattungs= oder Artbegriff ist nothwendig
eine Kategorie.

Anmerkung. Die Logiker streiten zwar noch fortwährend darüber, ob
dem Begriffe oder dem Urtheile die Priorität zukomme. Allein zunächst
leuchtet soviel von selbst ein, daß wir unsre gewöhnlichsten Urtheile:
dieses Zimmer ist blau, diese Statuette ist von Gyps ꝛc. nicht fällen
können, ohne die Begriffe Blau, Gyps ꝛc. bereits zu haben. Aber, sagt
man, diese Begriffe entstehen erst vermittelst vorausgegangener Urtheil.
Denn ich muß erst wahrgenommen und durch Urtheile festgestellt haben,

daß diese und diese Dinge gleich gefärbt sind, ehe ich den Begriff von Blau oder irgend einer andern Farbe gewinnen kann; und was von den Eigenschafts- oder Prädicatbegriffen gilt, gilt natürlich auch von den Subjectbegriffen (wie Gyps ꝛc.). Oder man wendet (mit Herbart) ein, daß der Begriff als Einzelbegriff zunächst nur entstehe, indem wir einem Gegenstand zu verschiedenen Zeiten, an verschiedenen Orten, in verschiedenen Situationen, Verbindungen ꝛc. begegnen und ihn, von dieser Verschiedenheit absehend, als denselben, gleichen wiedererkennen, d. h. indem wir die Urtheile fällen: dieser Gegenstand ist derselbe, den wir gestern, an einem andern Orte, in einer andern Situation sahen. So richtig dieß Alles ist, so übersieht man dabei nur das Eine, daß ich, um das Urtheil fällen zu können: dieser Gegenstand ist derselbe oder diese und diese Dinge sind (in irgend einer Beziehung) gleich, noth-wendig vorher den Begriff des Selbigen, Gleichen bereits haben muß. Mag derselbe immerhin unserm Bewußtseyn gar nicht als Be-griff vorschweben, indem wir bei Unterscheidung der Dinge von einander das Gleiche, Identische und resp. das Ungleiche, Verschiedene unmittel-bar wahrnehmen, — immer können wir jene Urtheile doch nur fällen, nachdem wir mittelst unsrer unterscheidenden (vergleichenden) Thätig-keit, wenn auch zunächst nur implicite und unbewußt, den Begriff des Gleichen, Identischen bereits gewonnen haben. — Ebenso wenig ist das Unterscheiden rein als solches ein Urtheilen, noch setzt es ein Ur-theilen voraus. Auch diese Meinung beruht auf einer Verwechselung der Begriffe. Der Satz: A und B sind verschieden, ist freilich ein Ur-theil. Allein um ihn auszusprechen zu können, muß ich wiederum den Begriff der Verschiedenheit bereits haben, und diesen Begriff kann ich nur durch das Unterscheiden (Vergleichen) der Dinge gewinnen, indem ich damit erst bemerke, daß die Dinge verschieden sind. Das Un-terscheiden selbst aber ist ein Auffassen (Setzen) von Unterschieden (Bestimmtheiten), und mithin keineswegs ein Verknüpfen von Vor-stellungen, sondern vielmehr der Act, durch den unsre Sinnesempfin-dungen erst zu Vorstellungen werden, und der also jeder Verknüpfung von Vorstellungen (jedem Urtheil) nothwendig vorausgehen muß. — Wichtiger noch ist es, sich zu überzeugen, daß unsre concret-allgemeinen Begriffe, Prädicat- wie Subjectbegriffe, nicht durch bloßes Abstra-hiren entstehen, wie man noch immer vielfach annimmt. Das Abstra-hiren ist ein willkührliches Thun, zu dem uns die Dinge (Erscheinun-gen) keine Veranlassung geben, und das auch für unsre Auffassung derselben nur insofern Werth hat, als es ein Hülfsmittel ist, die Klar-heit derselben zu erhöhen, indem die einzelne Vorstellung allerdings an Deutlichkeit gewinnt, wenn wir das Object so viel als möglich isoliren, von seiner Verbundenheit mit Andrem absehen, es für sich allein in's Auge fassen und nur von ausgewählten auf gleiche Weise isolirten Ob-

jecten unterscheiden. | Aber auch so bleibt das Abstrahiren ein willkühr=
liches, wenn auch subjectiv (für uns) zweckmäßiges Thun. | Entständen
also unsre concreten Begriffe nur durch Abstraction, so wäre offenbar
der s. g. Nominalismus die unvermeidliche Consequenz: denn danach
wären unsre Begriffe die rein subjectiven, selbstgemachten Producte der
willkührlichen Thätigkeit des Abstrahirens!*) | Glücklicher Weise indeß
können unsre Begriffe gar nicht durch bloßes Abstrahiren entstehen.
Denn wenn wir zwei einzelne Objecte betrachten, so erscheinen sie in
allen ihren einzelnen Bestimmtheiten nur verschieden: es giebt nicht
zwei Sandkörner, nicht zwei Blätter desselben Baums, nicht zwei Eier
derselben Henne, die in irgend einem Punkte, in Gestalt, Größe, Farbe
2c. völlig gleich wären. Darauf beruht das große allgemein anerkannte
Princip der Individuation, das in mannichfachen Abstufungen durch die
ganze Natur herrscht. Je höher ein Wesen in der Stufenfolge der
Dinge steht, je complicirter seine Bildung und die Zusammensetzung
seiner Theile ist, um so individueller erscheint es, d. h. um so bestimm=
ter und vielfältiger ist es von allen übrigen unterschieden. (Auch die
ersten Elemente, Atome, Grundstoffe werden, wenn auch einfacher als
die aus ihnen zusammengefügten Dinge, doch nicht nur überhaupt von
einander unterschieden, sondern auch um so mannichfaltiger unterschieden
seyn müssen, je größer die Mannichfaltigkeit der Dinge seyn soll, zu
deren Bildung sie berufen sind.) | Vergleichen wir daher ein Ding nur
mit einem einzelnen andern, so werden wir nichts völlig Gleiches, Ge=
meinsames an ihnen finden. Es giebt mithin auch Nichts an ihnen,
von dem wir abstrahiren könnten, weil nichts Gleiches, sondern nur
Ungleiches vorhanden ist. | Soll also das Allgemeine nur eine einzelne
Bestimmtheit seyn, die in zwei oder mehreren Dingen dieselbe wäre und
die wir durch Abstrahiren von ihren anderweitig verschiedenen Bestimmt=
heiten auffänden, so giebt es schlechthin kein Allgemeines, weder rea=
liter, noch als bloße Vorstellung. Denn auf diesem Wege ist es un=
möglich, zur Vorstellung eines Allgemeinen zu gelangen. | Vergleichen
wir dagegen eine Mehrheit weißer Dinge mit einer Mehrheit
anders gefärbter Dinge, so bemerken wir unmittelbar (ohne alle Ab=

---

*) Man wende nicht ein, daß auch alles Unterscheiden und Vergleichen ein willkühr=
liches Thun sey. Und letzteres selbst ein Abstrahiren involvire, indem dabei auf das Gleiche
in den Dingen hin= und vom Ungleichen abgesehen werde. | Denn zunächst ist das Un=
terscheiden der einzelnen Objecte (Sinnesempfindungen) zwar ein subjectives, aber kein
willkührliches, sondern ein nothwendiges Thun, weil wir durch dasselbe allein zu Vor=
stellungen, zum Bewußtseyn gelangen können. Auch werden wir dazu durch die Erschei=
nungen selbst veranlaßt, indem unsre Sinnesempfindungen schon an sich unterschieden sind
und im Gefühle als unterschieden sich kundgeben. Das Vergleichen aber involvirt kein Ab=
strahiren, sondern kann nur mit der abstrahirenden Thätigkeit verknüpft werden. Denn
an sich geht es ebenso sehr auf die Auffassung des Gleichen wie des Ungleichen in den
Dingen; ja durch dasselbe entsteht erst die Vorstellung (die Perception wie der Begriff)
eines Gleichen und Ungleichen, die nothwendig erst vorhanden seyn muß, wenn von dem
Einen oder Andern abgesehen werden soll. —

ſtraction), daß alle weißen, obwohl untereinander verſchieden, doch auf dieſelbe relativ identiſche Weiſe von allen blauen, rothen ꝛc. ſich unter=ſcheiden; — |ebenſo, daß alle Eier, obwohl unter einander mannichfach verſchieden, doch zuſammen von andern Dingen durch dieſelben relativ identiſchen Unterſchiede unterſchieden ſind. | Indem wir dieß Gleiche als das in ihnen relativ Identiſche, ihnen allen Gemeinſame faſſen, entſteht uns die Vorſtellung allgemeiner Beſtimmtheiten (Merkmale), durch welche alle Eier, die wir kennen, von allen übrigen uns bekannten Dingen unterſchieden ſind. Aber nur relativ identiſch (gleich) ſind die Dinge durch ihre allgemeinen Beſtimmtheiten. Denn nur in Be=ziehung auf das Roth oder Blau anderer Dinge iſt das Weiß der Hühnereier daſſelbe; in Beziehung auf ſich ſelber dagegen iſt das Weiß des einen Eies von dem des andern verſchieden. Nicht alſo durch will=führliche Abſtraction von den gegebenen Erſcheinungen, ſondern durch die mit einer ſolchen Vergleichung unmittelbar gegebene Wahrneh=mung, alſo von den Erſcheinungen ſelbſt aus, bilden ſich unſre concret allgemeinen Begriffe. Und nicht in den todten Reſten, welche die Abſtraction übrig läſſt, beſteht der Inhalt derſelben, ſondern in dem Complex der relativ identiſchen Unterſchiede, durch welche eine Mehrheit (Allheit) von Dingen von einer Mehrheit andrer unter=ſchieden erſcheint. |Solche Unterſchiede aber, ſolche relativ identiſche Beſtimmtheiten kann es nur geben, wenn und ſofern die Dinge in Beziehung auf Allgemeinheit und Beſonderheit, nach Gattungen und Arten, alſo begrifflich (gemäß der Kategorie des Begriffs) unterſchieden ſind. |

§ 61. Iſt ſonach das Allgemeine, ſey es eine einzelne allge=meine Beſtimmtheit (Prädicatbegriff), oder ein Complex von Merk=malen (Subject=, Artbegriff), immer nur ein relativ Eines, das einer Mehrheit von Dingen gemeinſam iſt, ſo erklärt es ſich von ſelbſt, daß dem Allgemeinen nothwendig ſtets ein Beſondres (Ein=zelnes) gegenüberſteht, und doch zugleich unter ihm befaſſt, be=griffen iſt (wovon der Begriff ſeinen Namen hat). Denn wenn das Allgemeine zu ſeinem Inhalt nur das Gleiche relativ identiſcher Unterſchiede hat, durch die eine Mehrheit von Objecten von einer andern Mehrheit ſich unterſcheidet, ſo bleiben nothwendig die einzel=nen Objecte einer ſolchen Mehrheit, trotz ihrer relativen Identität, doch zugleich von einander (relativ) verſchieden. Obwohl der Lilie, dem Ei, dem Papiere ꝛc. die weiße Farbe als die Eine allgemeine Beſtimmtheit zukommt, obwohl die drei ſich ſchneidenden geraden Linien in allen Dreiecken gleichmäßig ſich finden, ſo ſind doch

jene Dinge nicht nur anderweitig sehr verschieden, sondern auch das
Weiß der Lilie ist von dem Weiß des Eies, und ebenso die Drei=
ecke nicht nur von den Vierecken 2c., sondern auch ein Dreieck vom
andern Dreieck unterschieden. Gerade darin, worin sie andern
Dinge ngegenüber relativ identisch erscheinen, sind sie unter sich ver=
schieden. Das Allgemeine umfaßt daher Unterschiedliches gerade als
Unterschiedliches; es besteht als Einheit trotz der Vielheit und Ge=
trenntheit des unter ihm befaßten Einzelnen, und begreift daher das=
selbe nicht in sich, sondern unter sich. In dieser Art von Un=
terschiedenheit besteht die Besonderheit: sie ist begrifflich dasje=
nige, worin die unter einer Allgemeinheit begriffenen Dinge von
einander, und eben damit zugleich von dem Allgemeinen selbst
unterschieden sind, wodurch sie also Einzelne sind, und dem All=
gemeinen relativ selbständig gegenüber stehen. Zugleich aber ist die
Besonderheit in der Allgemeinheit einbegriffen, Moment derselben,
und ebenso sind zugleich die einzelnen Dinge im Allgemeinen nicht
nur mit einander, sondern auch mit dem Allgemeinen selbst relativ
identisch, — d. h. Allgemeinheit und Besonderheit bilden nothwen=
dig eine in sich unterschiedene Einheit.

§ 62. Unsere Subjectbegriffe sind, wie schon angedeutet, zu=
gleich Art= oder Gattungsbegriffe. Denn die Gesammtheit der
unter einem allgemeinen Begriffe befaßten Einzelnen, sofern wir sie
als eine Mannichfaltigkeit gesonderter Gegenstände betrachten, nennen
wir eine Art oder Gattung. [Gewöhnlich nennen wir so nur eine
Gesammtheit für sich bestehender unter Einen Subjectbegriff befaß=
ter Dinge im engern Sinn des Worts. Doch bezeichnen wir auch
wohl den Begriff der Farbe, des Tons, der Bewegung 2c., als einen
Artbegriff, obwohl die einzelnen Farben, Töne, Bewegungen keine
Dinge, sondern nur Bestimmtheiten von Dingen und resp. von deren
Kräften sind; aber wir thun dieß nur, wo wir die Farben, Töne
2c. gleichsam hypostasiren und sie als für sich bestehende Objecte be=
trachten.] Die unter einer Art oder Gattung begriffenen einzelnen
Dinge nennen wir ihre Exemplare. Die mannichfaltigen Exem=
plare, obwohl Einer und derselben Gattung angehörig, können nun
aber innerhalb dieser ihrer Gattungseinheit, doch wiederum selbst
nach relativer Identität und Differenz ihrer Bestimmtheiten, also nach
Allgemeinheit und Besonderheit, unter einander verschieden seyn,

indem eine Mehrheit von Exemplaren, verglichen mit einer andern
Mehrheit derselben Gattung, gewisse besondre Merkmale gemeinsam
hat, durch die sie von der andern Mehrheit, und umgekehrt diese
von jener sich unterscheidet. \ Damit tritt innerhalb derselben
Gattung eine jede solche durch gemeinsame Merkmale verbundene
Mehrheit von Exemplaren zu Einer Totalität zusammen, und der
andern unterschiedlich gegenüber, oder was dasselbe: jede dieser Mehr=
heiten bildet für sich wiederum eine bestimmte Allgemeinheit, welche
zu der sie alle unter sich befassenden Gattung nur wie das Be=
sondere zu seinem Allgemeinen, zu den unter ihr befaßten Exem =
plaren dagegen umgekehrt wie das Allgemeine zu seinem Beson=
dern (Einzelnen) sich verhält. Eine solche, sonach nur relative
Allgemeinheit, die zugleich relativ keine Allgemeinheit ist, nennen wir
eine Species oder Art.*) \ Die verschiedenen Gattungen können
indeß nur in Arten und Unterarten unterschieden (gegliedert) seyn, sie
müssen es aber keineswegs. \ Denn aus dem Begriff des Allgemei=
nen = überhaupt folgt nur, daß dasselbe einer Steigerung fähig ist,
daß es also einen Comparativ und Superlativ der Allgemeinheit ge=
ben kann; und eben auf dieser Möglichkeit beruht die Möglichkeit
mannichfaltiger, unter Einer Gattung befaßter Arten und Unterarten.
Auf dieselbe gründet sich auch die (von der ältern formalen Logik
nur empirisch aufgenommene) Lehre von dem Umfange und von
der s. g. Subordination und Coordination der Begriffe.
Denn von unsern Prämissen aus leuchtet von selbst ein, daß und
warum der s. g. höhere, d. h. allgemeinere Begriff, z. B. der Gat=
tungsbegriff Thier, einen größeren Umfang haben d. h. eine größere
Anzahl von Exemplaren unter sich befassen muß, als der niedrigere,
z. B. der Artbegriff Fisch; so wie daß und warum der Artbegriff sei=
nem Gattungsbegriffe nothwendig subordinirt, einem andern Artbe=
griffe (z. B. Amphibie) dagegen coordinirt gegenübersteht, d. h. daß
und warum die Exemplare des Artbegriffs (alle Fische) und damit
jeder Artbegriff selbst unter dem Gattungsbegriff (Thier), nicht aber
unter einem andern Artbegriff (Amphibie) befaßt werden könne.

____

*) Der Sprachgebrauch schwankt, indem bald mit dem Worte „Art" bald mit „Gat=
tung" die höhere Allgemeinheit bezeichnet wird. Wir werden im Folgenden den oben
adoptirten Sprachgebrauch beibehalten. Philosophisch kann man auch (mit Hegel) die
Gattung als das Allgemeine x. die Art als das Besondere, das Exemplar als das Ein=
zelne bezeichnen.

Ebenso leuchtet von selbst ein, daß und warum der höhere Begriff nothwendig eine geringere Anzahl von Merkmalen in sich enthalten muß als der niedrigere. Denn der Artbegriff Fisch umfaßt nothwendig alle Merkmale, durch welche die Gattung der Thiere von allen Pflanzen, Mineralien ꝛc. unterschieden ist, aber auch alle diejenigen Merkmale, durch welche die Fische von den Amphibien, Vögeln, Säugethieren sich unterscheiden. | Ebenso endlich ergiebt sich von selbst, daß und warum die specifisch logischen Begriffe, die Kategorieen, die aller = allgemeinsten Begriffe sind, welche die mannichfaltigen con= creten Prädicat = und Subjectbegriffe gewissermaaßen wie Artbegriffe unter sich befassen. | Denn unter den Begriff der Qualität = über= haupt z. B. sind alle concreten Eigenschaftsbegriffe insofern befaßt, als alle qualitativen Bestimmtheiten der Dinge durch dieselben rela= tiv identischen Unterschiede von den quantitativen Bestimmtheiten sich unterscheiden. | Unter den Begriff Ding, Ganzes, Wesen ꝛc. fallen alle concreten Subjectbegriffe, weil alle Dinge eben Dinge, Ganze, Wesen ꝛc. sind, und als solche durch dieselben relativ identischen Un= terschiede von jedem bloßen Etwas, Theil ꝛc. sich unterscheiden. Und der Begriff des Allgemeinen, wie der Gattung und Art = überhaupt umfaßt alle concreten Allgemeinheiten, alle concreten Gattungs = und Artbegriffe, weil alles Allgemeine als solches durch dieselben relativ identischen Unterschiede von allem Einzelnen, jede Gattung und Art als solche durch dieselben relativ identischen Unterschiede vom Exem= plare als solchem unterschieden ist. —

§ 63. Wie der Begriff des Zwecks (als Gesetzes) uns die Möglichkeit gewährt, die auf einander folgenden Erscheinungen unter bestimmte Gesichtspunkte zusammenzufassen, in Totaleinheiten einzuord= nen, und so über ihren Verlauf einen Ueberblick zu gewinnen, | wie ohne diese Hülfe die überströmende Fülle der sich folgenden Verän= derungen in der Natur uns dergestalt bewältigen würde, daß von Naturgeschichte, Geologie, Botanik ꝛc. nicht die Rede seyn könnte; | so gewähren uns unsre Prädicat =, Thätigkeits = und Subjectbegriffe erst die Möglichkeit, die unermeßliche Mannichfaltigkeit der neben ein= ander auftretenden Erscheinungen in einem, wenn auch unklaren Ge= sammtbilde zu überschauen. Ohne den Begriff der Gravitation z. B. wäre es unmöglich, uns die vielgestaltige Mannichfaltigkeit der Be= wegungen der Himmelskörper, auch nur innerhalb unsers Sonnen=

systems zur Vorstellung zu bringen. | Ohne die Begriffe Mensch, Thier, Pflanze, Mineral ꝛc. würde die Mannichfaltigkeit der Erscheinungen, die uns die Natur täglich darbietet, in ein wirres unfaßbares Chaos zerfließen. | Wir also müssen offenbar die erscheinenden Dinge nach den Ordnungskategorieen des Zwecks und des Gattungsbegriffs (mit ihren Specialkategorieen des Gesetzes, des Prädicat- und Subject- begriffs, des Merkmals-, Thätigkeits- und Artbegriffs) unterscheiden. Denn nur darauf beruht für uns die Möglichkeit einer menschlichen, zusammenhängenden, geordneten, verständigen und resp. vernünftigen Natur- und Geschichtsanschauung. | Darum wenden wir diese Unter- scheidungsnormen auch überall unwillkührlich und unbewußt an. Noch im unmündigen Alter beginnt bereits das Kind sich seine ersten Prädicat- und Subject- (Gattungs-) Begriffe zu bilden, ohne ein Bewußtseyn zu haben von den Normen, nach denen es dabei verfährt. Und darum muß auch der Begriff als solcher, der Begriff des All- gemeinen — zu dem wiederum der Zweck- und der Gattungsbegriff nur wie Specialkategorieen sich verhalten — als immanente, unserm Verstande ursprünglich inhärirende Norm seiner Thätigkeit an- erkannt werden. — | Aber auch von den Dingen-an-sich werden wir annehmen müssen, daß sie begrifflich unterschieden sind. Denn sind sie — wie wir nicht umhin können zu denken — nach mehre- ren Kategorieen unterschieden, so wird es natürlicher Weise Dinge geben, die z. B. qualitativ gleich, quantitativ dagegen verschieden, als Ganze gleich, ihren Theilen (ihrer Zusammensetzung — Gliederung) nach verschieden seyn werden, und umgekehrt, d. h. es wird allge- meine Prädicate, allgemeine Wesensbestimmtheiten geben, nach denen die Dinge wiederum von einander unterschieden sind. Es muß nicht so seyn: jedes Ding könnte ein absolut Einzelnes seyn; wir vermögen nicht a priori zu beweisen, daß die Dinge nach mehreren Kategorieen unterschieden, daß sie nothwendig Exemplare von Gat- tungen und Arten seyn müssen, daß es eine begriffliche Ordnung unter ihnen geben muß. | Aber die Erscheinung (Erfahrung) bestä- tigt die natürliche Erwartung und entspricht unserm Bedürfniß be- grifflicher Unterscheidung der Dinge. | Und da unsre Begriffe selbst nur von der Wahrnehmung aus entstehen, so können wir nicht umhin anzunehmen, daß der Erscheinung ein entsprechendes An-sich zu Grunde liege. | Jedenfalls haben wir nur die Alternative, entweder alle er-

11

scheinende Ordnung (das Allgemeine des Begriffs) für bloßen Schein, Illusion subjective Einbildung zu erklären, oder sie von einem zu Grunde liegenden An-sich herzuleiten. | Allein der bloße Schein fordert so gut eine Erklärung, wie die reelle Erscheinung, und so lange wir diese Erklärung nicht zu liefern, den Schein als bloßen Schein nicht nachzuweisen vermögen, sind wir durch die Erscheinung selbst, dadurch daß sie sich uns aufdrängt, genöthigt sie als Erscheinung gelten zu lassen, d. h. ein ihr zu Grunde liegendes An-sich anzunehmen. | Daraus erklärt es sich, daß in Wahrheit noch kein Mensch an dem reellen Bestehen von Gattungen und Arten der Dinge gezweifelt hat, daß noch keiner einen Baum wie einen Menschen, einen Stein wie eine Pflanze behandelt hat; — und eben im Handeln geben sich unsre unwillkührlichen, nothwendigen Annahmen als solche kund. |

§ 64. Sind sonach die Dinge auch realiter nach Gattungen und resp. Arten unterschieden, so steht jedes einzelne Ding nicht nur zu andern einzelnen Dingen, sondern als Glied einer Gattung oder Art auch zu dieser in bestimmter Beziehung (des Einzelnen zu seiner Allgemeinheit). | Der Gattungsbegriff, unter welchen es als Exemplar gehört und welchem gemäß es von den Exemplaren andrer Gattungen unterschieden ist, ist sogar das Bestimmende für seine (specifische) Beschaffenheit und Wesenheit, und damit für seine Unterschiedenheit von allen andern einzelnen Dingen. | Seine Gattung aber, weil von andern Gattungen unterschieden, steht wiederum zu diesen in bestimmter Beziehung, und folglich mittelst ihrer auch das einzelne Exemplar. | Diese Beziehung scheidet und verknüpft mithin nicht nur die einzelnen Dinge, sondern auch ihre Gattungen und Arten. | Wie weit auch ein Exemplar räumlich vom andern entfernt seyn möge, immer gehören beide als Glieder Einer Gattung zusammen, und stehen andern Gattungen und deren Exemplaren gesondert gegenüber. Mit der Unterscheidung der Dinge nach dem Gattungsbegriff werden mithin nicht nur sämmtliche gleichzeitig vorhandene Einzeldinge unter bestimmte Totaleinheiten (Gattungen — Arten) zusammengefaßt und vertheilt, sondern auch diese Totaleinheiten selbst wieder nach ihrer bestimmten begrifflichen Beziehung zu einander in Verbindung gesetzt, und resp. geschieden. | Durch diese begriffliche, auf die Wesenheit der Dinge gegründete

Ordnung wird aber auch zugleich das unterschiedliche Nebenein=
ander derselben, der Ort jedes einzelnen bedingt und bestimmt.
Denn wenn jedes Exemplar seiner Natur nach mit den übrigen
Exemplaren derselben Gattung zusammengehört, so wird es auch von
Natur mit ihnen an Einem Orte sich zusammenfinden müssen, und
zwar nur an demjenigen Orte, wo alle diese Exemplare ihrer Gat=
tungsbestimmtheit nach entstehen und bestehen können. | Und ist die
Existenz der einen Art oder Gattung ihrem Begriffe nach durch das
Vorhandenseyn einer andern bedingt, so werden diese Gattungen
auch räumlich an Einem Orte zusammenseyn müssen. Der Begriff
als Gattungsbegriff ist mithin zugleich Princip der räumlichen
Ordnung der Dinge oder die Ordnungskategorie des Raums. —

Anmerkung. Die neuere Naturwissenschaft hat eine besondre Disciplin
der Botanik geschaffen, die man geographische Botanik oder botanische
Geographie nennen kann, indem sie nachgewiesen hat und weiter festzu=
stellen sucht, wie weit und in welchen Gegenden, unter welchen geologi=
schen Bedingungen und klimatischen Verhältnissen jede der verschiedenen
Pflanzenarten, Familien c. vorkommt. Aus den ihre Resultate veran=
schaulichenden Landkarten ersieht man unmittelbar, wie weit der Getrei=
debau sich erstreckt, in welchen Gegenden Mais, Reis, Wein, Palmen,
die mannichfaltigen Wald= und Obstbäume c. sich finden, — d. h. man
ersieht unmittelbar, daß die verschiedenen Pflanzenarten bestimmte Orte
(Districte) auf der Erde einnehmen, also in bestimmter Weise über die
Erde vertheilt sind. Dasselbe gilt von den Thiergeschlechtern: Löwen,
Tieger, Elephanten c. giebt es bekanntlich nur in der s. g. heißen Zone,
Alligatoren nur in den Sumpfgegenden derselben Zone, Eisbären nur
auf den Eisfeldern der Polargegenden, Rennthiere nur im hohen Nor=
den, Dammhirsche dagegen nur in den Ländern der gemäßigten Zone,
Kamele nur in heißen öden Ebenen, Lamas dagegen nur in hochgebir=
gigen Gegenden (der Cordilleren Südamerikas), während Hund, Wolf
und Fuchs vom warmen Africa und Indien bis zum Eismeer hin in
ebenen wie gebirgigen Gegenden sich finden. | Diese Vertheilung muß
eine räumliche Ordnung genannt werden, weil es keinem Zweifel un=
terliegt, daß sie auf der Artbestimmtheit der verschiedenen Thiere und
Pflanzen d. h. auf dem Gattungsbegriff als Ordnungsprincip beruht. |
Ebenso hat die Naturwissenschaft nachgewiesen, daß das Vorhandenseyn
der Pflanzen die Bedingung der Existenz der Thiere ist. Thiere kann
es mithin nur geben, wo Pflanzen sind; und bestimmte Thierarten sind
an die Existenz bestimmter Pflanzenarten, andre (Raubthiere) an die
Existenz bestimmter Thierarten gebunden. U. s. w. |

§ 65. Der Gattungsbegriff ist aber, wie bemerkt, als Unter=

scheidungsnorm zugleich das bestimmende Princip für die Beschaf=
fenheit und Wesenheit, oder wie die Naturwissenschaft sich
ausdrückt, der Typus für die Composition, Bildung (Gestaltung)
und Gliederung der unter ihm befaßten einzelnen Dinge, wie der
Zweckbegriff für die Kräfte und Wirkungsweisen der Dinge:
nur insofern und nur darum können beide Begriffe zugleich Ord=
nungskategorieen seyn. Demnach setzt der vollständige Begriff eines
Dinges die Erkenntniß seiner ihm nothwendigen Bestimmtheiten, sei=
nes Innern und Aeußern, seiner Substanzialität ꝛc. wie aller der
Beziehungen von Grund und Folge, Ursache und Wirkung, Zweck
und Mittel in denen es steht, und somit des allgemeinen Zusam=
menhangs der Dinge, dessen nothwendiges Glied es ist, voraus.
Und insofern kann man sagen: Begreifen heiße, Etwas in seiner
Allgemeinheit und Nothwendigkeit erkennen. In Wahrheit aber ist
unser Begreifen nur das Resultat des Unterscheidens der Dinge nach
dem Gattungs = und resp. Zweckbegriffe. Die damit gesetzten Un=
terschiede bilden wiederum eine besondre Klasse von Unterschieden,
die man mit dem Namen der specifischen Differenz bezeichnet
hat. Die specifische Differenz fällt mit dem Merkmal in Eins zu=
sammen: denn sie ist eben der begriffliche, allgemeine Unter=
schied, durch den eine Mehrheit von Dingen von einer Mehrheit
andrer wesentlich unterschieden ist. Sie unterscheidet sich dadurch
vom einfachen Unterschied, wie vom Gegensatz, daß durch sie eine
Vielheit von Dingen, nämlich alle Exemplare derselben Gattung
(Art) von denen einer andern unterschieden ist, und daß sie zugleich
die ganze Vielheit der besondern einfachen Unterschiede, (durch welche
die Exemplare von einander unterschieden sind,) wie das Allge=
meine das Besondre, unter sich befaßt. Der Begriff eines Din=
ges ist sonach die Totalität seiner specifischen Unterschiede; und um
den Begriff einer Sache zu gewinnen, müssen ihre specifischen Unter=
schiede wissenschaftlich festgestellt werden.

Anmerkung. Die s. g. Real=Definition, d. h. die Definition
    im logischen Sinne, ist nichts andres als die Darlegung des Begriffs
    einer Sache. Man unterscheidet von ihr die s. g. Nominal=Definition,
    d. h. die Angabe der bloßen Bedeutung eines Worts nach gemeinem
    Sprachgebrauche. Nur jene hat wissenschaftlichen Werth, um so mehr,
    je mehr sie eine s. g. genetische Definition ist, d. h. je bestimmter
    sie nicht nur die Art und Gattung, unter welche das Ding gehört,

sondern auch das Werden desselben, seine Entstehung, Bildung, Entwickelung und die Bedingungen seiner Existenz anzugeben vermag./
Jede Real-Definition hat daher zu beginnen mit der Angabe der speci-
fischen Unterschiede (Merkmale) der zu definirenden Sache, d. h. mit der
Bestimmung des Art- und Gattungsbegriffs, unter den sie gehört./ —
Der Name „specifische Differenz oder Artunterschied", obwohl mit
ihm auch alle Gattungsunterschiede bezeichnet werden, läßt sich insofern
rechtfertigen, als alle die großen Gattungen der Dinge (Mineral, Pflanze,
Thier ꝛc.) zu Arten herabsinken, wenn man sie unter den höheren logischen
Begriff des Dinges oder Wesens überhaupt subsumirt, und als bei der
Definition einer Sache stets mit anzugeben ist, ob dieselbe als ein Ding
oder Wesen, oder als ein bloßes Etwas, eine bloße Eigenschaft ꝛc. zu
fassen sey. —

§ 66. Ist der Begriff einer Sache nur die Totalität seiner
specifischen Unterschiede, so sind Begriffsbestimmungen (Real-Defi-
nitionen) nur möglich, weil und sofern die Dinge begrifflich, nach
Gattungen und Arten unterschieden sind. | Sind sie realiter so un-
terschieden, so leuchtet zwar unmittelbar ein, daß der Gattungsbegriff
nothwendig in seinen ihm gemäß bestimmten Exemplaren sich ausdrückt und somit in ihnen und mittelst ihrer erscheint; aber ebenso
klar ist, daß er auf adäquate Weise nur in der Gesammtheit
aller seiner Exemplare und resp. Arten zur Erscheinung kommt. |
Denn da die allgemeinen begrifflichen Unterschiede nur Unterschiede
einer Mehrheit von Dingen von einer andern Mehrheit sind,
so ist in jedem einzelnen Exemplare der Begriff zwar nothwendig
an sich ausgedrückt, — denn es ist ihm gemäß bestimmt; — aber
er ist in ihm nicht für Andres ausgedrückt, er erscheint nicht
in ihm, weil Exemplar und Gattung keineswegs einerlei sind, und
weil die einzelnen Exemplare, trotz ihrer relativen Identität (ihrer
generellen Gleichheit) doch von einander unterschieden sind und blei-
ben, | kurz weil der allgemeine Unterschied als solcher keineswegs
dasselbe ist, was der einzelne Unterschied. | In einem Theile
der Exemplare ist dagegen zwar der Begriff auch für Andres ausgedrückt; aber je geringer die Anzahl derselben ist, desto mehr Unterschiede werden Momente des Begriffs zu seyn scheinen, die in
Wahrheit keine begrifflichen Unterschiede sind. | Zu adäquater, die-
sen Schein ausschließender Erscheinung kommt mithin der Begriff
nur in der Gesammtheit seiner Exemplare. | Seine adäquate Erschei-
nung kann man seine Objectivität nennen; denn sie ist eben

sein Seyn = für = Andres, in welchem er als setzen
er ist, Andrem gegenständlich wird. Das Andr
ist ihm gegenüber das Subject, ohne weld
giebt. [Sofern wir in unsrer unterscheidenden
keit dieses Subject sind, so werden auf die oben (
die objectiv gegebenen Begriffe zu unsern Vorstel
tiven Begriffen, die, wenn sie auch genau der S
chen, doch insofern immer subjective sind, als si
Objectivität vermittelt, doch zugleich Producte
thätigkeit sind. Sofern letztere dabei als Vern
bildung sich bethätigt, pflegt sie Denken im en
ἐξοχήν) genannt zu werden. [

    Anmerkung. Nehmen wir an, daß wir uns den
        zu bilden und stets und überall nur rothe Ro
        würden wir unzweifelhaft dem Irrthume (Schei
        men, daß weil alle diese Rosen durch eine eige
        von allen andern Blumen sich unterscheiden, die
        der Rosen, zum Begriff dieser Blumenart gehöre
        thümlich gelbe Farbe zum Begriff des Goldes.
        ein einzelnes Dreieck vor mir habe und es nu
        nen Viereck oder Fünfeck vergleiche, so vermag
        kennen, daß zum Begriff des Dreiecks nicht so
        Größenverhältnisse seiner einzelnen Linien und W
        daß nur die Dreizahl sich schneidender Linien
        ecks constituire: ich vermag dieß nicht zu erkennen
        nen Dreieck seine Größe ꝛc. ganz ebenso wichtig
        erscheint, als die Dreizahl seiner Linien. —

    § 67. Für uns als einzelne Subjecte
nur mannichfaltiges Einzelnes unmittelbar ge
des einzelne Wesen nur von andern einzelnen T
gränzt) seyn, und also auch nur mit Einzelnem i
rührung stehen (von Einzelnem afficirt werden)
nen wir immer nur eine beschränkte Anzahl
plaren einer Gattung mit einer beschränkten An
chen. [Je größer also die Gesammtheit der C
einer gegebenen Gattung ist, in desto unadäq
wird der Begriff sich uns darstellen. [Und da
rungsvermögen — das einigermaaßen diesen Ma
ein beschränktes ist, und wir jedenfalls nie sicher

nen Exemplare einer Gattung kennen gelernt zu haben, so sind alle unsre Prädicat= (Merkmals)= wie Subject = (Gattungs)= Begriffe ohne adäquate Objectivität. ⏐ Auf Grund der bloßen Erfahrung würden wir mithin nie gewiß seyn können, daß alle Dinge unter Gattungen befaßt seyen, und daß wir wirkliche Gattungsbegriffe be= sitzen. ⏐ Nur jene logisch nothwendige Annahme (§ 63), daß die Dinge nicht bloß nach Beschaffenheits= und Wesenheitskategorieen, sondern auch begrifflich unterschieden seyen, ergänzt die Unvollständig= keit der Erfahrung, und gewährt jene Gewißheit, ohne welche kein allgemeines Urtheil, kein Schluß möglich wäre. —⏐ In dem Gesag= ten liegt nun aber zugleich der Grund, warum uns, auch nachdem wir uns von irgend einer gegebenen Gattung von Dingen ihren Begriff bereits gebildet haben, doch immer neue Exemplare dersel= ben Gattung entgegentreten, die uns empirisch unbekannt sind und die wir daher erst unter den gewonnenen Gattungsbegriff einzuord= nen haben. ⏐ Hierauf und nur hierauf beruht die wichtige Function unsres Denkens, die wir Urtheilen nennen, deren wir aus dem angegebenen Grunde nicht entrathen können, und die nur wegen dieser ihrer Nothwendigkeit für unser Denken eine logische Bedeu= tung hat.

Anmerkung. Das absolute Denken Gottes begreift zwar, aber urtheilt nicht. Denn für ein Denken, das selbstthätig alle Dinge nach der Ka= tegorie des Begriffs bestimmt und gesetzt, und damit in Gattungen und Arten geschieden und geordnet hat, giebt es zwar Gattungs= und Art= begriffe, aber keine Exemplare, die es erst unter einen solchen Begriff zu subsumiren hätte, da es ja alle Exemplare dem Begriff gemäß selbst gesetzt hat.⏐—

B. Die Lehre vom Urtheil.

§ 68. Nachdem wir von den uns umgebenden Dingen Prä= dicat = und Subjectbegriffe uns gebildet haben, wird jede neue Wahrnehmung zu einem Urtheile. ⏐ Denn da jede einzelne Erschei= nung nur durch ihre Unterschiedenheit eine einzelne ist, und nur durch Unterscheidung uns zum Bewußtseyn kommt, und da wir andrerseits die Nothwendigkeit fühlen, die Menge der Erscheinungen zu ordnen und zu gliedern, so veranlaßt uns jede neue Erscheinung, sie nicht

nur mit andern einzelnen Erscheinungen, sondern auch mit dem ge=
wonnenen Vorrath unsrer Begriffe zu vergleichen. Indem wir da=
bei bemerken, daß sie mit dem Inhalt eines derselben übereinstimmt,
d. h. dieselben Merkmale an sich trägt, welche den Inhalt dieses Be=
griffs bilden, fassen wir sie eo ipso als ein Exemplar derjenigen
Allgemeinheit, Gattung oder Art, die der Begriff bezeichnet. Eben
damit aber urtheilen wir. Denn eben damit subsumiren wir die
einzelne Erscheinung als einzelne unter das Allgemeine ihres Be=
griffs. Hat letzterer seine volle Bestimmtheit und Klarheit, und ist
die neue Erscheinung ihrerseits klar und bestimmt, so wird die
Wahrnehmung derselben so unmittelbar zu einem Urtheil, daß beide
Acte für unser Bewußtseyn in Eins zusammenschmelzen. Wo wir
dagegen — wegen Unklarheit unsres Begriffs oder Unbestimmtheit,
Ungewöhnlichkeit, Complicirtheit der Erscheinung — nicht unmittel=
bar gewiß sind, ob unter einen unsrer Begriffe und unter welchen
die Erscheinung gehöre, zeigt sich mit voller Evidenz, daß Wahrneh=
men und Urtheilen zwei verschiedene Functionen unsres Geistes sind.
Denn in solchen Fällen haben wir wohl die Wahrnehmung, aber
das Urtheil folgt viel später als ein besondrer Act unsres Denkens;
ja zuweilen, wenn wir aus jener Ungewißheit nicht herauszukommen
vermögen, tritt es gar nicht ein. Denn das Urtheil ist unmöglich,
wenn der Begriff, unter den die einzelne Erscheinung zu befassen ist,
gänzlich fehlt (also erst neu zu bilden ist), oder keiner der vorhan=
denen Begriffe mit der gegebenen Erscheinung völlig übereinstimmt.

Anmerkung. Das Kind, das durch Unterscheiden seiner Sinnesempfin=
dungen sich überhaupt erst einzelne Vorstellungen bildet, fällt damit
keineswegs Urtheile. Wenn es das Weiß seines Bettes vom Braun des
Tisches unterscheidet, so liegt darin für uns zwar das Urtheil: diese
Objecte (Farben) sind verschieden. Aber das Kind fällt kein solches
Urtheil und kann es nicht fällen, weil es den Begriff der Verschieden=
heit noch gar nicht hat. Das Kind macht sich vielmehr durch sein
Nachunterscheiden nur den gegebenen Unterschied (die Bestimmtheit) des
Weißen gegen das Braune immanent gegenständlich, und damit entsteht
ihm zunächst nur die Vorstellung von diesem Weiß und jenem Braun,
die insofern eine Wahrnehmung ist, als ihr Inhalt ihm unmittelbar als
ein Aeußeres, Objectives erscheint. Alles Urtheilen dagegen — auch
wenn man es als bloßes Verknüpfen zweier Vorstellungen fassen wollte
— setzt zwar ein Unterscheiden, Auffassen, Wahrnehmen voraus und
beruht auf einem Unterscheiden (Vergleichen), ist aber keinenfalls iden=

tisch mit dem bloßen Unterscheiden, Auffassen und Wahrnehmen, noch in ihm implicite enthalten. Vielmehr erst nachdem das Kind die allge= meine Vorstellung der Verschiedenheit, die allgemeine Vorstellung des Weißen ꝛc. gewonnen hat, kann es die Urtheile fällen: diese Dinge sind verschieden, dieses ist weiß, jenes braun.

§ 69. Vom bloßen grammatischen Satze unterscheidet sich das Urtheil dadurch, daß es stets die Subsumtion eines Einzelnen (Be= sondern) unter sein Allgemeines ausspricht. | Das Einzelne ist das s. g. Subject des Urtheils, das Allgemeine das s. g. Prädicat. Die Subsumtion von jenem unter dieses wird durch die s. g. Co= pula ausgedrückt. | Die Copula besagt mithin weder die schlecht= hinnige Identität von Subject und Prädicat noch die Verbindung beider im Sinne einer realen Einigung, sondern sie ist nur insofern Copula, als sie diejenige relative Identität und diejenige Zu= sammengehörigkeit von Subject und Prädicat bezeichnet, in welcher das Einzelne zu seinem Allgemeinen steht. | Mit andern Wor= ten: die Copula bedeutet nur, daß das Subject des Urtheils (durch dieselben relativ identischen Unterschiede wie alle übrigen unter den Prädicatbegriff befaßten Exemplare) von andern Dingen unterschieden, also den übrigen Exemplaren gleich sey, und daher mit ihnen unter denselben Begriff zusammengehöre. | Das Subject kann zwar auch eine Mehrheit von Dingen, eine Art oder Unterart (relative Allge= meinheit) seyn; aber Subject eines Urtheils ist es stets nur, so= fern es zum Prädicat im Verhältniß des Einzelnen zu seinem All= gemeinen steht. —

Anmerkung. Sätze wie: Ich bitte dich mir dieß Buch zu leihen, oder: Ich gedenke morgen eine Reise anzutreten, nennt kein Mensch Urtheile; ebenso wenig die bloße Bemerkung (Mittheilung der That= sache): Gestern ist mein Freund N. angekommen, oder den ausgespro= chenen Wunsch: Der heutige Tag sey ein glücklicher, — obwohl in ihnen Subject und Prädicat ganz ebenso wie in jedem Urtheil ver= knüpft erscheinen. | Daraus ergibt sich, daß dem Sprachgebrauche ge= mäß keineswegs alle grammatischen Sätze, und noch weniger jede belie= bige Verknüpfung zweier beliebiger Vorstellungen Urtheile genannt wer= den können. Und in der That involvirt ja der Ausdruck einer Bitte, einer Absicht, eines Wunsches, einer Thatsache oder Wahrnehmung ꝛc. durchaus keine andre logische Function, als die zur Bildung der Vorstellung des Objects der Bitte, der Absicht, des Wunsches ꝛc. nothwendig war (das Uebrige, die Bitte, die Absicht selbst und

resp. das Aussprechen derselben ꝛc. ist Sache meiner Bedürfnisse, Stre=
bungen, Willensacte, die keine unmittelbar logische Beziehung haben).
Die Function, durch die unsre Vorstellungen entstehen, ist aber, wie ge=
zeigt, von der Function der Urtheilsbildung (der s. g. Urtheilskraft)
verschieden. Und darum unterscheidet auch der Sprachgebrauch die oben=
angeführten Sätze von andern, z. B. dem Verdict eines Gerichtshofs,
dem Ausspruch eines s. g. Sachverständigen, eines Recensenten, eines
Arztes, eines Kunstkenners ꝛc., und nennt nur die letzteren Urtheile.
In manchen Fällen kann es indeß zweifelhaft erscheinen, ob der Satz
ein Urtheil oder eine bloße Bemerkung, eine thatsächliche Mittheilung
ꝛc. seyn solle. Der Ausspruch: Es regnet, ist gewöhnlich das letztere,
während der Satz: Gott ist, oder: Es giebt einen Gott, nur ein Urtheil
seyn kann, und als solches auch sofort erkannt werden würde, sobald der
Sinn näher explicirt und demgemäß behauptet würde: das Object (der
Inhalt) meiner Vorstellung von Gott ist ein reell Seyendes (unter den
Begriff des reellen Seyns zu subsumiren), oder was dasselbe ist: die
Idee Gottes ist eine objective, dem reellen Seyn entsprechende Vorstel=
lung. Aber auch der Ausspruch: Es regnet, kann ein Urtheil seyn,
wenn es etwa nicht unmittelbar gewiß ist, ob es regnet, ob die Er=
scheinung, um die es sich handelt, Regen oder etwa ein feines Schnee=
gestöber, ein feuchter starker Nebel sey. In diesem Falle besagt der
Ausspruch: die Erscheinung, um die es sich handelt, ist Regen (zeigt
die Merkmale des Regens, ist also unter den Begriff: Regen zu sub=
sumiren). Diese Beispiele beweisen zugleich, daß die s. g. unvollständi=
gen Urtheile, in denen anscheinend das Prädicat fehlt oder kein be=
stimmtes Subject angegeben ist, nur sprachliche Abkürzungen sind
und keine besondre logische Form oder Klasse von Urtheilen bilden.
Durch solche sprachliche Abkürzungen wird auch bei vollständigen Ur=
theilen die streng logische Gestalt derselben oft so verändert, daß es den
Anschein gewinnt, als sey das Urtheil nicht immer die Subsumtion
eines Einzelnen unter sein Allgemeines. So sagt der Mathematiker:
Die gerade Linie ist der kürzeste Weg zwischen zwei Punkten, d. h. alle
geraden Linien sind kürzeste Wege oder: die gerade Linie und der kür=
zeste Weg zwischen ihren beiden Endpunkten sind identisch (unter den
Begriff der Identität zu subsumiren). In jedem rechtwinkligen Dreieck
ist das Quadrat der Hypotenuse gleich den Quadraten der beiden Ka=
theten, d. h. diese beiden Quadrate und das Quadrat der Hypotenuse
sind ihrer Größe nach gleich. Der Chemiker behauptet kurzweg: Wasser
besteht aus Hydrogen und Orygen, und dieser Satz bedeutet entweder:
die chemische Zusammensetzung des Wassers aus Sauer= und Wasserstoff
ist eine wissenschaftlich festgestellte Thatsache (wie der astronomische Satz:
die Erde dreht sich um die Sonne), oder er will besagen: Wasser ist
eine chemische, aus zwei Elementen zusammengesetzte Verbindung. Ebenso

erklärt der Physiker kurzweg: Jeder Körper hat Theile, d. h. entweder: das Getheiltseyn aller Körper ist eine naturwissenschaftliche Thatsache, oder: alle Körper gehören unter die getheilten, aus Theilen bestehenden Dinge, sind Ganze. Auch der allgemeine Satz: Jedes Ganze hat Theile, ist nur eine sprachliche Abkürzung für das Urtheil: der Begriff des Ganzen und des Theilehabens sind identisch, oder: daß das Ganze Theile habe, ist ein nothwendiger Gedanke (eine Denknothwendigkeit). Ebenso ist der Satz: A ist A, oder A = A (jedes Ding ist sich selber gleich) nur die abgekürzte Formel für das Urtheil: jedes Ding als sich selber gleich zu denken, ist ein Denkgesetz. Der Ausspruch: Wasser ist Wasser, will entweder dieselbe Denknothwendigkeit nur in Beziehung auf einen concreten Gegenstand ausdrücken, oder unter dem Prädicat ist stillschweigend etwas Andres als unter dem Subject verstanden, etwa: Wasser sey nur Wasser, eine gemeine, unschuldige Flüßigkeit, kein Wein ꝛc. Das Urtheil endlich: Dieser Mensch ist Cajus, — wenn es ein Urtheil eine f. g. Recognoscirung, und keine bloße Bemerkung oder Mittheilung seyn soll, — wird Jeder auch als Urtheil erkennen, sobald der Sinn desselben näher dahin ausgesprochen wird: dieser Mensch, den ich hier vor mir sehe, also diese meine bestimmte Wahrnehmung, und das Erinnerungsbild das ich von Cajus (weil ich ihn kenne) habe, sind identisch. — Wir behaupten: alle wirklichen Urtheile, so verstümmelt und verhüllt sie sprachlich auch auftreten mögen, lassen sich in die Formel für die Subsumtion des Einzelnen unter sein Allgemeines bringen, und eben dieß ist das Kriterium, an welchem die Urtheile als solche zu erkennen sind.

§ 70. Nach dem Vorgange Kant's unterscheiden die meisten neueren Logiker vier verschiedene Klassen oder Arten mit je drei Unterarten von Urtheilen, nämlich 1) die Urtheile der Quantität, mit ihren Unterarten a) den einzelnen, b) den besondern, und c) den allgemeinen Urtheilen; 2) die Urtheile der Qualität oder a) die bejahenden, b) die verneinenden, und c) die unendlichen Urtheile; 3) die Urtheile der Relation d. h. a) die kategorischen, b) die hypothetischen, und c) die disjunctiven Urtheile; und endlich 4) die Urtheile der Modalität, zu denen a) die problematischen, b) die assertorischen, und c) die apodiktischen Urtheile gerechnet werden. Auch Hegel hält diese vier Arten (wenn auch unter veränderten Gesichtspunkten und Namen) mit ihren je drei Unterarten fest. Wir können daher nicht umhin, diese allgemein gebräuchliche Klassificirung, obwohl wir sie nicht als eine logische anzuerkennen vermögen, einer näheren Erörterung zu unterziehen.

Anmerkung. Aristoteles unterscheidet ausdrücklich nur die allgemeinen und die einzelnen Urtheile; letztere nennt er „theilweise" (ἐν μέρει), und stellt ihnen noch eine dritte Art zur Seite, die unbestimmten, λόγοι ἀδιόριστοι, d. h. solche, die gar keine Bestimmung, weder des Allgemeinen noch des Theilweisen, enthalten. Implicite indeß unterscheidet er auch noch die positiven und negativen Urtheile, indem er das Urtheil selbst als „einen bejahenden oder verneinenden Satz" definirt und hinzufügt: „Bejahung sey Aussage eines Dinges zu einem andern hin, Verneinung Aussage eines Dinges von einem andern weg."⊢

§ 71. Kant hat jene vier Haupt= und zwölf Unterarten von Urtheilen bloß darum unterschieden, um aus ihnen seine f. g. Stammbegriffe des Verstandes (Kategorieen) herzuleiten. Allein die Gesichtspunkte der Unterscheidung treffen nicht zu, und die gemachten Unterschiede sind mit wenigen Ausnahmen ohne logische Bedeutung. So können wir sogleich von den f. g. Urtheilen der Quantität (welche Hegel die Urtheile der Reflexion nennt) nur das einzelne und das allgemeine Urtheil als logisch von einander unterschieden anerkennen, und werden im Folgenden (§ 75) diesen Unterschied näher darlegen. Die f. g. besondern Urtheile dagegen sind keine besondre Klasse, sondern gehören entweder unter die einzelnen, oder die allgemeinen. Denn es ist offenbar in jeder Hinsicht gleichgültig, ob im einzelnen Urtheil an der Stelle des Subjects ein einziges Ding oder eine Mehrheit einzelner Dinge steht: sobald die mehreren Dinge eben einzelne sind, bleibt das Urtheil ganz dasselbe sowohl seinem Sinne nach wie hinsichtlich der logischen Function, durch die es zu Stande kommt. Das Urtheil: Einige Menschen sind gelehrt, ist nicht minder ein bloß einzelnes, als wenn ich sage: A und B und C sind gelehrt, oder: Dieses Papier, diese Feder und diese Statue sind weiß. Das „Einige" ist in diesen Fällen nur eine sprachliche Abkürzung zur Bezeichnung der gemeinten einzelnen Dinge, wenn es nicht darauf ankommt, dieselben bestimmt namhaft zu machen. Das Urtheil dagegen: Einige Vierecke sind Parallelogramme, gehört zu den allgemeinen. Denn es ist damit eine ganze Art von Vierecken bezeichnet, und ich kann daher auch sagen: alle Vierecke, die je zwei parallele Seiten haben, sind Parallelogramme. Aber auch das Urtheil: Einige Menschen sind gelehrt, kann ein allgemeines seyn und ist dann bestimmter etwa so auszudrücken: Alle Menschen, die eine ungewöhnliche Fülle wissen=

schaftlicher Kenntnisse besitzen ꝛc., sind Gelehrte. Dagegen kann das Urtheil: Einige Dramen Shakspeare's sind von zweifelhafter Aecht= heit, nur ein einzelnes seyn; denn es können damit nur ganz be= stimmte einzelne Dramen gemeint seyn. —

. Anmerkung. Wir behaupten, daß dasselbe nicht bloß von den obigen Beispielen, sondern von allen s. g. besondern Urtheilen gilt. ׀ Die Unterscheidung ist eine verfehlte, weil der Gesichtspunkt derselben, der quantitative Unterschied zwischen der Einheit, Mehrheit und Allheit, gar nichts mit der Function des Urtheilens zu schaffen hat. Wenn ich sage: Dieses Mineral ist ein Metall, so fasse ich dabei das Subject des Ur= theils gar nicht als ein quantitativ Eines gegenüber einer quantita= tiven Mehrheit, sondern als ein einzelnes gegenüber seinem Allge= meinen. ׀ Und wenn ich behaupte: Alle Vierecke, welche ꝛc., sind Paral= lelogramme, so will ich damit nicht eine quantitative Bestimmtheit auf= stellen, nicht ausdrücken, daß es mehrere solche Vierecke giebt, sondern ich will die Parallelogramme als eine Art der Vierecke bezeichnen. ׀ Und selbst bei dem Urtheile: Einige Dramen Shakspeare's sind von zweifelhafter Aechtheit, habe ich nicht die Zahl derselben im Auge, nicht wie viele es sind oder daß es mehrere sind, sondern ich will ganz bestimmte einzelne Dramen von den übrigen (den unzweifel= haft ächten) unterscheiden, indem ich ihnen jenes Prädicat beilege. —

§ 72. Aehnlich verhält es sich mit den Urtheilen der Qua= lität, den positiven, negativen und unendlichen oder limitativen Urtheilen (welche Hegel ebenso unpassend die Urtheile des Daseyns nennt). ׀ Denn es liegt, wie allgemein anerkannt ist, wenigstens so= viel im Wesen und Begriff des Urtheils, daß durch dasselbe zwei verschiedene Vorstellungen, ein Subject mit einem Prädicat, ver= knüpft werden. ׀ Im negativen Urtheil, z. B. dieses Mineral ist kein Metall, geschieht dieß aber gerade nicht; und es kann daher nur Verwirrung stiften, einen solchen Satz doch ebenfalls ohne Weiteres für ein Urtheil zu erklären. Die s. g. negativen Urtheile sind in Wahrheit entweder positive und nur sprachlich (der Kürze wegen) in negative Form gefaßt, indem damit nur ausgesprochen werden soll, daß ein anderweitig gefälltes Urtheil falsch oder die Erwartung, eine prädicativische Verknüpfung zweier Vorstellungen eintreten zu sehen, getäuscht worden sey. Oder sie sind keine wirklichen voll= kommenen, sondern nur unvollkommene, werdende Urtheile, tradictorischen Gegensatzes vorliegt, oder wo die Zahl der concreten Artbegriffe, unter die ein Ding seiner Natur nach gehören kann, eine bestimmt beschränkte, fest geschlossene ist, haben die negativen Urtheile insofern eine Bedeutung, als sie unmittelbar ein positives Urtheil involviren: A ist nicht krank, heißt soviel als: A ist gesund, und: Dieser Kegelschnitt ist kein Kreis, keine Ellipse, keine Hyperbel, involvirt das positive Urtheil: dieser Kegelschnitt ist eine Parabel. Darum können die negativen Urtheile für die mittelbare Erkenntniß der Dinge durch Schließen und Folgern von Nutzen seyn und werden daher in der Lehre von den Schlüssen mit in Betracht gezogen werden müssen. Aber das ist kein genügender Grund, sie als eine besondre Art von Urtheilen den positiven zur Seite zu stellen. Von den f. g. unendlichen oder limitativen Urtheilen gilt ganz dasselbe, was von den besondern. Sie sollen zwar von den negativen dadurch unterschieden seyn, daß in ihnen die Negation nicht mit der Copula, sondern mit dem Prädicat verbunden und daher die Sphäre der dem Subject zukommenden Bestimmungen nur nach Einer Seite hin limitirt, übrigens aber die ganze unendliche Fülle möglicher Prädicate freigelassen erscheine. Allein abgesehen davon, daß durch jedes Urtheil, welches eine bestimmte Qualität einem Subject beilegt, die Sphäre der ihm zukommenden Bestimmtheiten nur nach Einer Seite hin limitirt wird, — so erhält das Prädicat entweder durch seine Verbindung mit der Negation eine positive Bedeutung, z. B. der Geist ist unsterblich d. h. nach dem Tode des Leibes fortdauernd, und dann ist das unendliche Urtheil ein einfach positives; oder das Prädicat bleibt ein negatives, z. B. dieser Bericht ist ungenau, alles Holz ist unschmelzbar, und dann ist das unendliche Urtheil in nichts vom negativen unterschieden. —

Anmerkung. Die negativen Urtheile kommen am häufigsten vor in Fällen, wo es sich um zweifelhafte, streitige Dinge, um bloße Meinungen oder Hypothesen handelt. Da behauptet der eine Chemiker (Berzelius): Die chemische Affinität beruht auf der Elektricität, der eine Physiker: Magnetismus und Elektricität sind völlig identisch, der eine Physiologe: Die Lebenskraft ist eine besondre (den Organismen eigenthümliche) Kraft; der Andre leugnet dieß und stellt das entsprechende negative Urtheil auf. Es ist klar, daß in allen solchen Fällen das negative Urtheil nur eine sprachliche Abkürzung ist für das positive: Die Behauptung der Existenz einer besondern Lebenskraft, der Identität von Magnetismus und Elektricität ꝛc., ist falsch. Wir sagen aber auch wohl: Heute ist kein schönes Wetter, oder: Es giebt noch keine Kirschen wenn wir erwarteten oder hofften, daß das Wetter schön, die Kirschen schon reif seyn würden. In diesen Fällen ist das negative Urtheil nur der Ausdruck einer getäuschten Erwartung, also in der Regel überhaupt kein Urtheil, sondern eine bloße Bemerkung, oder wenn ein Urtheil, doch nur die Abkürzung des positiven: Meine Erwartung, Hoffnung, Vermuthung, daß u. s. w., ist eine irrige. Wirklich negative Urtheile fällen wir nur da, wo wir die positive Bestimmtheit eines Dinges, d. h. das, worin es positiv von andern unterschieden ist, nicht zu erkennen vermögen, und also beim bloß negativen Momente des Unterschieds stehen bleiben müssen. So sagen wir wohl: Der Gegenstand dort auf jenem (entfernten) Berge ist kein Mensch, kein Baum ꝛc., aber was er ist, vermag ich nicht zu unterscheiden. Ebenso stellt der Mineraloge, der Botaniker, wenn ihm ein neues zweifelhaftes Mineral oder Gewächs vorkommt, zunächst nur fest, daß es kein Metall, kein Gras ꝛc. ist, um sodann erst positiv zu bestimmen, unter welche Species es gehöre. In diesen Fällen sind die negativen Urtheile entweder gar keine Urtheile, weil sie in Wahrheit nichts aussagen, oder sie können als unvollkommene werdende Urtheile bezeichnet werden, d. h. als solche, die zu einem vollkommenen positiven Urtheil den Uebergang, die Vermittelung bilden sollen. —

§ 73. Die dritte Klasse, die Urtheile der Relation (welche Hegel als Urtheile der Nothwendigkeit bezeichnet), d. h. die Unterscheidung von kategorischen, hypothetischen und disjunctiven Urtheilen, ist logisch ganz unhaltbar. Denn für die Form des Urtheils wie für die Function des Urtheilens macht es gar keinen Unterschied, ob die Verknüpfung des Subjects mit dem Prädicat auf dem Substanzialitätsverhältniß oder auf irgend einem andern (kategorischen) Verhältniß beruht, ob sie eine nothwendige oder nicht nothwendige ist. Im einen wie im andern Falle ist die Art und Weise der Subsumtion des Subjects unter das Allgemeine des Prädicats vollkommen dieselbe. Das kategorische Urtheil z. B. Alle Körper sind ausgedehnt (das angeblich auf der Inhärenz des Prädicats im Subject beruhen soll), ist daher in nichts vom f. g. positiven Urtheil unterschieden. Hypothetische Urtheile aber giebt es in Wahrheit gar nicht. Denn daß sie auf dem Verhältniß der Ursache und Wirkung beruhen ist (z. B. von dem Urtheil: wenn dieß denheit von den kategorischen ist entweder nur eine rein äußerliche des sprachlichen Ausdrucks, oder beruht bloß auf einer rein subjec= tiven Beziehung des Urtheilenden zu dem Gegenstande (Inhalt) des Urtheils, — ist also ohne alle logische Bedeutung. | Der Satz z. B.: Wenn dieß Mineral ein Metall ist, so ist es schmelzbar, will entweder nur sagen: Alles Metall ist schmelzbar, und dann ist er ein s. g. kategorisches (positives) Urtheil; oder er will ausdrücken, daß es an sich zweifelhaft ist, ob dieß Mineral zu den Metallen gehöre (daß der Zweifel aber durch den Versuch des Schmelzens gehoben werden könne), und dann ist er logisch in das einfache Urtheil zu transformiren: Das Metallseyn dieses Minerals ist zweifelhaft; oder endlich er will nur andeuten, daß ich nicht weiß, daß es mir zweifelhaft ist, ob dieß Mineral ein Metall sey. Diese Beziehung aber auf die Persönlichkeit des Urtheilenden geht das Urtheil als lo= gische Form gar nichts an. Und andrerseits wird dadurch im vor= liegenden Falle das Urtheil als solches geradezu aufgehoben. Denn wenn ich nicht weiß, ob dieß Mineral ein Metall ist, so kann ich ihm auch nicht das Prädicat der Schmelzbarkeit beilegen: es findet mithin gar keine Verknüpfung (Subsumtion) von Subject und Prä= dicat statt, und der Satz sinkt zu der bloßen Bemerkung herab, daß es mir zweifelhaft ist, ob dieß Mineral ein Metall ist, und daß sich mir der Zweifel lösen würde, wenn es sich als schmelzbar erwiese. — | Alle disjunctiven Urtheile endlich (die auf dem Verhältniß der Wechselwirkung oder des Ganzen und Theils beruhen sollen, was wiederum nicht einmal richtig ist) sind ebenfalls nur sprachlich von den s. g. positiven (kategorischen) unterschieden, und lassen sich daher unbeschadet ihres Sinnes in kategorische umwandeln. | Das Urtheil z. B.: Cajus ist entweder gesund oder krank, ist nur sprachliche Ab= kürzung für: Es ist unmöglich, daß C. zugleich gesund und krank sey, oder: Es ist nothwendig, daß er entweder krank oder gesund ist. Und das Urtheil: Die Kegelschnitte sind entweder Kreise oder Ellip= sen oder Parabeln oder Hyperbeln, läßt sich auch so ausdrücken: Die Kegelschnitte sind theils Kreise, theils Ellipsen 2c., oder: Die Kegelschnitte können nur die Form von Kreisen, Ellipsen 2c. haben, nur diese Formen sind möglich. |

Anmerkung. Daß der ganze Gesichtspunkt der Eintheilung, bei Kant
    wie bei Hegel, ein verfehlter ist, bedarf nach dem Obigen keines weite=

ren Beweises. Hätte er Geltung, so müßten jedenfalls auch noch auf das Verhältniß von Zweck und Mittel, Vermögen und Energie ꝛc. besondre Arten von Urtheilen gegründet werden. Vergl. System der Logik S. 517 ff. —

§ 74. Was endlich die Urtheile der Modalität betrifft (welche Hegel ebenso unpassend Urtheile des Begriffs nennt), so fehlt auch bei ihnen jeder logische Grund für die Unterscheidung der Klasse selbst wie ihrer Unterarten, der f. g. assertorischen, problematischen und apodiktischen Urtheile. Sie sollen auf dem Unterschiede der Wirklichkeit von der bloßen Möglichkeit und beider von der Nothwendigkeit beruhen. Allein für die logische Function des Urtheilens, für die logische Verknüpfung von Subject und Prädicat ist es offenbar ganz gleichgültig, ob dieser Verknüpfung die Wirklichkeit entspricht, oder ob sie nur eine real mögliche, oder eine nothwendige ist. In den Urtheilen: a) der Mensch ist unsterblich (assertorisch), b) der Mensch ist möglicher Weise unsterblich (kann unsterblich seyn — problematisch), und c) der Mensch ist nothwendig unsterblich (apodiktisch), ist es dasselbe Subject das unter dasselbe Prädicat subsumirt wird. Auf diese Subsumtion kommt es allein an: denn nur sofern eine solche Subsumtion stattfindet, aber auch überall wo sie stattfindet, ist ein Urtheil vorhanden. Insofern sind mithin jene Urtheile in nichts von einander verschieden. Soll aber nicht die Unsterblichkeit des Menschen als solche, sondern vielmehr die Wirklichkeit, Möglichkeit, Nothwendigkeit derselben in der Form des Urtheils ausgesprochen werden, so sind jene drei Urtheile nur sprachliche Abkürzungen für die logisch vollständige Form: a) Die Unsterblichkeit des Menschen ist eine Thatsache, b) die Unsterblichkeit des Menschen ist real möglich, c) die Unsterblichkeit des Menschen ist nothwendig (bewiesen — eine Denknothwendigkeit). Auch so aber fällt wiederum jeder logische Unterschied zwischen ihnen hinweg: alle drei sind f. g. assertorische (kategorische — positive) Urtheile.

Anmerkung. Auch hier erweist sich der ganze Gesichtspunkt der Eintheilung schon dadurch als verfehlt, daß consequenter Weise nicht drei, sondern fünf Unterarten der f. g. Modalität angenommen werden müßten: denn es müßten auch noch Urtheile der Unmöglichkeit und der Zufälligkeit unterschieden werden. Außerdem hat man wiederum nachzuweisen vergessen, was die Wirklichkeit, Möglichkeit, Nothwendigkeit des Inhalts der Urtheile mit dem Urtheile als logischer Form, mit der

logischen Function des Urtheilens zu schaffen habe. Wie die Logik
gar nichts danach zu fragen hat und es auch gar nicht zu entscheiden
vermag, ob ein Urtheil seinem Inhalte nach wahr (richtig), d. h. der
Wirklichkeit entsprechend sey, wie vielmehr jedes Urtheil, sey es wahr
oder falsch, logisch ein Urtheil ist und bleibt, wenn es nur logisch (for=
mell) richtig gebildet ist, so ist es offenbar logisch ganz gleichgültig,
ob der Inhalt eines Urtheils wirklich oder nur möglicher Weise, noth=
wendig oder bloß zufällig der Realität entspricht. Für unser Wissen
macht es freilich einen großen Unterschied, ob wir nur erkennen, daß
Etwas bloß wirklich (zufällig) oder gar nur möglicher Weise so und so
beschaffen sey, oder ob wir einsehen, daß es nothwendiger Weise so be=
schaffen seyn müsse. Für die Mathematik als Wissenschaft ist es daher
sehr wichtig, daß sie darzuthun vermag, daß die 3 Winkel eines Drei=
ecks $= 2\,R$ seyn müssen. Aber die Logik geht dieser Unterschied nichts
an. Und wie man es logisch dem Urtheile: Die drei Winkel eines
Dreiecks sind $= 1\,R$, nicht anzusehen vermag, daß es falsch ist, wie ich
vielmehr mathematische Kenntnisse besitzen muß, um zu erkennen, daß
dieses Urtheil falsch, das obige dagegen richtig ist, so ist es wiederum
nur der Mathematiker, der einsieht, daß die 3 Winkel eines Dreiecks
nothwendig $= 2\,R$ sind. Die Logik aber gilt nicht bloß für den
Mathematiker, sondern für jeden Menschen. — Dieses völlig unlogische
Hineinziehen des Inhalts der Urtheile in die Erörterung und Klassi=
ficirung derselben trifft aber mehr oder minder alle die Gesichtspunkte,
nach denen man bisher die Urtheile unterschieden hat.

§ 75. Ist das Urtheil logisch nur die Subsumtion eines Ein=
zelnen (Besondern) unter sein Allgemeines, so ist klar, daß es logisch
unterschiedene Arten von Urtheilen nur geben kann, wenn die Thä=
tigkeit des Subsumirens nicht schlechthin dieselbe bei allen Urtheilen
ist, sondern gewisse Unterschiede (Modificationen) an sich zeigt. Und
ebenso klar ist, daß wenn es solche Unterschiede giebt, sie nur auf
der unterschiedlichen logischen Bestimmtheit des Subjects oder
des Prädicats beruhen können. Nun hat sich aber ergeben, daß in
den mannichfaltigen möglichen Urtheilen zunächst das Prädicat
entweder a) ein Beschaffenheits= (Prädicat=, Merkmals=) oder
b) ein Wesens = (Subject=, Gattungs =) Begriff seyn kann. Mit
diesem Unterschied ist implicite eine Differenz (Modification) in der
Subsumtion des Subjects unter das Prädicat gesetzt. Denn unter
einen Beschaffenheitsbegriff wird stets nur eine einzelne Be=
stimmtheit des Subjects, unter einen Wesens= oder Gattungsbe=
griff dagegen das ganze Subject mit allen seinen Bestimmthei=

ten subsumirt. Dort also findet eine Theilsubsumtion, hier dagegen eine Totalsubsumtion statt. | Mit diesem Unterschied sind sonach zwei Arten von Urtheilen gegeben. Wir können die erste Art, z. B. diese Blume ist roth, die Urtheile der Theilsubsumtion oder Theilbestim= mung, die zweite z. B. diese Blume ist eine Rose, die Urtheile der Totalsubsumtion oder Totalbestimmung nennen. Diesen ersten Un= terschied kreuzt ein zweiter, der auf der verschiedenen logischen Be= stimmtheit des Subjects im Urtheil beruht. Denn ist das All= gemeine des Begriffs einer Steigerung fähig und giebt es nicht bloß Gattungen, sondern auch Arten und Unterarten, so kann das Sub= ject des Urtheils entweder a) ein einzelnes Exemplar, oder b) eine ganze Art (eine relative Allgemeinheit) seyn, die unter die höhere Allgemeinheit der Gattung subsumirt wird. | Auch dieser Un= terschied involvirt, wie von selbst einleuchtet, eine Differenz der sub= sumirenden Thätigkeit: dort findet eine Einzel= oder Singularsub= sumtion, hier eine Allgemein= oder Generalsubsumtion statt. | Wir können daher die damit gesetzte erste Klasse von Urtheilen die Ur= theile der Einzelbestimmung oder (mit der gebräuchlichen kürzeren Bezeichnung) die einzelnen Urtheile, | die zweite Klasse die Urtheile der Allgemein= oder Artbestimmung, die allgemeinen Urtheile nen= nen. | Sonach aber giebt es folgende vier Arten oder Klassen von Urtheilen: a) das einzelne Urtheil der Theilbestimmung (dieser Mensch ist gelehrt), b) das einzelne Urtheil der Totalbestimmung (diese Blume ist eine Rose), c) das allgemeine Urtheil der Theilbestim= mung (alle Menschen sind sterblich), und d) das allgemeine Urtheil der Totalbestimmung (alle Rosen sind Pflanzen). |

§ 76. Diese vier Arten von Urtheilen gründen sich in letzter Instanz auf die Natur unsers Denkens, und näher auf die Beschaf= fenheit unsrer Begriffe, auf welcher es beruht, daß wir überhaupt urtheilen. | Denn weil — gemäß dieser Beschaffenheit — uns im= mer neue Einzeldinge empirisch entgegentreten, die wir erst begriff= lich zu bestimmen d. h. unter einen unsrer Prädicat= und resp. Sub= jectbegriffe zu subsumiren haben, so können wir nicht umhin, ein= zelne Urtheile der Theil= und resp. der Totalbestimmung zu fällen. | Denn nur durch solche Urtheile, wie: dieser Stein hat doppelte Strahlenbrechung, diese Pflanze ist eine Grasart 2c., vermögen wir die neuen, uns unbekannten Einzeldinge begrifflich zu bestimmen.

Und weil unsre Gattungs= und Artbegriffe nicht volle Objectivität haben, weil wir also fortwährend suchen müssen, sie näher zu be= stimmen und zu berichtigen, können wir nicht umhin allge= meine Urtheile der Theil= und resp. der Totalbestimmung zu fäl= len. ⌐Denn ein Art= oder Gattungsbegriff läßt sich nur näher be= stimmen, vervollständigen, berichtigen, entweder a) dadurch, daß an allen Exemplaren einer Art oder Gattung eine neue allgemeine Bestimmtheit (z. B. die Verbrennbarkeit der Diamanten) sich zeigt, also durch allgemeine Urtheile der Theilbestimmung (alle Diamanten sind verbrennbar); oder b) dadurch, daß alle Dinge von einer ge= wissen Beschaffenheit sich durch die relativ identischen Unterschiede, die sie gemein haben, als eine besondre Art einer höheren Gattung erweisen, also durch allgemeine Urtheile der Totalbestimmung (alle Diamanten sind Krystalle; alle Palmen sind Monokotyledonen).⌐ — Durch Aufstellung prädicativischer Beschaffenheitsurtheile (z. B. die= ser Stein ist krystallinisch, — von doppelter Strahlenbrechung — verbrennbar ꝛc.) werden die Merkmale des Dinges, welches das Sub= ject dieser Urtheile bildet, angegeben; und folglich wird durch Aufstel= lung allgemeiner Beschaffenheitsurtheile, deren Subject eine Art oder Gattung ist, der Inhalt dieses Art= oder Gattungsbegriffs fest= gestellt. Denken wir uns, daß durch dergleichen Urtheile wie: alle Menschen sind sterblich — empfindend — fühlend — selbstbewußt — urtheilsfähig — vernunftbegabt ꝛc., die Beschaffenheit des mensch= lichen Wesens vollständig bestimmt wäre, so würden wir an der Gesammtheit dieser Urtheile den vollständigen Inhalt des Begriffs Mensch besitzen. | Durch die allgemeinen Urtheile der Gattungs= oder Totalbestimmung wird dagegen der Umfang desjenigen Gattungs= begriffs bestimmt, welcher in ihnen die Stelle des Prädicats ein= nimmt. Denken wir uns, daß durch solche Urtheile wie: Alle Al= gen sind Pflanzen, alle Pilze, alle Moose, alle Gräser u. s. w. sind Pflanzen, die sämmtlichen Arten und Unterarten, welche unter den Gattungsbegriff der Pflanze gehören, festgestellt wären, so würde da= mit der Umfang des Begriffs Pflanze vollständig bestimmt seyn.|—

Da alle unsre Wissenschaft nur daran arbeitet, immer bestimm= tere, vollständigere, adäquatere Begriffe zu gewinnen, weil nur in ihnen das Wesen der Dinge erkannt ist, so ruht sie ganz und gar auf der Urtheilskraft, und ihr Streben wird mithin darauf gerichtet seyn, immer mehr und immer bestimmtere, insbesondere immer mehr allgemeine Urtheile zu gewinnen, also auch wo möglich aus den bereits gefällten (gegebenen — festgestellten) neue Urtheile herzuleiten. | Das Letztere geschieht durch das Schließen und Folgern, und ist sonach eine Thätigkeit, deren wir ebenfalls nicht entrathen können, weder in der Wissenschaft noch im gemeinen Leben. Das Schließen und Folgern ist nur eine besondre Function der Urtheilskraft, eben darum aber eine logische Function, welche, da es von der einfachen Urtheilsbildung doch zugleich unterschieden ist, eine besondre Betrachtung fordert. —

C. Die Lehre vom Schlusse.

§ 77. In dem dargelegten Begriffe des Allgemeinen und seinem Verhältnisse zum Einzelnen, und damit im Verhältniß der Gattung zur Art wie der Art zu ihren Exemplaren, also im Begriff des Urtheils liegt unmittelbar, daß was vom Allgemeinen gilt (prädicirt wird), auch von dem unter ihm befaßten Einzelnen, und mithin was von der Gattung gilt, auch von ihren Arten, Unterarten und Exemplaren gelten muß. Diese Nothwendigkeit beruht einfach auf dem Denkgesetze der Identität und des Widerspruchs oder was dasselbe ist, auf dem Satze: von Gleichem gilt Gleiches, welches nur eine Specification, eine Umschreibung von jenem ist. Denn das Allgemeine des Prädicat= wie des Subjectbegriffs ist ja das in allen Einzelnen relativ Identische, Gleiche, allen Gemeinsame. | Die Bestimmtheit des Allgemeinen (der Inhalt des Begriffs) muß mithin als Bestimmtheit desjenigen, das in allen Einzelnen das Gleiche, Gemeinsame ist, nothwendig auch eine Bestimmtheit alles unter ihm befaßten Einzelnen seyn. Mit jedem allgemeinen Urtheile sind daher implicite so viel einzelne Urtheile gesetzt, als es Exemplare (und resp. Arten oder Unterarten) giebt, welche unter den das Subject des allgemeinen Urtheils bildenden Gattungsbegriff befaßt sind. Weil z. B. das allgemeine Urtheil: Alle Menschen sind sterblich, zugleich besagt, daß jedem einzelnen Menschen dasselbe Prädicat zukomme, so sind mit ihm implicite so viel einzelne Urtheile gesetzt, als es einzelne Menschen giebt. Das bestimmte einzelne Urtheil: Cajus ist sterblich, ist mithin, sofern Cajus ein Mensch ist, in dem allgemeinen

bereits enthalten. Ich kann es daher auch aus ihm ableiten,
d. h. das implicite Gegebene explicite setzen; es bedarf dazu nur
der Feststellung des Urtheils: Cajus ist ein Mensch. Steht dieß
fest, so steht zugleich implicite fest d. h. so folgt unmittelbar,
daß Cajus sterblich ist, oder daß von ihm gilt, was vom Wesen des
Menschen=überhaupt (vom Subject des allgemeinen Urtheils) gilt.
Ich brauche mithin nur jenes Urtheil: Cajus ist ein Mensch, zu dem
allgemeinen Urtheil: Alle Menschen sind sterblich, hinzuzufügen, so
ist damit zugleich das dritte Urtheil gesetzt: Cajus ist sterblich. Eben
damit aber habe ich den Schluß gemacht: Alle Menschen sind sterb=
lich, Cajus ist ein Mensch, also ist Cajus sterblich. Ein solcher ein=
facher Schluß ist ein f. g. Syllogismus. Von den drei Urthei=
len, aus welchen er besteht, wird das erste, auf dem der ganze
Schluß ruht, deshalb die Prämisse oder der Obersatz (terminus
major), das zweite, welches die Vermittelung zwischen dem ersten
und dritten bildet, der Mittel= oder Untersatz (terminus medius,
terminus minor), das dritte endlich der Schluß= oder Folgesatz
(conclusio) genannt. —

Anmerkung. Es ist zwar ein alter Einwand, den Hegel wieder auf=
wärmt, daß der obige Schluß falsch wäre, wenn der Schlußsatz: Cajus
ist sterblich, nicht bereits feststände. Denn wenn Cajus oder sonst ein
einzelner Mensch nicht sterblich wäre, so wäre die Prämisse: Alle Men=
schen sind sterblich, falsch, und folglich der ganze Schluß unzulässig.
Sonach aber sey die Gültigkeit der Prämisse von der Richtigkeit des
Schlußsatzes abhängig, und mithin finde in Wahrheit gar keine con=
clusio (Folgerung) statt. Allein zunächst hat wiederum die Logik gar
nichts danach zu fragen und kann es ihrerseits auch gar nicht entschei=
den, ob die Prämisse und resp. der Mittelsatz eines Schlusses mate=
rialiter gültig, richtig, wahr ist. Der Schluß: Alle Kegelschnitte sind
elliptisch, diese Figur ist ein Kegelschnitt, also ist sie elliptisch, ist und
bleibt ein logisch, formaliter gültiger Schluß, obwohl die Prä=
misse, wie der Mathematiker weiß und beweist, materialiter falsch
ist, da die Kegelschnitte auch Kreise, Parabeln, Hyperbeln seyn können.
Dasselbe gilt von dem Schlusse: Alle körperlichen Stoffe sind schwer,
das Licht ist ein (von der Sonne emittirter) körperlicher Stoff, also ist
es schwer; obwohl der Mittelsatz desselben, wie der Physiker weiß, ma=
terialiter falsch ist und also auch der Schlußsatz nicht richtig seyn kann*).

***

*) Die meisten materialiter falschen Schlüsse, namentlich die f. g. Trugschlüsse, beru=
hen nicht auf der Unrichtigkeit des Obersatzes, sondern auf der Falschheit, Unbestimmtheit,

Außerdem aber leidet das obige Räsonnement Hegels keineswegs auf alle Schlüsse Anwendung. Hinsichtlich des Schlusses: Alle Menschen sind sterblich u. s. w. hat es allerdings seine Richtigkeit; aber nur darum, weil die allgemeine Sterblichkeit der Menschen, welche der Obersatz behauptet, nicht als nothwendig dargethan werden kann, sondern ein bloßer Erfahrungssatz ist, d. h. nur auf der Sterblichkeit aller einzelnen Menschen beruht, also umgestoßen wäre, wenn es einen einzelnen nicht-sterblichen Menschen gäbe. Für den Schluß dagegen: In allen Dreiecken sind die 3 Winkel $= 2R$, diese Figur ist ein Dreieck, also u. s. w., hat das Hegelsche Räsonnement keine Geltung. Denn hier ist die Prämisse eine begriffliche Nothwendigkeit, die nicht empirisch (durch das Messen einzelner Dreiecke), sondern a priori (durch den Begriff des Dreiecks) feststeht; und mithin kann es kein einzelnes Dreieck geben, das der Prämisse widerspräche und sie damit umstieße. — Auch sind die Syllogismen nicht immer so selbstverständlich und insofern überflüssig als die angeführten Beispiele. Durch Verknüpfung derselben zu s. g. Kettenschlüssen, so wie durch Einschaltung eines Syllogismus in einen Inductionsbeweis re., werden oft die wichtigsten Resultate gewonnen. So besteht z. B. der teleologische Beweis für das Daseyn Gottes aus folgenden Syllogismen: 1) Jedes zweckmäßige Geschehen ist eine durch einen Zweck bestimmte und geleitete Thätigkeit (einer oder mehrerer Kräfte); das wodurch eine Thätigkeit bestimmt und geleitet wird, ist nothwendig das Prius ihres bestimmten Wirkens: also ist jeder Zweck das Prius des zweckmäßigen Geschehens, durch das er realisirt wird; 2) Jeder Zweck ist das Prius seiner Realisirung; durch seine Realisirung gewinnt er erst ein reelles Daseyn; folglich hat er vor seiner Realisirung kein reelles Daseyn; 3) der Zweck hat ursprünglich (vor seiner Realisirung) kein reelles Daseyn; alles Daseyn aber ist entweder ein reelles oder ein ideelles (Ding oder Gedanke); folglich ist jeder Zweck — da er die Thätigkeit seiner Realisirung bestimmt und leitet, ihm also ein Daseyn überhaupt zukommt — an sich und ursprünglich ein ideell-Seyendes, Gedanke; 4) Jeder Zweck ist an sich und ursprünglich Gedanke; jeder Zweck ist das Prius des zweckmäßigen Geschehens durch das er realisirt wird: also liegt jedem zweckmäßigen Geschehen ein Gedanke als Prius zu Grunde; 5) Jedem zweckmäßigen Geschehen liegt ein Gedanke zu Grunde; in der Natur giebt es ein zweckmäßiges Geschehen, eine zweckmäßige Beschaffenheit und Ordnung der Dinge; also liegt auch der zweckmäßig wirkenden, beschaffenen, ge-

Zweideutigkeit des Untersatzes. Der lächerlich falsche Schluß: Alle Schläger sind gefährliche Menschen, dieser Mann ist ein Trommelschläger, also ist er ein gefährlicher Mensch, wird zwar Niemanden täuschen; denn es leuchtet von selbst ein, daß er falsch ist weil das Wort: Schläger im Obersatze einen ganz andern Sinn hat als im Untersatze: auf dieser Zweideutigkeit beruht der Schein der Richtigkeit des Schlusses. Dennoch kann dieser Schluß als Paradigma der meisten Trugschlüsse angesehen werden. —

orbneten Natur ein Gedanke zu Grunde; | 6) der zweckmäßig beſchaffe=
nen Natur liegt ein Gedanke zu Grunde; Gedanken kann nur ein gei=
ſtiges (Bewußtes) Weſen haben; alſo kann auch jener Gedanke nur von
einem ſolchen Weſen herrühren; | 7) der die Zweckmäßigkeit in der Natur
beſtimmende Gedanke kann nur von einem geiſtigen Weſen herrühren;
die Natur als ſolche iſt kein geiſtiges Weſen; alſo kann der ihre zweck=
mäßige Wirkſamkeit, Beſchaffenheit und Ordnung beſtimmende Gedanke
nicht von ihr, ſondern nur von einem andern geiſtigen Weſen (Gott)
herrühren. —(Dieſes Beiſpiel möge zugleich zeigen, auf welche Weiſe
aus den Syllogismen Kettenſchlüſſe gebildet werden, — nämlich einfach
dadurch, daß die Concluſio des erſten Syllogismus zur Prämiſſe eines
zweiten, die Concluſio des zweiten zur Prämiſſe des dritten u. ſ. w.
verwendet wird. —

§ 78. Iſt ſonach der Syllogismus nur der Ausdruck der lo=
giſchen Nothwendigkeit, daß, was vom Allgemeinen gilt, auch von dem
unter ihm befaßten Einzelnen gelten muß, und beruht dieſe Noth=
wendigkeit unmittelbar auf dem Denkgeſetze der Identität und des
Widerſpruchs, ſo folgt aus der poſitiven Form dieſes Denkgeſetzes:
A = A, von Gleichem gilt Gleiches, unmittelbar der allgemeine G r u n d=
ſa tz aller p o ſ i t i v e n Schlüſſe: was von der Gattung gilt, muß
auch von ihren Arten und deren Exemplaren gelten. | Und ebenſo folgt
aus der negativen Form deſſelben Denkgeſetzes: A nicht = non A,
von Gleichem gilt nicht Ungleiches und von Ungleichem nicht Glei=
ches, der allgemeine Grundſatz aller n e g a t i v e n Schlüſſe: was von
der Gattung nicht gilt, kann auch von ihren Arten und deren Exem=
plaren nicht gelten. Wie der Satz des Widerſpruchs nur die Kehr=
ſeite des Satzes der Identität iſt, ſo iſt der negative Schluß nur
die Kehrſeite des poſitiven. Denn auch hier verſteht ſich von ſelbſt:
was logiſch nothwendig (geboten) iſt, deſſen Gegentheil iſt logiſch
unmöglich (verboten). | Die negativen Schlüſſe bilden alſo ebenſo we=
nig eine beſondre Art von Schlüſſen, als der Satz des Widerſpruchs
ein beſondres Denkgeſetz iſt.

Anmerkung. Grundſatz im logiſchen Sinne iſt jeder Satz (jedes all=
gemeine Urtheil), der eine logiſche Nothwendigkeit (eine Denknothwen=
digkeit) ausdrückt, ſofern auf ihn eine anderweitige logiſche Nothwen=
digkeit (eine logiſch nothwendige Function, Form, Beſtimmung —) ſich
gründet. | Man kann daher auch das Denkgeſetz der Identität und des
Widerſpruchs inſofern einen Grundſatz nennen, als auf ihm wiederum
die beiden Grundſätze aller poſitiven und negativen Schlüſſe beruhen.

Und letztere sind ihrerseits nur darum Grundsätze, weil sie den Grund (die Nothwendigkeit) der logischen Geltung der einzelnen ihnen gemäß formirten positiven und negativen Schlüsse ausdrücken. / Der Grundsatz, auf den ein andrer Satz sich stützt, ist daher immer ein allgemeines Urtheil, unter welchem der andre Satz als einzelnes (oder relativ allgemeines) befaßt ist. Die beiden Grundsätze aller Schlüsse sind nur Grundsätze, weil sie zum Denkgesetze der Identität und des Widerspruchs im Verhältniß des einzelnen Urtheils zu seinem allgemeinen Urtheile stehen. Und die einzelnen Schlüsse haben nur logische Gültigkeit, sofern sie die beiden Grundsätze aller Schlüsse nur in concreter Form ausdrücken oder was dasselbe ist, sofern sie gemäß diesen Grundsätzen gebildet sind, d. h. sofern sie mit ihrem Ober-, Unter- und Schlußsatz zu den allgemeinen Urtheilen, die in jenen Grundsätzen ausgesprochen sind, wie das Einzelurtheil zu seinem allgemeinen sich verhalten. / Sonach aber ergiebt sich wiederum nur, daß, wie alle Urtheile mit ihrer Form und ihren Arten, so auch alle Schlüsse, ihre Form, ihre Grundsätze, ihre Arten in letzter Instanz auf dem Begriff des Allgemeinen und seinem Verhältnisse zum Einzelnen beruhen, — d. h. nur so weit logische Gültigkeit haben, als dieselbe dem Begriffe des Allgemeinen und seinem Verhältnisse zum Einzelnen zukommt. / Der Schluß: Alle Menschen sind sterblich, u. s. w. hat nur logische Gültigkeit, weil er in concreter Form den allgemeinen Grundsatz aller positiven Schlüsse: was von der Gattung gilt, gilt auch von ihren einzelnen Exemplaren, ausdrückt. Und ebenso hat der negative Schluß: Kein Mensch ist vollkommen, Cajus ist ein Mensch, also ist er nicht vollkommen, nur darum logische Geltung, weil er in gleicher Weise den Grundsatz aller negativen Schlüsse ausdrückt. / Allein obwohl diese Grundsätze ihrerseits wiederum nur das allgemeinere Denkgesetz der Identität und des Widerspruchs in concreter Form, in seiner Anwendung auf das Verhältniß des Allgemeinen zum Einzelnen ausdrücken, so könnte doch von ihnen überhaupt nicht die Rede seyn, wenn es nichts Allgemeines und Einzelnes gäbe, d. h. wenn der Begriff als solcher keine logische Geltung hätte. /

§ 79. Aus dem allgemeinen Grundsatz aller positiven Schlüsse folgt, daß wenn eine ganze Art unter einen allgemeinen Prädicat- oder höhern Gattungsbegriff subsumirt ist, auch jedes Exemplar der Art unter denselben Begriff zu subsumiren ist. / Und aus dem allgemeinen Grundsatz aller negativen Schlüsse folgt umgekehrt, daß wenn die Art nicht unter den allgemeinen Prädicat- oder höhern Gattungsbegriff subsumirbar ist, auch kein Exemplar derselben unter diesen Begriff subsumirt werden kann. / Mit den nach dieser Norm gebildeten Schlüssen ist implicite die erste jener s. g. Schlußfiguren gegeben, welche die ältere Logik rein empirisch nach der Stellung, die der f. g. Mittelbegriff im Schlusse möglicher Weise einnehmen kann, zu unterscheiden pflegte. Denn in den nach jener Norm ge= bildeten positiven Schlüssen, z. B.: Alle Menschen sind sterblich, Ca= jus ist ein Mensch u. f. w., wie in den ihr entsprechenden negativen Schlüssen, z. B.: Kein Mensch ist vollkommen, Cajus ist ein Mensch 2c., muß nothwendig der f. g. Mittelbegriff, d. h. der den Schluß vermittelnde Begriff (hier der Begriff Mensch) im Obersatze die Stelle des Subjects, im Untersatze die des Prädicats einnehmen.

Anmerkung. Es giebt, wie sich zeigen wird, vier solcher Schlußfiguren, die sich insofern logisch unterscheiden lassen, als sie aus dem allgemeinen Grundsatz alles Schließens in seiner positiven wie negativen Form, der zugleich die Norm für die Gestaltung aller Schlüsse ist, unmittelbar sich ergeben. | Sie bilden indessen, wie von selbst einleuchtet, keineswegs vier verschiedene „Arten" von Schlüssen. Denn sie sind keineswegs Modificationen der logischen Function des Schließens, sondern nur — im Grunde unerhebliche — Specialformen der allgemeinen Gestalt der Schlüsse. | Diese erscheint insofern durch den Mittelbegriff logisch bedingt, als er eben die conclusio vermittelt und also gleichsam den Uebergangspunkt zur conclusio bildet, so daß mit der veränderten Stellung dieses Punktes die Gestalt des Schlusses sich ändert. — | Ari= stoteles kennt nur drei dieser Figuren; die vierte kam indeß schon durch Galen hinzu. | Die ältere Logik ermittelte und bewies die Existenz oder logische Möglichkeit derselben auf ganz äußerliche empirische Weise, in= dem sie Versuche anstellte, ob es richtige Schlüsse ergebe, wenn man den Mittelbegriff so oft versetzt, als Combinationen möglich sind. Nun kann offenbar der Mittelbegriff entweder a) im Obersatze die Stelle des Subjects und im Untersatze die des Prädicats, oder b) in beiden Sätzen die Stelle des Prädicats, oder c) in beiden umgekehrt die Stelle des Subjects, oder endlich d) im Obersatze die Stelle des Prädicats, im Untersatze die des Subjects einnehmen. | Mehrere und andere Combina= tionen sind unmöglich. | Da nun das Experiment weiter ergab, daß in allen diesen Formen auch richtige Schlüsse möglich seyen, so fand man zwar die vier Schlußfiguren; aber es fehlte alle Begründung wie alle Einsicht in die logische Berechtigung derselben. *)

---

*) Die ältere Logik ging indeß in ihrem combinirenden und experimentirenden Ver= fahren noch weiter. | Da man bei den Urtheilen die allgemein bejahenden und allgemein verneinenden, die particular bejahenden und particular verneinenden als besondre Arten von Urtheilen unterschieden hatte, und da diese angeblichen Arten am häufigsten vorkom= men, | so versuchte man weiter, ob es gültige Schlüsse gebe, wenn man jede dieser 4 Arten in jeder Schlußfigur abwechselnd die Stelle des Obersatzes und resp. des Untersatzes ein= nehmen ließe. | Es zeigte sich indeß, daß von den 64 möglichen Combinationen oder Ver= setzungen nur 19 derselben haltbare Schlüsse ergeben; die übrigen erwiesen sich als un= brauchbar. Jene 19 vertheilte man dann unter die 4 Schlußfiguren und machte sie zu be=

§ 80. Aus dem allgemeinen Grundſatz aller poſitiven Schlüſſe folgt weiter 2) daß ein Subject, welches unter einen höheren Gat=tungsbegriff zu ſubſumiren iſt, nothwendig unter irgend einen der von letzterem befaßten Artbegriffe ſubſumirbar ſeyn muß. Wenn ich daher ſchließe: Kreiſe, Ellipſen, Parabeln und Hyperbeln ſind Ke=gelſchnitte, dieſe Figur iſt ein Kegelſchnitt, alſo iſt ſie entweder ein Kreis oder eine Ellipſe oder eine Parabel oder Hyperbel, ſo iſt dieß ein vollkommen gültiger Schluß, da es nur jene 4 Arten von Ke=gelſchnitten giebt und geben kann. Allein dieſe Form des poſitiven Schluſſes wird nur ſelten Anwendung finden, weil wir nur von we=nigen Gattungsbegriffen wiſſen (nachweiſen können), daß ſie nur eine ganz beſtimmte Anzahl von Artbegriffen, nicht mehr und nicht weni=ger unter ſich befaſſen, und weil es außerdem der Schluß ganz un=beſtimmt läſſt, unter welche der verſchiedenen Arten das Subject zu ſubſumiren ſey. — Umgekehrt folgt aus dem Grundſatz aller nega=tiven Schlüſſe, daß wenn das Subject unter den höhern Gattungs=begriff nicht ſubſumirbar iſt, es auch unter keinen der von letzterem befaßten Artbegriffe ſubſumirt werden kann. Denn der Begriff der Gattung befaſſt das allen Exemplaren der Arten Gemeinſame, durch das ſie eben Exemplare und Arten der Gattung ſind; kommt alſo dem Subjecte dieſes Gemeinſame nicht zu, weshalb es nicht unter die Gattung ſubſumirt werden kann, ſo kann das Subject auch kei=ner ihrer Arten angehören, da die Arten nur dadurch Arten ſind, daß allen ihren Exemplaren der Inhalt des Gattungsbegriffs gemein=ſam zukommt. Hierauf beruht die Richtigkeit von Schlüſſen wie: Kein Mineral iſt ein Organismus (oder logiſch genauer: Alle Mi=neralien ſind nicht-Organismen), alle Pflanzen ſind Organismen, alſo iſt kein Mineral eine Pflanze (den Pflanzenarten angehörig). Oder: Kein Holz iſt ſchmelzbar, alles Metall iſt ſchmelzbar, alſo iſt kein Metall von Holz (unter die Hölzer gehörig). Aber auch umge=kehrt: Alle Metalle ſind ſchmelzbar, kein Holz iſt ſchmelzbar, alſo

---

ſondern Unterarten oder modis derſelben. Den gedankenloſen Unterſchieden, die offenbar ohne alle logiſche Bedeutung ſind, gab man ebenſo gedankenloſe Namen, indem man das allgemein bejahende Urtheil mit A, das allgemein verneinende mit E, das particularbe=jahende mit I, und das particularverneinende mit O bezeichnete, und danach z. B. den 4 unter der erſten Schlußfigur befaßten Modis die Namen Barbara, Celarent, Darii und Ferio ertheilte, ſinnloſe Wörter, in denen nur die Vocale von Bedeutung ſind. Der letzte neuere Logiker, der dieſen wüſten Kram verwirrender Diſtinctionen aufgenommen hat, iſt G. F. Bachmann, deſſen „Syſtem der Logik" 1828 erſchien.

ist kein Holz ein Metall (unter die Metalle subsumirbar). Mit die
ser zweiten Norm der Schlußbildung ist die zweite der 4 Schluß
figuren gegeben. Denn in den ihr gemäß gebildeten Schlüssen muß
der Mittelbegriff (des Kegelschnittes — des Organismus — der
Schmelzbarkeit) im Ober= wie im Untersatze die Stelle des Prädicats erhalten.

Anmerkung. Weil die positive Form dieser zweiten Schlußfigur prak
tisch wenig anwendbar ist und daher empirisch selten vorkommt, kennt
die ältere Logik nur die negative Form dieser Figur. Daß nichtsdesto
weniger auch die positive Form logisch vollkommen gültig ist, leuchtet
von selbst ein.

§ 81. Aus dem allgemeinen Grundsatze der positiven Schlüsse
folgt ferner 3) daß, wenn eine Art unter zwei verschiedene Gat
tungen subsumirt wird (subsumirbar ist), auch jede der letztern zu m
Theil unter die andre subsumirbar seyn muß. Denn wenn die Exem
plare Einer und derselben Art unter zwei verschiedene Gattungen
gehören, so muß nothwendig jede der beiden Gattungen eine Anzahl
von Exemplaren enthalten, die zugleich unter die andre Gat
tung gehören. Das folgt unmittelbar aus dem Verhältniß des
Exemplars zur Art, und der Art zur Gattung, — also aus dem
Grundsatz aller positiven Schlüsse. Demgemäß kann ich schließen
Alle Ellipsen sind in sich zurückkehrende Linien, alle Ellipsen sind Ke
gelschnitte, also sind einige Kegelschnitte (eine Art der Kegelschnitte
in sich zurückkehrende Linien. Oder umgekehrt: Alle Ellipsen sind
Kegelschnitte, alle Ellipsen sind in sich zurückkehrende Linien, also
sind einige in sich zurückkehrende Linien (eine Art derselben) Kegel=
schnitte. Aber auch: Einige Krankheiten sind tödtlich, alle Krank
heiten sind Leiden, also sind einige Leiden tödtlich. — Dieselbe Con
sequenz liegt im allgemeinen Grundsatze der negativen Schlüsse
weil auch er nur auf dem Verhältniß des Exemplars zur Art und
der Art zur Gattung beruht; und ich kann daher schließen: Kein
Thier ist vernunftbegabt (logisch genauer: alle Thiere sind nicht ver
nunftbegabt), alle Thiere sind empfindende Wesen, also sind einige
empfindende Wesen nicht vernunftbegabt. Und umgekehrt: Alle Thiere
sind empfindende Wesen, kein Thier ist ein vernunftbegabtes We
sen, also sind einige nicht mit Vernunft begabte Wesen (doch) em
pfindende Wesen. Denn es ist klar, daß wenn die Art unter Einer
der beiden Gattungsbegriffe gehört, unter den andern dagegen nicht

gehört, auch ein Theil des zweiten Gattungsbegriffs unter den er=
sten nicht gehören kann. — Mit den Schlüssen, die nach dieser drit=
ten Norm gebildet sind, ist die dritte Schlußfigur gesetzt. Denn in
ihnen muß der Mittelbegriff (der Ellipsen — der Krankheiten —
der Thiere) die Stelle des Subjects im Ober= wie im Untersatze
einnehmen. —

§ 82. Ebenso endlich liegt es in der Consequenz des allge=
nen Grundsatzes der positiven Schlüsse 4) daß wenn ein Artbegriff
unter einen Gattungsbegriff, dieser aber unter einen höheren Gat=
tungsbegriff zu subsumiren ist, einige Exemplare dieses letzteren um=
gekehrt unter den Artbegriff subsumirbar seyn (gehören) müssen.
Denn die Exemplare der Art bilden einen Theil der Exemplare
der Gattung, diese aber wiederum einen Theil der Exemplare der
höheren Gattung; also bilden auch die Exemplare der Art einen
Theil der letzteren, und folglich muß ein Theil der Exemplare der
höheren Gattung unter den Artbegriff befaßt seyn. Diese Noth=
wendigkeit liegt wiederum unmittelbar in dem Verhältniß des Exem=
plars zur Art und der Art oder niederen Gattung zur höheren
Gattung. Darauf gründet sich die Gültigkeit von Schlüssen wie:
Alle Rosen sind Blumen, alle Blumen sind Pflanzen, also sind ei=
nige Pflanzen Rosen. Oder: Einige Dreiecke sind gleichseitige, alle
gleichseitigen Dreiecke sind regelmäßige Figuren, also sind einige re=
gelmäßige Figuren Dreiecke. — Umgekehrt ergiebt sich aus dem
allgemeinen Grundsatze der negativen Schlüsse, a) daß wenn der
Gattungsbegriff, unter welchen der Artbegriff subsumirt wird, unter
den höheren Gattungsbegriff nicht gehört, auch kein Exemplar des
letzteren unter den Artbegriff subsumirt werden kann; so wie b) daß
wenn die Art unter den niedrigeren Gattungsbegriff nicht subsumir=
bar ist, auch einige Exemplare des höheren Gattungsbegriffs vom
Artbegriffe ausgeschlossen seyn müssen. Und demgemäß kann ich
schließen: a) Alle Schnecken sind Mollusken, keine Molluske ist ein
Insect, also ist kein Insect eine Schnecke, und: b) Keine Arterie ist
eine Vene, alle Venen sind Blutgefäße, also sind einige Blutgefäße
keine Arterien. — In den nach dieser Norm gebildeten Schlüssen
nimmt nothwendig der Mittelbegriff (der Blumen — der Mollus=
ken — der Venen) im Obersatze die Stelle des Prädicats, im Un=
tersatze die des Subjects ein, — d. h. in ihnen und ihrer Gültig=

keit ist die vierte und letzte Schlußfigur und deren logische Begrün=
dung gegeben. —

§ 83. Von der allgemeinen Form des (positiven und negativen)
Schlusses mit diesen ihren vier Figuren unterscheiden gewöhnlich die
Logiker noch eine zweite Form von Schlüssen, welche sie die un=
mittelbaren Schlüsse zu nennen pflegen. Während nämlich jene
(die mittelbaren) aus drei Gliedern bestehen, haben diese nur zwei
Glieder, d. h. sie unterscheiden sich von jenen angeblich dadurch, daß
bei ihnen die Conclusion ohne Vermittelung eines Zwischen= oder
Untersatzes unmittelbar aus dem Obersatze folgt. Allein diese an=
geblichen Schlüsse sind in Wahrheit keine Schlüsse, sondern nur die
Hervorhebung (Aussprache) dessen, was zwar nicht ausdrücklich, doch
aber unmittelbar im Obersatze mitgesetzt ist, so daß ich mir den
Inhalt desselben nur klar zu machen brauche, um es auch in ihm zu
finden. Wo der Mittelsatz fehlt, wo es also keiner Vermittelung
zwischen der Prämisse und der Conclusion bedarf, da bedarf es offen=
bar auch keiner Folgerung, d. h. da findet die Function des Fol=
gerns gar nicht statt, da ist also auch überhaupt kein Schluß vor=
handen. Mit andern Worten: die Function des Schließens und
somit der Schluß als Ausdruck derselben besteht eben nur in der
Ableitung der Conclusion aus der Prämisse mittelst des Mittel=
satzes: wo also der Schlußsatz nicht abgeleitet, sondern nur ausge=
sprochen wird, daß sein Inhalt in der Prämisse mit gesetzt ist, da
findet offenbar auch kein Schluß statt. Dieß gilt für alle vier Arten
von Schlüssen, die man hier wieder unterschieden und mit den be=
sonderen Namen der Schlüsse der Aequipollenz oder Gleichgeltung,
der Subalternation oder Unterordnung, der Opposition oder Ent=
gegensetzung, und der Conversion oder Umkehrung bezeichnet hat.

Anmerkung. Allerdings liegt bei dem Schlusse: Alle Menschen sind
sterblich, u. s. w. die Conclusion ebenfalls schon in der Prämisse, aber
doch nur, wenn und sofern Cajus ein Mensch ist: nur insofern ist
er unter dem Subjectbegriff des Obersatzes mitbegriffen. Ich muß da=
her den Mittelsatz: Cajus ist ein Mensch, nothwendig hinzufügen: denn
durch ihn erst wird das Prädicat des Obersatzes auf Cajus gleichsam
übertragen; und in dieser Uebertragung eben besteht die Folgerung, die
nothwendig hinwegfällt, wenn der Mittelsatz fehlt. Der f. g. Schluß
der Aequipollenz z. B.: Nicht alle Menschen sind tugendhaft, also sind
einige Menschen nicht tugendhaft, ist dagegen nur ein andrer Ausdruck

für das Urtheil: Nicht der Gesammtheit, sondern nur einem Theile der Menschen kommt das Prädicat der Tugendhaftigkeit zu. Daraus aber folgt nicht erst, sondern es ist implicite mit ausgesprochen, daß einem andern Theile jenes Prädicat nicht zukomme. Der Inhalt des angeblichen Schlußsatzes wird mithin durch keine besondere Denkoperation erst gewonnen, sondern ist im Begriff des Theils unmittelbar mit gesetzt. Noch deutlicher ist dieß bei den f. g. Schlüffen der Subalternation, z. B. Alle Blumen sind Pflanzen, also ist auch jede einzelne Blume eine Pflanze. Denn „alle Blumen" und „jede einzelne Blume" sind nur zwei verschiedene Ausdrücke für dieselbe Sache: die angebliche Conclusion besagt nur in andern Worten ganz dasselbe was die Prämisse. Das Gleiche gilt von den f. g. Schlüffen der Opposition, als z. B. a) Alle Menschen sind sterblich, also ist kein Mensch nicht sterblich, oder b) Einige Rosen sind weiß, also ist es falsch, daß keine Rose weiß sey, oder c) Kein Mensch ist vollkommen, also sind weder alle noch einige Menschen vollkommen, oder endlich d) Diese Blume ist blau, also ist sie nicht roth. In allen diesen angeblichen Schlüffen spricht die Conclusion nur aus, was sich von selbst versteht, d. h. was auszusprechen völlig überflüßig ist. Denn ich brauche es nicht erst ausdrücklich zu sagen, daß wenn alle Menschen sterblich sind, kein einzelner Mensch unsterblich seyn kann, weil es nach dem Denkgesetze der Identität und des Widerspruchs unmöglich ist, alle Menschen als sterblich und doch irgend einen einzelnen als unsterblich zu denken, oder was dasselbe ist, weil das, was die Conclusion in negativer Form ausspricht, in der Prämisse ebenfalls, nur in positiver Form, schon ausgesprochen ist. Daß es sich ebenso mit den übrigen Beispielen dieser Sorte von Schlüffen verhält, bedarf keines besondern Nachweises.—Was endlich die f. g. Schlüffe der Conversion betrifft, so soll es von ihnen zwei Unterarten geben, nämlich a) Schlüffe per conversionem universalem z. B. Kein Kreis ist ein Quadrat, also auch kein Quadrat ein Kreis, und b) Schlüffe per conversionem particularem z. B. alle gleichseitigen Dreiecke sind regelmäßige Figuren, also sind einige regelmäßige Figuren gleichseitige Dreiecke. Bei der ersten dieser Unterarten kann man einen Augenblick zweifeln, ob nicht ein wirklicher Schluß vorliege. Allein bei näherer Erwägung zeigt sich doch auch hier, daß ich die angebliche Conclusion gar nicht auszusprechen brauche, weil, wenn ich setze, daß kein Kreis ein Quadrat ist, der Gedanke, daß ein Quadrat ein Kreis seyn könne, an und für sich unmöglich ist. Ja es ergiebt sich, daß Conclusion und Prämisse im Grunde wiederum ganz dasselbe ausdrücken. Denn die Prämisse besagt nur: Der Kreis ist eine andre Figur als das Quadrat; und dasselbe spricht die Conclusion aus: Das Quadrat ist eine andere Figur als der Kreis. Positiv ausgedrückt haben mithin beide Sätze denselben Inhalt, nur die Wortstellung ist eine verschiedene. Bei den Schlüffen per conversionem particularem

leuchtet dieß von selbst ein. Denn Prämisse und Conclusion in dem an=
geführten Beispiel besagen nur: Die gleichseitigen Dreiecke sind ein
Theil (eine Art) der regelmäßigen Figuren, und ein Theil der regelmä=
ßigen Figuren sind gleichseitige Dreiecke, — derselbe Inhalt nur in ver=
schiedener Wortstellung.

§ 84   Die Logiker unterscheiden endlich von den einfachen
Syllogismen noch die s. g. Schlüsse der Analogie, der In=
duction und der Deduction, und handeln von ihnen meist in
einem besondern Theile unter dem Titel der „angewandten Logik"
(während Hegel sie unter seinen drei Arten von Syllogismen mit
unterbringt). Allein die Anwendung einer Wissenschaft und ihrer
Resultate gehört offenbar nicht in die Darstellung der Wissenschaft
selbst. So wenig die Mathematik zu lehren hat, wie ihre Sätze in
der Feldmesserkunst, der Astronomie, Physik ꝛc. anzuwenden sind, so
wenig hat die Logik Regeln aufzustellen über die Anwendung ihrer
Gesetze und Normen, noch über die Art und Weise, wie die von ihr
aufgestellten allgemeinen Formen (des Begriffs, des Urtheils und
Schlusses) mit dem entsprechenden concreten Inhalt sich erfüllen oder
aus dem gegebenen Inhalt unsrer Perceptionen und Einzelvorstellun=
gen sich concrete richtige Begriffe, Urtheile und Schlüsse bilden
lassen. Jene s. g. Schlüsse der Analogie, Induction und Deduction
sind aber in Wahrheit nur verschiedene Verfahrungsweisen, welche
die einzelnen Wissenschaften erfunden und eingeschlagen haben, um
zur wissenschaftlichen Erkenntniß des gegebenen Allgemeinen,
der Merkmale, Gesetze, Gattungen und Arten der Dinge zu gelan=
gen. Sie sind daher nicht logische Functionen im engern Sinne,
d. h. nicht allgemeine Thätigkeitsweisen oder Formen unseres
Denkens und unsrer Gedankenverknüpfung, sondern besondre Denk=
operationen, die zu jenem ganz bestimmten Zwecke ausgeführt und
ihm gemäß geformt werden. Ihre nähere Erörterung gehört daher in
die Erkenntnißtheorie. Nur sofern die Logik die Grundlage der Er=
kenntnißtheorie, und insofern einen Theil derselben bildet, indem sie
eben die Gesetze, Normen ꝛc. unsres Denkens=überhaupt darzu=
legen hat, so hat sie die Verpflichtung, zu prüfen und resp. nachzu=
weisen, auf welchem logischen Fundamente jene Denkoperationen
beruhen, nach welchen logischen Normen jene s. g. Schlüsse gebil=

det werden, und somit ob und welche logische Gültigkeit ihnen zukommt.

§ 85. Nun ist aber, wie gezeigt, das allgemeine Fundament alles Schließens zunächst a) der Begriff überhaupt, d. h. die logische Gewißheit, daß es allgemeine Prädicat= und Subjectbegriffe giebt, unter welche die einzelnen Dinge befaßt (subsumirbar) sind, und b) der Satz: Von Gleichem gilt Gleiches oder das Denkgesetz der Identität und des Widerspruchs in seiner Anwendung auf den Begriff, d. h. der Satz, daß was vom Allgemeinen gilt, auch von allem unter ihm befaßten Einzelnen gelten muß. Daß nun zunächst die Schlüsse der Deduction in der That auf dieser Basis stehen, leuchtet unmittelbar von selbst ein. Denn sie gehen ausdrücklich von einem allgemeinen Begriff oder Urtheil aus, und suchen darzuthun, daß aus der Bestimmtheit des Allgemeinen für das unter ihm befaßte Einzelne oder wenigstens für eine einzelne Art desselben eine neue besondre Bestimmtheit sich ergebe, oder daß durch die Analyse und resp. Combination der einzelnen Momente, welche den Inhalt des Allgemeinen bilden, ein neues Moment als implicite in ihm mitenthalten sich ausweise. Bei ihnen also ist die Gültigkeit des Allgemeinen, das ihre Prämisse bildet, die Grundbedingung für die Gültigkeit (Richtigkeit) des Schlusses: gäbe es logisch kein Allgemeines, d. h. wären wir nicht durch die Natur unsres Denkens=überhaupt genöthigt, anzunehmen daß die Dinge begrifflich unterschieden seyen und eben darum der allgemeine Inhalt des Begriffs das Bestimmende für das unter ihm befaßte Einzelne sey, so gäbe es keine Schlüsse der Deduction. —

Die Schlüsse der Induction dagegen gehen vom Einzelnen aus. Sie wollen gerade umgekehrt durch dessen Analyse, Scheidung und Verknüpfung, Composition und Decomposition ꝛc., das Allgemeine des Merkmals, Gesetzes, Artbegriffs, unter das es gehört, erst finden und feststellen (erschließen). Sie also, scheint es, stützen sich nicht auf die Logik, sondern bilden umgekehrt ihrerseits die Stütze der Logik, sofern uns doch zunächst nur Einzelnes gegeben und also nur vom Einzelnen aus sich darthun läßt, daß es ein Allgemeines des Begriffs, allgemeine Gesetze, Normen ꝛc. giebt. Der einseitige Empirismus meint daher in der That, daß inductive Schlüsse, welche zunächst nur Folgerungen von Einzelnem auf anderes Einzelnes seyen,

die Basis aller Wissenschaft, auch der Logik, bilden. | Allein es leuch=
tet zur Evidenz ein, daß schlechthin jede Folgerung, auch von Ein=
zelnem auf Einzelnes, absolut unmöglich ist, wenn das Einzelne nicht
in irgend einer Beziehung zu andrem Einzelnen steht, wenn es nur
Einzelnes, von allem Andern schlechthin Verschiedenes giebt. | Die
Folgerung von Einzelnem auf Einzelnes setzt mithin doch eine relative
Identität (Gleichheit) desselben und damit ein Allgemeines still=
schweigend voraus. | Ja jede wiederholte Erfahrung, die uns von
Gleichem das Gleiche zeigt, und somit jede darauf sich stützende, zur
Gewohnheit gewordene Ideenassociation wäre unmöglich, wenn die
Dinge nicht (begrifflich) gleich, sondern völlig und in jeder Bezie=
hung ungleich wären. | Andrerseits kann die wiederholte Erfahrung
für sich allein niemals zu einem allgemeinen Begriff oder Urtheil
führen. Denn die einzelne Wahrnehmung bleibt an und für sich
eine einzelne, wenn sie auch noch so oft sich wiederholt: sie kann
durch sich selbst niemals zu einer allgemeinen Vorstellung werden.
Die Annahme des Mineralogen, daß alle Metalle schmelzbar seyen,
kann daher unmöglich bloß darauf beruhen, daß er bei vielen ein=
zelnen Metallen die Schmelzbarkeit wahrgenommen hat; sie ist viel=
mehr nothwendig zugleich durch die (apriorische) Voraussetzung ver=
mittelt, daß von Gleichem Gleiches gelten werde. Ohne die aus=
drücklich oder stillschweigend vorausgesetzte Gültigkeit dieses Satzes
ist jeder Schluß der Induction eine Unmöglichkeit. | Dieser Satz
aber ist ein allgemeiner Satz. Und wenn wir mittelst seiner
folgern, daß weil A von a, b, c, d .... , gelte, es auch von andern
und resp. allen gleichen Dingen gelten werde, so setzen wir damit
zugleich implicite voraus, daß es außer den uns bekannten Dingen,
außer a, b, c, d ....., noch andre ihnen gleiche Dinge gebe, d. h.
daß die Dinge nach Merkmalen und Gesetzen, in Gattungen und
Arten unterschieden seyen. Freilich behauptet der einseitige Empiris=
mus, daß auch der Satz: von Gleichem gilt Gleiches, nur auf Er=
fahrung, auf Induction beruhe, indem wir angeblich die wiederholte
Wahrnehmung die uns in vielen Fällen Gleiches bei Gleichem zeigt,
generalisiren, und damit den inductiven Schluß machen, daß in
allen Fällen Gleiches von Gleichem gelten werde. | Allein die ein=
zelne Wahrnehmung, daß in vielen Fällen von Gleichem das Gleiche
gelte, wenn sie auch noch so oft sich wiederholt, ist und bleibt an

sich eine einzelne: sie kann durch sich allein ebenso wenig zu einem allgemeinen Satze werden, wie die wiederholentliche Wahrnehmung, daß viele einzelne Metalle schmelzbar sind. Entweder also ist es ein völlig willführlicher, rein subjectiver Act, der sie zu einem allgemeinen Satze macht; — und damit steht die Thatsache, daß alle Menschen diesen Satz anerkennen, in schreiendem Widerspruch. Oder es ist wiederum ein andrer noch allgemeinerer apriorischer Satz, der Satz der Identität und des Widerspruchs (A = A), durch dessen Vermittelung der Inhalt jener oft wiederholten Wahrnehmung für unser Bewußtseyn zu einem allgemeinen und allgemeingültigen wird; — und dann setzt die Induction doch wieder ein Allgemeines vor = aus. | Außerdem aber fordert jeder Schluß der Induction, daß Gleiches vom Gleichen gelten müsse. Fehlt diese durch keine Erfahrung zu gewinnende Nothwendigkeit, könnte vielmehr möglicher Weise von Gleichem auch das Ungleiche gelten, so ist offenbar jeder Schluß als solcher unmöglich. Denn ein Schluß, dem alle und jede Gewißheit seiner formalen logischen Gültigkeit (und damit seiner materialen Richtigkeit) fehlt, ist kein Schluß, sondern eine bloße Meinung oder Vermuthung. Kann aber sonach ohne die Nothwendigkeit und Allgemeingültigkeit jenes Satzes von Schlüssen der Induction gar nicht die Rede seyn, so leuchtet ein, daß auch diese Schlüsse auf demselben logischen Fundamente ruhen, auf das alles Schließen sich gründet. | Denn der Satz: von Gleichem gilt Gleiches, ist, wie gezeigt, logisch identisch mit dem Satze: Was vom Allgemeinen gilt, muß auch von dem unter ihm befaßten Einzelnen gelten; dieser ist nur eine Specification oder ein andrer concreterer Ausdruck von jenem. | Nur weil die Schlüsse der Induction auf diesem allgemeinen logischen Fundamente alles Schließens ruhen, sind sie Schlüsse. | Zugleich jedoch haben sie insofern ein besondres, ihnen eigenthümliches Fundament, als sie offenbar unmöglich wären, wenn in jenem fundamentalen Satze alles Schließens nicht zugleich implicite läge, daß was von allem Einzelnen gilt, auch von dem es befassenden Allgemeinen gelten oder selbst ein Allgemeines seyn muß. Dieser Satz ist zwar nur die Kehrseite von jenem, d. h. dem Inhalte nach mit jenem identisch, und nur im Ausdruck von ihm verschieden. Denn während jener besagt, daß die Bestimmtheit des Allgemeinen (der concrete Inhalt des allgemeinen Merkmals, Gesetzes, Gattungsbegriffs) zugleich eine Bestimmtheit von allem unter ihm befaßten Einzelnen sey, kehrt dieser nur die Gleichung um, indem er besagt, daß die Bestimmtheit alles Einzelnen zugleich eine Bestimmtheit des dasselbe befassenden Allgemeinen (ein Moment seines Inhalts) sey. ⌐Aber wenn der allgemeine Grundsatz alles Schließens nicht diese Kehrseite hätte, so wäre es offenbar sinnlos und unmöglich, von den einzelnen Erscheinungen aus das sie umfassende Allgemeine des Merkmals, Gesetzes oder Gattungsbegriffs finden und feststellen zu wollen.¬ —

Was endlich die Schlüsse der Analogie betrifft, so stehen sie auf derselben Basis wie die Schlüsse der Induction. Denn ihrem allgemeinen Wesen nach sind sie ebenfalls inductive Schlüsse, da sie gleichermaaßen vom Einzelnen aus das Allgemeine, unter das es gehört, zu erschließen suchen. Ihr Unterschied von den Schlüssen der Induction im engern Sinne besteht nur darin, daß sie nicht bloß vom Einzelnen, sondern zugleich von einem bereits gefundenen Allgemeinen ausgehen. |Denn ihr Schema ist folgendes: 1) A, B, C, D..... sind unter dieser und dieser bestimmten Allgemeinheit (des Merkmals, Gesetzes ꝛc.) befaßt; 2) a und b haben eine analoge (entsprechende, ähnliche) Beschaffenheit wie A, B, C, D; also 3) werden auch sie unter derselben Allgemeinheit begriffen seyn. | Aus der analogen Beschaffenheit von a und b wird mithin einerseits das Allgemeine, unter das sie gehören, erst erschlossen, andrerseits aber ist dieß Allgemeine als begriffliche Bestimmtheit von A, B, C, D bereits gegeben. |Es ist klar, daß diese Schlüsse auf einer willkührlichen Erweiterung des Satzes: Von Gleichem gilt Gleiches, beruhen, indem dieser Satz ohne Weiteres auf den Begriff des Analogen, Entsprechenden, Aehnlichen, ausgedehnt oder übertragen wird. Dieß ist logisch unzulässig; denn das Gleiche ist nicht identisch mit dem bloß Analogen oder Aehnlichen. Die Schlüsse der Analogie gewähren daher auch niemals volle Gewißheit, sondern immer nur ein mehr oder minder beschränktes Maaß derselben, welches steigt und fällt, jenachdem im einzelnen Falle die Verwandtschaft zwischen dem Analogen und dem Gleichen eine größere oder geringere ist. | Auf die Verwandtschaft zwischen diesen beiden Begriffen stützen sich die Schlüsse der Analogie. Denn nur weil dieselbe thatsächlich besteht, d. h. weil unser Erkenntnißvermögen so beschränkt ist, daß wir nicht überall das Gleiche von dem bloß Analogen oder Aehnlichen sicher zu unterscheiden vermögen und somit praktisch keine bestimmte Gränze zwischen beiden Begriffen sich ziehen läßt, — nur darum haben die Schlüsse der Analogie eine praktische und resp. erkenntnißtheoretische Berechtigung. —

Anmerkung. Die vollkommensten Beispiele von deductiven Schlüssen gewährt die Mathematik. Denn es ist offenbar ein Schluß der Deduction, wenn der Mathematiker folgert: In allen Dreiecken sind die drei Winkel = 2 R; in allen gleichseitigen Dreiecken hat jeder einzelne Winkel dieselbe Größe wie der andre; also ist in allen gleichseitigen Dreiecken jeder einzelne Winkel = ⅔ R. | Aber auch die Naturwissenschaft bedient sich gern der deductiven Schlüsse. So war es ein solcher Schluß, mit dessen Hülfe die berühmte Entdeckung des Planeten Neptun gelang. Denn nur mittelst einer Deduction, deren Prämisse das allgemeine Gesetz der Bewegung der Planeten und die allgemeine Norm der gegenseitigen s. g. Störungen ihres Laufs war, bewies Le Verrier, daß es jenseits des Uranus einen noch unbekannten Planeten geben müsse und daß derselbe in einem bestimmten Zeitmoment an einem bestimmten Orte des Himmelsraums sich befinden werde. | Besonders häufig deducirt die Philosophie. So sind z. B. die bekannten von ihr aufgestellten Beweise für das Dasein Gottes lauter deductive Schlüsse (deren materiale Richtigkeit wir natürlich hier dahingestellt seyn lassen). | Denn sie wollen alle nur ein einzelnes bestimmtes Moment, das reelle Seyn Gottes, durch Analyse eines allgemeinen Begriffs oder Satzes als denknothwendig darthun; sie gehen daher alle von einem allgemeinen Satze oder Begriffe aus, der s. g. ontologische Beweis vom Begriff eines allervollkommensten Wesens, der kosmologische von dem Satze, daß alles Bedingte eine Bedingung als Prius seiner Existenz und Beschaffenheit fordere, der teleologische von dem Begriff des Zwecks und eines zweckgemäßen Geschehens ꝛc. — | Die meisten Beweise der Mathematik, namentlich ihre s. g. Demonstrationen, sind insofern inductive Schlüsse, als sie von der einzelnen Anschauung ausgehen und mittelst ihrer eine allgemeine (begriffliche) Bestimmung, ein allgemeines (gesetzliches) Größenverhältniß festzustellen suchen. | Allein wenn der Mathematiker zeigen will, daß die Winkel jedes Dreiecks = 2 R sind, so construirt er zwar ein einzelnes Dreieck, und legt es seiner Demonstration zu Grunde; aber zugleich abstrahirt er ausdrücklich von allen besondern Bestimmungen desselben, von seiner bestimmten Lage oder Stellung, von der bestimmten Größe seiner Linien und Winkel ꝛc., kurz von allen denjenigen Bestimmtheiten, durch die es gerade ein einzelnes (bestimmtes) Dreieck ist, — d. h. alle diese Bestimmtheiten werden von der Demonstration ausgeschlossen, es wird ausdrücklich gezeigt, daß letztere weder von ihnen noch sie von der Demonstration betroffen werden, daß sie also für dieselbe ganz gleichgültig sind und mithin die Demonstration gültig bleibt, wie auch immer jene Bestimmtheiten im einzelnen Falle beschaffen seyn mögen. Dadurch erhebt der Mathematiker das einzelne Dreieck zum Repräsentanten aller Dreiecke, des allgemeinen Dreiecks, des Begriffs; und nur dadurch erhält das Resultat seiner Demonstration allgemeine Gültigkeit. ❘ Denn nur darum, weil sie bloß dasjenige zu Grunde legt, was das einzelne Dreieck mit allen andern gemein hat, gilt sie nothwendig nicht bloß von ihm, sondern von allen Dreiecken. ❘ Eben darum aber sind die Demonstrationen der Mathematik zugleich deductive Schlüsse. Denn ist das einzelne Dreieck Repräsentant des allgemeinen, so geht die Demonstration nicht von ihm als einzelnem, sondern zugleich vom allgemeinen Wesen (Begriff) des Dreiecks aus und sucht zu zeigen, daß im Begriff desselben die besondre Größebestimmtheit der drei Winkel = 2 R liege. Diese Methode der Beweisführung gewährt den höchsten Grad der Gewißheit (das klarste Bewußtseyn der Denknothwendigkeit), weil in ihr das Einzelne mit dem Allgemeinen, die Anschauung mit dem Begriff, das Aposteriorische (das construirte Dreieck) mit dem Apriorischen (dem Dreieck als allgemeiner denknothwendiger Raumform, § 30) in Eins zusammenschmilzt. Darum suchen sich ihrer auch die Naturwissenschaften so viel als möglich zu bedienen. ❘ Vielfach aber müssen sie andre Methoden ausfindig machen, weil jene sich nicht anwenden läßt. Denn sie setzt voraus, daß das Allgemeine (der Begriff des Dreiecks, des Kreises ꝛc.) bereits bekannt und festgestellt sey: nur unter dieser Voraussetzung läßt sich von den besondern Bestimmtheiten des der Demonstration zu Grunde gelegten Einzelnen abstrahiren. ❘ Der Naturwissenschaft kommt es aber gerade vielfach darauf an, von den einzelnen Erscheinungen aus das Allgemeine des Merkmals, Gesetzes, Gattungsbegriffs erst wissenschaftlich zu ermitteln. Das Verfahren, das sie zu diesem Behufe einschlägt, d. h. durch das sie zu sichern Schlüssen der Induction im engern Sinne zu gelangen, die Möglichkeit solcher Schlüsse zu gewinnen sucht, stützt sich auf den dargelegten Begriff des Merkmals (§ 59). Danach kann für eine allgemeine begriffliche Bestimmtheit nur diejenige gelten, welche dem Gegenstande wesentlich, substanziell, nothwendig ist, und welche ihm daher stets und unter allen Umständen zukommen muß, so lange er er selbst ist und bleibt. Wo sich also eine solche gleichsam unverwüstliche, unveränderbare, unter allen Umständen sich wesentlich gleich bleibende Bestimmtheit zeigt, wird sie für ein Merkmal, ein Gesetz, eine allgemeine Begriffsbestimmung zu erachten seyn. ❘ Und mithin wird es, um dergleichen Bestimmtheiten an einem einzelnen Gegenstande zu entdecken, zweckmäßig seyn, ihn aus den gewöhnlichen Verbindungen und Verhältnissen heraus, in ganz andre, ungewöhnliche Lagen, Umstände und Beziehungen, unter ganz verschiedene Einwirkungen und Bedingungen zu

verseßen. Dasjenige was troß dieser Verschiedenheit unveränderlich das=
selbe bleibt, was stets und überall mit ihm und resp. durch ihn ge=
schieht, die Umstände und Bedingungen mögen seyn welche sie wollen,
wird für eine ihm wesentliche, nothwendige Bestimmtheit gelten müssen,
und wird mithin von allen ihm wesentlich gleichen Gegenständen zu
prädiciren, d. h. ein allgemeines Merkmal, ein allgemeines Geseß seyn.
Wenn also z. B. bei allen Versuchen stets und überall Wasser nicht
nur in Hydrogen und Oxygen und zwar im Verhältniß von 1 : 8 sich
chemisch zerseßt, sondern auch umgekehrt aus denselben Stoffen in den=
selben Proportionen sich neu bildet, so wird der Chemiker mit Recht
schließen, daß alles Wasser aus 1 Gewichtstheile Hydrogen und 8 Ge=
wichtstheilen Oxygen bestehe. Und wenn alle diejenigen Thiere, die
wohl entwickelte Respirationswerkzeuge haben, troß ihrer anderweitigen
Verschiedenheit unter den verschiedensten Temperaturgraden warmblütig
bleiben, d. h. eine bestimmte fast unveränderliche Blutwärme behalten,
während umgekehrt alle diejenigen Thiere, deren Respiration unvoll=
kommen ist, stets und überall nur eine die Wärme der Luft oder des
Wassers wenig übersteigende und mit leßterer sich ändernde Blutwärme
zeigen, so wird der Physiologe mit Recht den Schluß machen, daß die
Veränderung, welche durch das Athmen im Blute hervorgebracht wird,
eine allgemeine Ursache der specifischen Wärme des thierischen Or=
ganismus sey. — Es war ursprünglich nur ein Schluß der Analogie
und daher eine bloße Hypothese, wenn Newton folgerte, daß weil die
Erscheinungen des Fallens geworfener Körper auf der Erde eine gewisse
Aehnlichkeit zeigen mit den Bewegungen der Planeten um die Sonne,
beide unter dasselbe Geseß der Anziehungskraft (im Verhältniß zur
Wurfkraft), d. h. unter das bekannte Geseß der Gravitation, gehören
dürften. Die nach dieser Annahme entworfenen Berechnungen der Pla=
netenbahnen bestätigten den genialen Schluß, und erhoben die bloße Hy=
pothese zu einem allgemeinen Geseße von unzweifelhafter Gewißheit.
Diese Berechnungen aber waren zugleich nur ein verhüllter Schluß der
Deduction, indem sie darlegten, was unter Voraussetzung jener Analo=
gie, also aus dem allgemeinen Geseße der Gravitation für die einzelnen
Bahnen und Bewegungen der verschiedenen einzelnen Planeten folgen
würde. Nur weil die Erfahrung mit den Resultaten dieses Schlusses
überall zusammenstimmte, ward die bloße Hypothese zur unbezweifelba=
ren (denknothwendigen) Annahme. —

III. Die logische Idee als Ordnungskategorie.

§ 86. Sind die Dinge begrifflich und damit in Gattun=
gen und Arten unterschieden, so sind es die mannichfaltigen Gat=

tungsbegriffe, nach denen (als allgemeinen Urthpen) die unter ihnen befaßten Arten und Exemplare bestimmt und gebildet sind. ⎪ Sind aber die Dinge zugleich auch gemäß dem allgemeinen Zwecke unterschieden, so müssen nicht nur die einzelnen Exemplare, sondern auch die Gattungen und Arten der Dinge diesem Zwecke gemäß dergestalt bestimmt seyn, daß sie als Mittel zur Verwirklichung desselben dienen und in ihm zugleich ihren eignen Zweck erfüllen. ⎪ Beide Bestimmungen, die begriffliche und die zweckliche, können sich nicht widersprechen. ⎪ Es muß vielmehr die Wesenheit jedes Einzelnen durch seinen Gattungsbegriff zugleich so bestimmt seyn, daß es gerade kraft seiner Wesensbestimmtheit im Stande ist, seinen eignen Zweck in und mit der Realisirung des allgemeinen Zwecks zu erreichen. ⎪ Die so gemäß der Erreichung seines Zwecks im allgemeinen Zwecke bestimmte besondre wie allgemeine Wesenheit des Dinges ist seine Idee. ⎪ Die Idee vereinigt mithin das Dreifache in sich: a) die Bestimmtheit des besondern Wesens des einzelnen Dinges gemäß seinem besondern Zwecke, b) die Bestimmtheit seiner allgemeinen Wesenheit oder seiner Gattung gemäß dem allgemeinen Zwecke aller Dinge, ⎪ und c) die Bestimmtheit seines besondern Wesens durch seine allgemeine Wesenheit gemäß der Erreichung des allgemeinen Zwecks im besondern und des besondern Zwecks im allgemeinen. ⎪ Indem also die bestimmende Macht, die dem allgemeinen Zweck, wie dem Gattungsbegriff als Normen der unterscheidenden Thätigkeit zukommt, in der bestimmenden Macht der Idee sich concentrirt, und beide in ihr sich einigen, so ist die Idee nothwendig das Princip für das harmonische Ineinandergreifen der zeitlichen und räumlichen Ordnung der Dinge.

Anmerkung. Wenn es auch empirisch sich nicht beweisen läßt, — weil die teleologische Weltanschauung, die Unterscheidung der Dinge nach der Kategorie des Zwecks, exact wissenschaftlich noch sehr wenig durchgeführt ist, — so sind wir doch durch die Consequenz unsrer ganzen bisherigen Entwickelung und deren Resultate genöthigt, anzunehmen, daß die Unterscheidung (Bestimmung) der Dinge nach der Kategorie des Zwecks und die Unterscheidung derselben nach dem Gattungsbegriff in inniger Harmonie zu einander stehen müssen. ⎪ Denn es ist klar, daß durch den Widerspruch der einen mit der andern auch die Resultate beider in Widerspruch gerathen und sich gegenseitig aufheben müßten. ⎪ Der § constatirt nur diese nothwendige Harmonie, und giebt ihr einen wieverum durch die Consequenz unserer Erörterung geforderten Ausdruck. Denn wird die Eine Kategorie nur in Uebereinstimmung mit der andern angewendet, so gehen eben damit beide zu Einer Norm zusammen, nach welcher die unterscheidende Thätigkeit verfährt, d. h. die Harmonie beider bildet eine neue höhere Kategorie. —

§ 87. Sind aber sonach der einzelne und der allgemeine Zweck, die einzelne und die allgemeine Wesenheit der Dinge dergestalt die integrirenden Momente der Idee, daß die Idee eben nur ihre concrete Einheit ist, so leuchtet ein, daß nicht nur jeder Gattung, sondern auch jedem einzelnen Dinge eine Idee inhäriren muß. | Die Idee des Einzelnen ist sein besondres Wesen wie es ist, und seyn wird mit der Erreichung seines besondern Zwecks im allgemeinen Zwecke; die Idee der Gattung ist die allgemeine Wesenheit aller, wie sie ist und seyn wird mit der Erfüllung des allgemeinen Zwecks in den besondern Zwecken.|| Die Idee des einzelnen Dinges ist demnach allerdings Ausdruck der Idee seiner Gattung; aber wie jedes Einzelne vom Allgemeinen zugleich unterschieden ist, so drückt die Idee jedes Einzelnen zugleich sein eignes, in der Erreichung seines Zwecks vollendetes Wesen aus.||Sonach aber einigt sich in der Idee das Besondre mit dem Allgemeinen. Sie ist ebenso sehr Ausdruck der Vollendung des Einzelnen in seiner besondern Bestimmtheit (Individualität) als der Gattung in ihrer allgemeinen Wesenheit; und mithin ist sie, als Gedanke oder Erkenntniß gefaßt, ebenso sehr Anschauung als Begriff. So lange der Zweck noch nicht realisirt erscheint, fällt die Idee mit dem Begriff des Ideals zusammen. | Denn so lange ist sie einerseits selbst noch nicht realisirt, sondern hat, wie der Zweck, nur ein ideelles Daseyn; und andrerseits besteht ihr Inhalt nur in einem Sollen; d. h. er hat die Bestimmung, ein Werden zu seyn mit einem bestimmten Ziele, von welchem der Fortschritt des Werdens bedingt ist, und in welchem das Werden endet um als Daseyn der Idee fortzubestehen. | In einem solchen Werden aber besteht der Begriff der Entwickelung; und insofern ist die Idee, obwohl noch nicht realisirt, doch kein bloßes jenseitiges Ideal, sondern entwickelt (realisirt) sich mit der fortschreitenden Verwirklichung des Zwecks. | — Muß nun aber sonach jedes Ding so bestimmt und beschaffen seyn, daß es seine Idee zu verwirklichen vermag, d. h. muß jedes gemäß seiner Idee bestimmt

seyn, so muß es so viel einzelne Ideen geben, als es Dinge giebt,
— d. h. jedes Ding muß seiner Idee nach vom andern unterschie=
den seyn. \ Aber diese Unterschiedenheit mannichfacher Einzelideen
kann nur gesetzt und aufgefaßt werden, sofern die Dinge gemäß dem
allgemeinen, formalen Begriff der Idee=überhaupt unter=
schieden werden, d. h. die Idee=überhaupt als jene normative Har=
monie der Kategorieen des Zwecks und des Gattungsbegriffs ist noth=
wendig logische Kategorie, — die höchste und letzte der Kateg<br=>
rieen, weil die Unterscheidungsnorm des Wesens der Dinge in
Beziehung auf das, was jedes nicht nur in seinem unmittelbaren
Daseyn, sondern auch im Zweck und Ziele desselben und damit in
der letzten Vollendung seines Wesens, ist und seyn wird. —

Anmerkung. Seit Plato ist die Idee häufig genug so gefaßt worden,
als sey sie ein selbständiges reelles Wesen, ja das Wesen=schlechthin,
das Absolute, Gott. Der § zeigt, in welchem Sinne von einer bestim=
menden Macht und resp. von einer Entwickelung der Idee, z. B. der
Idee der Natur, der Menschheit ꝛc., die Rede seyn kann. \ Nicht die
Idee selbst, sondern das ihr gemäß die Dinge unterscheidende (göttliche)
Denken setzt und bestimmt die Natur so, daß sie in und mit ihrer Ent=
wickelung den gesammten Inhalt ihres Begriffs in einer Fülle einzelner
Dinge, Arten und Gattungen allgemach zur Erscheinung bringt, und
zugleich stufenweise zu immer vollkommneren Gattungen sich erhebend,
eine Geschichte durchläuft, welche in die Geschichte der Menschheit (der
vollkommensten Gattung irdischer Wesen) übergeht, um mit ihr und in
ihr die Verwirklichung des Zwecks der irdischen Natur=überhaupt, wie
jedes unter ihr befaßten Einzelwesens zu erreichen. \ Am Besten läßt
sich der Sinn des Worts an dem erläutern, was die Aesthetik unter der
Idee eines Kunstwerks versteht. Denn hier im Kunstwerk ist die Idee
nicht erst in ihrer Verwirklichung begriffen, sondern bereits vollständig
realisirt, objectiv geworden, anschaulich dargestellt. Hier aber, namentlich
beim Drama, dem vollkommensten Kunstwerk (und bei Shakspeare, dem
vollkommensten Dramatiker) ist die Idee derjenige bestimmte, geistige,
allgemeingültige (begriffliche) Inhalt, diejenige s. g. Wahrheit oder all=
gemeine Lebensansicht, welche der Dichter in der Kunstform des Dra=
mas an den einzelnen concreten Erscheinungen zur Anschauung bringen
will. \ Die Versinnlichung der Idee, die Darlegung ihrer Momente in
den einzelnen Erscheinungen, und damit die künstlerische Realisirung der
Idee ist der Zweck der ganzen Darstellung. Er ist der allgemeine
Zweck, weil er nothwendig alles Einzelne bestimmt und bedingt; und je
klarer dieß hervortritt, je deutlicher sich zeigt, daß nichts Einzelnes für
sich besteht, sondern jedes von der Idee bedingt, getragen und durch=

drungen ist, desto vollkommener ist das Kunstwerk. Die Idee als der allgemeine Zweck wird also zunächst a) die Wahl der Charaktere des Dramas bedingen. Jede einzelne handelnde Person wird ihrem besondern Wesen nach so bestimmt und gestaltet seyn müssen, daß sie zur Realisirung der Idee das Ihrige beiträgt. Aber da die handelnden Personen des Dramas nur individualisirte Repräsentanten der ganzen Menschheit sind, so müssen sie nothwendig zugleich durch den allgemeinen Begriff vom Wesen des Menschen, den der Dichter dem Ganzen zu. Grunde legt, bedingt und bestimmt erscheinen, und haben zugleich diesen allgemeinen Begriff zu veranschaulichen. Dann aber muß auch dieser Begriff gemäß der Idee des ganzen Dramas gefaßt seyn und von der ihr entsprechenden Seite sich darstellen, d. h. zur künstlerischen Realisirung der Idee mitwirken. Aber b) auch die ganze Action, die Strebungen, Thaten und Leiden der handelnden Personen wie die äußeren Ereignisse und Begebenheiten müssen wesentlich gemäß der Idee bestimmt, gestaltet, verknüpft seyn. Denn nur so weit sie das sind, kann in ihnen und durch sie die Idee zur Verwirklichung gelangen. Jede Handlung, jede Begebenheit, jede einzelne Scene wird daher als ein Moment in der Entwickelung der Idee erscheinen müssen, d. h. die räumliche und zeitliche Disposition, die Vereinigung der Personen an Einem Orte, ihr Auftreten und Abgehen, wie die Aufeinanderfolge der Ereignisse, der Thaten und Begebenheiten, kurz die s. g. scenische Gliederung des Ganzen wird dergestalt von der Idee bedingt und bestimmt seyn müssen, daß die räumliche und zeitliche Ordnung zu ihrer Realisirung harmonisch zusammenwirken. Endlich c) wird aber auch das schließliche Schicksal der handelnden Personen von dem Verhältniß, das sie sich zur Idee des Ganzen gegeben haben, abhängig erscheinen müssen, d. h. jede Person wird, jenachdem sie für oder gegen die Realisirung der Idee gewirkt hat, am Schlusse des Ganzen sich und ihr Streben bejaht, bestätigt, oder verneint, zu Grunde gerichtet sehen. Eben damit erreicht jede der handelnden Personen den Zweck ihrer Thätigkeit, das Ziel ihres Lebens, — die einen in positiver, die andern in negativer Form. Denn das Ziel und Ergebniß jedes Kämpfens gegen die Idee ist nothwendig ein negatives, die Vernichtung des Handelns und resp. des Handelnden, weil ja das Streben und Handeln selbst ein negatives war. — Die solchergestalt bestimmte Wahl und Gestaltung der Charaktere ist im Drama dasselbe, was in der Natur und Weltgeschichte die Bestimmtheit der Gattungen, Arten und Exemplare gemäß der Idee oder dem allgemeinen Zwecke der Natur. Die so geordneten Thaten und Leiden der handelnden Personen sind im Drama dasselbe, was in der Natur und Weltgeschichte die räumlich und zeitlich geordnete Wirksamkeit und Thätigkeitsweise der Geschöpfe gemäß ihrer Individualität, ihrem Begriffe und Zwecke, d. h. gemäß der Idee der Natur. Und das durch ihr Verhalten zur Idee bedingte Schicksal der handelnden Personen ist im Drama dasselbe, was in der Natur und Weltgeschichte die Errei= chung des Lebenszwecks jedes Wesens, die ebenfalls durch sein Verhält= niß zur Idee der Natur bedingt und bestimmt ist. —

§ 88. Die Logik muß sich begnügen dargethan zu haben, daß wir nicht wohl umhin können, den Begriff der Idee als eine logische Kategorie anzuerkennen und zwar als die höchste und letzte der Ka= tegorieen. Als solche wird sie in adäquater Form nur auf der höch= sten Bildungsstufe des menschlichen Geistes zur Anwendung kommen können. Denn die drei Klassen von Kategorieen, die wir (neben den Urkategorieen) erörtert haben, bezeichnen zugleich die Hauptstadien der menschlichen Geistesbildung. Das gemeine Bewußtseyn, der praktische Verstand begnügt sich mit der Anwendung der einfachen Beschaffen= heitskategorieen; selten daß er ernstlich nach den Gründen und Ur= sachen der Dinge fragt. Die exacten Wissenschaften thun einen Schritt weiter; sie verkehren vorzugsweise mit den Wesenheits= oder Verhältnißkategorieen, und nur zum Abschluß ihrer Theorieen greifen sie nach den Ordnungskategorieen. Die letzteren, und namentlich die Kategorie der Idee, sind par excellence die Unterscheidungsnormen und Gesichtspunkte der Philosophie. Sie sucht dieselben in wissen= schaftlichem Sinne und Interesse anzuwenden, und unterscheidet sich dadurch von dem religiösen Bewußtseyn, welches sich dieser Katego= rieen nur unbewußt und ungenau im Interesse des Glaubens zur Entwickelung der vom religiösen Gefühl geforderten Vorstellungen be= dient. Dieser Gebrauch, den die Religion als solche namentlich von der Kategorie der Idee macht, beweist zugleich deren Allgemeingültig= keit und Ursprünglichkeit. Denn nur daraus, daß in der That die Idee als Unterscheidungsnorm unsers Denkens ihm ebenfalls ur= sprünglich immanent angehört, erklärt es sich, daß der Mensch, trotz der Schwierigkeit des Unternehmens, immer wieder durch Anwendung dieser Kategorie zur Erkenntniß des Inhalts der bestimmten con= creten Ideen der Dinge und ihrer Arten und Gattungen zu ge= langen versucht. Diese Erkenntniß ist das höchste Ziel der wissen= schaftlichen Forschung. So weit von ihm der menschliche Geist auch noch entfernt seyn mag, so klar er einsehen mag, wie gering die Hoffnung auf Erreichung desselben sey, — immer schwebt es ihm

als Ziel vor, immer wird er mit Hülfe der vorausschauenden anti=
cipirenden Hypothese, der künstlerisch schaffenden Phantasie und im
Nothfall der bloßen Einbildungskraft, die Lücken der Erkenntniß
auszufüllen, das mangelnde Wissen zu ersetzen suchen. Es ist dieses
Streben, das trotz aller vergeblichen Versuche den Geist immer wie=
der antreibt, im philosophischen System das Ganze einer Weltan=
schauung zu entwerfen. Nur wer an die Idee glaubt, kann ein
Philosoph seyn. Denn nur mit Hülfe der Idee läßt sich die über=
wältigende Mannichfaltigkeit des Einzelseyns und Einzelwissens zum
Ganzen einer Weltanschauung zusammenordnen. — Sonach aber er=
giebt sich zugleich, daß trotz der logischen Gesetze und Normen, die
wir gemäß der Natur unsres Denkens befolgen müssen, unsre
Erkenntniß doch keineswegs das bloße Product dieser sich von selbst
durchsetzenden Nothwendigkeit ist. Es hängt vielmehr zunächst von
uns ab, nach welchen Kategorieen wir die Dinge unterscheiden
wollen. Und namentlich hängt es von uns ab, ob wir genau und
sorgfältig, oder ungenau, nachlässig und flüchtig die Kategorieen an=
wenden und unsre unterscheidende Thätigkeit ausüben wollen. Wenn
wir nur die oberflächlichen Kategorieen der Größe (Gestalt) und
äußerlichen Beschaffenheit in Anwendung bringen, so wird auch unsre
Erkenntniß der Dinge nur sehr oberflächlich ausfallen. Und wenn
wir ungenau und flüchtig, beeinflußt von unsern Wünschen und Ab=
sichten, unterscheiden, so werden wir auch nur ungenaue und unbe=
stimmte (unklare — confuse) Vorstellungen und Begriffe gewinnen,
und infolge dessen werden wir falsche Urtheile fällen und unrichtige
Schlüsse ziehen (— Hauptquelle des Irrthums und der Täuschung —).
Unsre Erkenntniß der Wahrheit ist mithin wesentlich von unserm
Willen, von dem ernsten Streben nach wahrer Erkenntniß ab=
hängig, und mithin, trotz aller logischen Nothwendigkeit, doch ein
freies Product unsrer Selbstbestimmung und Selbstthätigkeit. —